南昌大学经管论丛

货币政策三重福利约束与中介目标选择

——基于中国转轨经济的理论与实证研究

万建军　涂颖清　著

中国财经出版传媒集团

经济科学出版社

Economic Science Press

图书在版编目（CIP）数据

货币政策三重福利约束与中介目标选择：基于中国转轨经济的理论与实证研究/万建军，涂颖清著 . －－北京：经济科学出版社，2022.11
（南昌大学经管论丛）
ISBN 978 - 7 - 5218 - 4239 - 5

Ⅰ.①货…　Ⅱ.①万…②涂…　Ⅲ.①货币政策 - 研究 - 中国　Ⅳ.①F822.0

中国版本图书馆 CIP 数据核字（2022）第 213211 号

责任编辑：郎　晶
责任校对：孙　晨
责任印制：范　艳

货币政策三重福利约束与中介目标选择
——基于中国转轨经济的理论与实证研究
万建军　涂颖清　著
经济科学出版社出版、发行　新华书店经销
社址：北京市海淀区阜成路甲 28 号　邮编：100142
总编部电话：010 - 88191217　发行部电话：010 - 88191522
网址：www. esp. com. cn
电子邮箱：esp@ esp. com. cn
天猫网店：经济科学出版社旗舰店
网址：http://jjkxcbs. tmall. com
北京密兴印刷有限公司印装
710 × 1000　16 开　15.5 印张　225000 字
2023 年 1 月第 1 版　2023 年 1 月第 1 次印刷
ISBN 978 - 7 - 5218 - 4239 - 5　定价：68.00 元
（图书出现印装问题，本社负责调换。电话：010 - 88191510）
（版权所有　侵权必究　打击盗版　举报热线：010 - 88191661
QQ：2242791300　营销中心电话：010 - 88191537
电子邮箱：dbts@ esp. com. cn）

前　言

PREFACE

　　货币政策的最终目标是经济学界和政策当局争论的一个重要焦点。在理论与政策实践演变过程中，人们对货币政策的作用，功能的认识不断丰富，逐渐形成了较为成熟完整的关于政策目标内容的理论共识，通常可以概括为四个最终目标，即经济增长、价格稳定、充分就业和国际收支平衡（曹凤岐，1988；黄达，2003；米什金，2016）。在"大缓和"（The Great Moderation）时期，通货膨胀目标制和"杰克逊霍尔共识"（Jackson Hole Consensus）成为西方主导的货币政策理念，受到各国中央银行的青睐（Schwartz，1995；Bernanke，2004；Hoshi，2011）。2007 年国际金融危机的爆发和蔓延不仅使欧美等成熟市场经济体受到重创，而且也拖累了包括中国在内的新兴市场经济体和全球经济的增长，充分暴露了阿罗—德布鲁一般均衡范式的内在缺陷。在反思新古典主义经济理论和货币政策框架过程中，金融部门和金融风险已经引起各界的重视。

　　与转轨进程不同阶段面临突出问题相一致，中国货币政策的最终目标也随之发生调整。关于中国货币政策最终目标的设定，国内理论界和政策当局展开了非常激烈的讨论，并最终于 1995 年在《中国人民银行法》中明确了"保持货币币值的稳定，并以此促进经济增长"的目标。然而，这一政策目标的规定在理论上一直缺乏共识，遭到许多质疑（谢平，2000），在实践中更是形成了粗放型经济增长方式和相机抉择的货币政策，这一法定目标很容易遭到破坏。与欧美等国家对金融部门放任监管和对金融风险的忽视态度不同，中国人民银行一直十分关注金融部门并重视维护金融稳定，中国的货币政策具有重视和维护金融稳定的传统，强调统筹协调"改革、发展、稳定"之间的关系（周小川，2013）。同时，在中介目标选择上，中国的货币政策具有强烈的数量型特征。

传统的四个货币政策最终目标是西方经典经济理论基于欧美等资本主义市场经济发展实践的经验总结。然而，货币政策最终目标应该是多方面的、开放的，除了四个最终目标之外，不同国家和不同阶段的货币政策也需要承担其他特殊的职责。此次国际金融危机之后，金融部门和金融风险受到中央银行和货币政策的高度关切，也引起了各界的高度重视。由于货币政策的四个最终目标形成时间较早（20世纪70年代）、数目有限，理论和实践都要求对其进行适当的补充和发展。同时，由于中国转轨方式和发展战略（思路）的特殊性，传统的四个最终目标也难以全面刻画和反映中国货币政策目标的变化，而且四个最终目标也过于抽象和笼统，需要适当地进行具体化并进行量化考察，从而更好地进行比较分析。针对中国转轨过程不同阶段的特点，如何理解中国货币政策目标的特殊性和阶段性特征，显得非常有意义而且引人深思。当然，对于货币政策传导机制过程设立的中介目标，对于货币政策最终目标（或者福利约束目标）认识的不同也决定了在货币政策中介目标的选择上存在鲜明的差异。

因此，本书结合货币政策最终目标（福利约束）和中介目标两个维度来理解和考察转轨过程以来中国货币政策的特征及其转型的逻辑。本书主要从实体部门与金融部门两部门"双轨制"改革视角出发，阐释了两部门不稳定性嬗变的理论机制和经验事实，进而考察了两部门不稳定的变化对货币政策在经济增长、价格稳定和金融稳定"三重福利约束"方面变迁的机制的影响。本书强调的货币政策"三重福利约束"是在总结和反思货币政策四个最终目标的基础上进行概括、提炼的结果。同时，随着中国发展阶段的转变，提高经济增长的效率、实现高质量发展目标需要更加重视利率机制作用的发挥，实现货币政策调控方式由数量型向价格型（利率）转变，这既符合中国国情，又借鉴了国际成功经验，体现了新阶段加强和改善金融宏观调控的要求。

本书的研究得到以下几条基本结论。

第一，随着持续深化改革，中国经济不稳定的来源逐渐从实体部门转移至金融部门，货币政策福利约束将逐渐从经济增长导向型向金融稳定型转变，或者向金融稳定与经济稳定福利约束并重的趋势转变。中国转轨经济的历史起点和发展（战略）目标特征决定了很长一段时间货币政策以经济增长福利约束为导向，这与成熟市场经济体货币政策目标存在明显的不同。研究发现，无论是从窄口径来看还是从宽口径来看，实体部门（PS1 和 PS2）与金融部门（FS1 和 FS2）产出波动的比值均明显大于 1，实体部门表现出更大的波动性，其改革与发展成为经济不稳定的主要来源。尽管经济不稳定的主要来源仍然是实体部门，但是随着转轨持续深化、金融部门产出比重不断上升，以及实体部门进入后工业化阶段和产业结构调整优化阶段，实体部门与金融部门在经济系统中的地位和作用发生了明显的转变。2015 年，PS1 产出环比为 2649.9 亿元，约占 FS1 和 FS2 变动的 24.46% 和 18.74%，首次出现了窄口径实体部门（PS1）产出环比小于窄口径金融部门（FS1）的现象，金融部门不稳定程度的边际变化大于实体部门，而且金融部门产出比重持续上升，其在整个国民经济中的地位更加突显，系统重要性显著提升。两部门产出环比不断缩小一方面凸显了金融部门对整个国民经济增长的贡献，要求货币当局更加重视金融部门的改革，促进金融效率的改进；另一方面也反映了实体部门（产出）增长相对乏力，实体经济增长的动力不足，货币政策需要防止金融部门长期挤压和掠夺实体部门，警惕产业部门"空心化"和金融脱离实体经济"自我实现"。

第二，随着金融深化和金融创新的发展，货币数量指标（M0、M1和 M2）在相关性、可控性和可测性三个中介目标上的特征日益衰退，利率中介目标的适用条件日趋成熟。从中介目标选择的三个基本原则可以发现，货币供应量与货币政策最终目标直接联系的国内生产总值（GDP）、消费者物价指数（CPI）、投资、消费等宏观经济变量的相关性变差，货币形态的变化也导致货币层次的划分更加困难，货币供应量在相关性、可控性、可测性特征上均受到削弱。研究发现，随着经济增长福利约束在总福利函数中权重的下降，以货币供应量（数量型）为中介目标会造成更大的总福利损失，而以利率（价格型）为中介目标的货币政策优势显著提升。考虑产出稳定和价格稳定福利约束，无论是全体样本（1996～2017年）还是三个子样本（时段1：1996～2002年；时段2：2003～2017年；时段3：2010～2017年），货币数量中介目标（M2）造成的福利损失值均小于利率中介目标（Chr07和Dpr），表明货币数量中介目标（M2）和数量型调控方式优胜一筹，这反映了实体部门的冲击大于金融部门的冲击。纵向对比发现，阈值变量Q呈现下降的趋势，数量型中介目标（M2）的优势逐步削弱，而利率中介目标（Chr07和Dpr）的优势逐步增强，利率机制和利率目标的重要性更加凸显。此外，人民银行创设的新指标——社会融资规模（AFRE）较好地弥补了金融发展和金融创新过程中货币数量指标在相关性、可测性和可控性等方面的缺陷，为货币当局制定货币政策提供了有用的信息。

第三，两部门渐进转轨带来了经济体制长期处于不匹配状态的问题，累积的金融风险已经成为新常态阶段实现高质量发展的"拦路虎"。研究发现，中国上市公司普遍存在明显的过度投资现象，对货币数量扩张较为敏感而对利率资金成本变化不敏感。在结构扭曲的环境下，总量型的货币政策难以有效纾解资源错配的问题，面临重重困境。中国金融稳定指数（CFSI）分析表明，尽管中国金融体系整体上处于低风险状态，但是2017年第一季度至第四季度的CFSI指数缺口值长期低于临界值水平，金融体系处于"金融压力时期"，系统性金融风险值得高度警惕。此外，单一的利率政策只关注了短期金融不稳定，而对长期金融不稳定反应不足，利率政策缺乏对长期金融稳定的有效反馈。

目 录
CONTENTS

第1章

绪　　论

1.1　研究背景和研究意义

1.1.1　研究背景

市场经济的有效运行既需要市场这只"看不见的手"，也需要政府这只"看得见的手"进行有效的管理。货币政策作为政府履行经济社会职能、实施宏观政策的重要组成部分，在欧美等国家的宏观调节体系中起着非常重要和特殊的作用（刘鸿儒，1985），政策目标、政策工具与传导机制是货币政策框架的三个主要部分（Friedman，1976；张晓慧，2012；范从来，2017）。为了提高货币政策最终结果的实效，对传导过程所发挥作用的评价就显得十分重要。因此，为了发挥传导过程"中间目标"的作用、更加精确地评估货币政策的作用，政策目标可以划分为最终目标和中介目标。

在理论和政策实践演变过程中，对货币政策的作用、功能认识不断丰富，逐渐形成了较为成熟完整的关于政策目标内容的理论共识，通常可以概括为四个最终目标，即经济增长、价格稳定、充分就业和国际收支平衡（曹凤岐，1988；黄达，2003；米什金，2016）。货币政策四个最终目标是西方经典经济理论基于欧美等资本主义市场经济发展实践的经验总结，是欧美等国家在不同历史阶段面对和化解突出经济问题的产物。一方面，在某一特定的经济发展阶段，一个经济体面临的突出问题可能是四个最终目标中的一个目标内容或者几个目标内容，并不必然在同一时期非常集中地面临四个最终目标的全部内容。另一方面，作为一个有机的体系，货币政策最终目标的内容应该是包容开放的，可以而且应该随着实践的演变合理地吸收和补充新的重要因素，例如金融稳定。自"大缓和"① （The Great Moderation） 时期，在新自由主义经济思潮的鼓噪之下，"杰克逊霍尔共识"② （Jackson Hole Consensus） 和通货膨胀目标制受到欧美等各国中央银行的青睐（Schwartz，1995；Hoshi，2011）。2007 年国际金融危机的爆发和蔓延不仅使欧美等国家遭受重创，而且也拖累了包括中国在内的新兴市场经济国家和全球经济的增长。实践证明，实行金融自由化、放任金融监管、忽视政府（中央银行）对市场运行的积极作用必将自食其果。此次国际金融危机之后，经济理论界和各国中央银行开始反思 20 世纪 80 年代以来新古典主义主导的经济理论，要求深刻检讨长期以来对金融部门及金融风险采取的漠视态度。防范金融风险和维护金融稳定作为中央银行不可推卸的职责逐渐成为后危机时代的共识（Mishkin，2011；Bernanke，2013）。

中国货币政策脱胎于计划经济时期"大一统"的经济金融体系，并在改革开放的过程中不断走向成熟，1984 年中国人民银行专门行使中央银行职能，标志着中国现代货币政策探索的开始。转轨初期，"做

---

① 通常这一阶段大致可以概括为 1986～2007 年。这一阶段由于出现低通胀和高增长并存的现象，而且通胀和增长的波动幅度都很小，市场特别是金融市场表现出过度的平静状态。这种看上去近乎消失的低波动性助长了乐观情绪，不断膨胀的经济金融泡沫在 2007 年国际金融危机之中一夜之间粉碎殆尽。

② "杰克逊霍尔共识"主要阐述了央行货币政策对金融稳定（风险）的态度。自 1982 年起，美国堪萨斯联储每年 8 月在美国怀俄明州的杰克逊霍尔主办由多国央行行长及财政部部长和金融理论界人士参加的年度经济政策研讨会。鉴于央行的货币政策是以稳定物价和促进经济增长为目标，只有当金融稳定（风险）影响到对通货膨胀和 GDP 的预期时才应该为央行的决策者所考虑。此观点从 20 世纪 90 年代开始在各国央行中普遍流行，在 2010 年会议上由英格兰银行副行长查理·宾（Charlie Bean） 首次将它正式纳入"杰克逊霍尔共识"。

到既能控制通货膨胀，又能促使经济的协调发展和经济结构的合理化"[①] 成为"七五"时期人民银行肩负的重点任务。1984～1993年，尽管历经多次严重的通货膨胀，但是政府赋予经济增长的权重还是很大的，价格稳定或者币值稳定只是在经济增长和社会稳定受到严重干扰时才会受到重视（樊纲，1994；冯涛和乔笙，2006）。此时，不仅人民银行职能目标的定位强调"以经济增长目标为主"，而且在各部门和各级政府的实践操作中更是不遗余力地"一切为了增长"。1995年《中国人民银行法》出台，人民银行维护"货币币值的稳定，并以此促进经济增长"的目标才最终以法律的形式明确规定，维护价格稳定和防止严重通货膨胀才真正受到重视。尽管如此，在实践操作和政策执行过程中，这一目标内容仍然很容易遭到异化、扭曲，二者难以受到同等的对待和重视，往往是放弃币值稳定的目标而屈服于经济增长的目标，最终的结果很可能导致货币币值稳定的目标形同虚设（赵效民和何德旭，1989）。

随着20世纪90年代末期亚洲金融危机的爆发，在外部经济金融冲击之下，中国金融体系潜藏的风险逐渐暴露出来，致力于消除金融约束环境的经济金融改革受到了高度的关切。2003年修订的《中国人民银行法》明确了人民银行肩负"防范和化解金融风险，维护金融稳定"的职责且人民银行成立了其内设机构"金融稳定局"，2008年国务院机构改革进一步强调了人民银行维护金融稳定的职能。[②] 尽管中国金融领域进行了许多卓有成效的改革，但是粗放型经济增长方式和政府过度干预经济长期得不到有效扭转，这种经济发展模式既成为"中国式通胀"的本源（高帆和王洋，2012），威胁到价格稳定目标的实现，又掩盖了金融约束政策下金融体系的短板，助推了金融风险的累积（林毅夫等，1994；张军和王永钦，2019）。金融体系改革成为全面深化改革的重点，防范化解重大风险、守住不发生系统性金融风险的

---

① 引自《中共中央关于制定国民经济和社会发展第七个五年计划的建议》（1985年9月）。

② 引自《国务院办公厅关于印发中国人民银行主要职责内设机构和人员编制规定的通知》。

底线成为全面建成小康社会的"三大攻坚战"之一。因此，在新时代新阶段，中国金融是否稳定、高效，关系到开启全面建设社会主义现代化国家新征程、向第二个百年奋斗目标进军是否顺利。

转轨经济作为一种有预设目标的非平衡运动的过程中的经济，体现为一种持续性的状态运动，在不同的转轨阶段也具有不同的经济运行状态特征和阶段性目标（吕炜，2003）。中国特色社会主义市场经济改革和发展目标的明确是有一个过程的，总体表现为发展阶段的转轨和体制机制的转轨。在总体（基本）目标明确的基础上，具体目标的理解、定位和政策措施的展开、排序、组合的差异必然会带来改革重点工作在不同阶段不同发展状态约束环境下出现重点和组合顺序的变化，这样的阶段转变特征必然会产生对"货币政策最终目标"和中间传导过程的"中介目标"选择的不同。在转轨经济初期，中国人均GDP 不足 400 美元（1978 年），中国在世界范围内处于低收入国家的行列。在这种"短缺经济"和落后的社会生产能力的背景下，1987 年党的十三大制定了"三步走"发展战略目标，这种分阶段的目标具有明显的战略赶超特征。服务于这种赶超发展的战略，中国货币政策具有明显的经济增长目标导向。在经济增长（福利约束）目标导向下，"发展是硬道理"在实践中表现为"唯 GDP 论"现象，导致对经济规模和增长速度的片面追逐（史晋川，1996）。

在渐进转轨方式下，中国实体部门与金融部门改革表现出明显的"双轨制"特征，实体部门率先改革、发展迅速，而金融体系实施了更为严格的管制、市场化改革相对滞后，转轨初期经常交替发生通货膨胀和经济过热，经济增速和通货膨胀成为制约"改革、发展、稳定"的突出矛盾，货币政策福利约束目标长期在可实现的经济增长目标和可容忍的通货膨胀之间进行平衡抉择（周小川，2013）。经过 30 多年经济高速增长，中国已经从低收入国家成长为中等收入国家，迅速成为世界第二大经济体，经济社会环境发生了深刻的变化，社会主要矛盾已经发生了显著的转变，中国特色社会主义进入新时代（洪银兴，2017）。毋庸置疑，这是经济发展阶段和经济体制改革阶段的实质性飞跃，货币政策也必将适应主要矛盾和经济新常态阶段的转变进行相应的调整。

目标的实现需要自己的手段，货币政策最终目标的实现需要选择合适的中介目标发挥中间传导机制的指示和评价作用，从而不断改进政策效果。在现代市场经济条件下，货币政策具有明显的两阶段特征：中央银行运用政策工具，首先影响银行等货币经济部门，然后通过货币经济部门传导至实体经济部门从而实现最终目标（弗里德曼和哈恩，2002）。在这种间接型调控中，为了防止调控失当和提高货币政策效率，传导过程要求中央银行设立可供观测的中介目标。根据调控方式和传导机制的不同，中介目标可以分为数量型中介目标与价格型中介目标。在 20 世纪 90 年代，当欧美等国家的货币政策框架相继从数量型转向利率（价格型）调控，中国货币政策开始转向间接调控，并确立了以货币供应量为中介目标的数量型调控框架。然而，在实践中货币供应量中介目标 M1 和 M2 的目标值与实际值经常发生背离，严重削弱了包括 M2 在内的货币供应量指标在中介目标的可测性、相关性和可控性等特征上的优势，货币数量中介目标遭到许多质疑（夏斌和廖强，2001；刘明志，2006）。2015 年 10 月，人民银行取消商业银行存款利率浮动上限，标志着中国利率市场化基本完成，利率传导效率得到进一步的提高。在新时代新阶段，扬弃传统的粗放型经济增长方式，实现向高质量发展目标转变，需要充分发挥利率政策和利率机制在破除要素错配和结构扭曲等方面的积极作用（任保平，2015）。而且，中国价格体制改革的历史经验表明，价格机制发挥的作用要比想象的好得多，显示出了发挥利率积极作用的巨大潜力（易纲，2009），利率调控已经在货币政策框架中发挥着越来越重要的作用。增强以利率为中心的价格型货币政策的作用，实现从偏重数量型工具向更多地运用价格型工具转变，既符合中国国情，又借鉴了国际成功经验，体现了加强和改善金融宏观调控的要求。

传统货币政策的四个最终目标成熟于 20 世纪 70 年代，设定成型时间已经近半个世纪，而且四个最终目标的数目非常有限。近 50 年的全球经济实践的演变和发展，迫切需要对货币政策（宏观政策）目标进行革新和补充新的内容。特别是随着此次国际金融危机的爆发和蔓延，学界和政策制定者也在深刻反思 80 年代以来货币政策理论对市场机制的过度自信和金融自由化的缺陷，以及在政策实践上对金融风险采取的忽视态度，金融风险因素已经引起各界的高度重视。同时，货币政策的四个最终目标是基于工业革命以来欧美等资本主义市场经济发展阶段的历史经验总结和概括，是市场经济在相对平稳状态下宏观政策目标的产物。由于中国采取渐进转轨方式并实施明显的赶超发展思路，四个最终目标既难以全面刻画和反映中国转轨过程不同阶段货币政策的特征，而且其本身也过于抽象和笼统，需要适当地进行具体化、量化，从而更好地进行比较分析。在中介目标上，由于中国市场经济发育水平较低，价格（利率）机制传导不畅通，选择数量型中介目标和数量型调控方式是中国货币政策很长一段时间的特征，这与欧美等成熟市场经济国家的货币政策存在显著的差别。

因此，在传统货币政策四个最终目标的基础上，结合此次国际金融危机的经验教训，把货币政策最终目标（福利约束）与中介目标结合起来，理解中国货币政策长期以来以经济增长福利约束目标为导向、实施数量型调控方式的特征，推动中国货币政策转型调整显得非常有意义。根据中国渐进转轨路径，实体部门与金融部门呈现出明显的"双轨制"特征，在不同发展阶段两部门具有不同的发展特征，两部门在货币政策福利约束中的地位和作用必然有所变化。在"三重福利约束"的框架下，研究结果为理解中国货币政策数量型中介目标选择的逻辑提供了一个较好的理论和实证解释，为新常态阶段下重构和调整货币政策框架，增进防范化解系统性金融风险共识，继续深化改革、实现高质量发展目标提供了有益的参考。

1.1.2 研究意义

在不同的经济发展阶段和不同的经济体制下，货币政策福利约束目标会存在明显的差别。20 世纪 70 年代货币政策四个最终目标已经基本形成，80 年代以后新古典宏观经济学倡导的阿罗—德布鲁一般均衡范式强调了货币中性和货币超中性，逐步将金融因素排除在主流经济理论之外，在实践上也对金融体系和金融风险采取了一种漠视的态度。

近几十年，通货膨胀目标制也在许多成熟市场经济国家和部分新兴市场经济体得到极大的推崇（Bernanke and Mishkin，1997），这与中国货币政策长期以来强调经济增长导向的福利约束目标和相机抉择的特征形成了鲜明的对比。随着此次国际金融危机的爆发和蔓延，宏观审慎管理也成为货币政策的重要组成部分，理论和实践需要反思传统的货币政策最终目标。同时，对于中国转轨过程中的货币政策福利约束目标、货币政策调控方式的特征以及二者的结合，现有文献也缺乏足够的关切。实践中，危机之后各国纷纷强调了中央银行对维护金融稳定、防范金融风险的作用，金融稳定福利约束目标成为后危机时代货币政策的重要职责，这是传统货币政策最终目标没有涵盖的。因此，本书尝试从中国渐进转轨方式中的实体部门与金融部门"双轨制"改革出发，阐释两部门不稳定性嬗变的理论机制和经验事实，进而考察两部门不稳定的变化对货币政策福利约束变迁和中介目标选择的影响。

通常，货币政策中介目标选择主要有三个基本准则，即相关性、可控性和可测性，但是现有文献鲜有系统地考察中国转轨过程中介目标的演变轨迹，鲜有从两部门的视角阐释中国数量型中介目标选择和调控方式转型的逻辑。结合中介目标的选择问题，对货币政策福利约束进行实证量化比较分析的文献也非常少。因此，本书系统考察了中国货币政策中介目标演变的轨迹，对数量型中介目标与价格型中介目标的适宜性进行了详细的比较论证。同时，本书结合中国货币政策福利约束的特征，构造了一个考虑价格稳定与产出稳定的 IS-LM-PC 模型并实证检验了数量型中介目标与价格型中介目标造成的福利损失变化。这个分析过程较好地剖析了中国转轨过程中市场经济发育特征、微观经济结构特征等，展现了中国粗放型经济增长方式下的资源错配、结构扭曲等问题。这些发现为深刻理解渐进转轨方带来的弊端和明确货币政策调控面临的困境，为进一步增强全面深化改革特别是金融供给侧结构性改革和高质量发展理念提供了有益的参考。

本书从货币政策福利约束和中介目标两个层面重点考察了中国货币政策的特征。根据货币政策的四个最终目标，本书提出了"货币政策三重福利约束"的概念，并将其应用于阐释改革开放 40 多年来中国货币政策演变的理论逻辑。结合三重福利约束，本书进一步探讨了货币政策中介目标选择和调控方式转型的逻辑。不囿于传统货币政策四个最终目标，本书对其有所提炼、有所深化，做了适当的量化分析，较好地诠释了实体部门与金融部门不稳定的变迁过程，剖析了粗放型经济增长方式下中国微观经济结构存在的扭曲错配等问题，为理解防范化解系统性金融风险的"攻坚之战"、全面深化改革和货币政策框架转型的逻辑提供了理论支持，具有较高的理论价值。同时，本书也为落实全面深化改革举措和增强防范化解系统性金融风险意识，更好地维护中国金融安全与稳定提供了实践参考，具有较强的现实意义。

1.2 有关概念界定

1.2.1 转轨经济的内涵

关于"转轨经济"，《新帕尔格雷夫经济学大辞典》（以下简称《大辞典》）并没有与之完全对应的辞条，与之相近的是"转型与制度"（Transition and Institutions）这一辞条。《大辞典》对"转型与制度"的解释为"在东欧和苏联解体后发生的彻底的政治和经济变迁，大约 29 个国家转入这一始于 1989～1991 的持续变迁过程中"。对于转轨问题，传统经济学也没有现成的理论，然而经济转轨的大规模实践发生于 20 世纪 80 年代，这一经济转轨实践使得西方正统经济学乃至传统社会主义经济理论都受到了严重的挑战。面对新的实践现象，对经济转轨内涵的理解可谓众说纷纭，可以大致概括为如下四种解释：第一种是指经济体制的转轨，即把转轨理解为从计划经济体制向市场经济体制转变的过程。由于转轨的起点是以行政命令方式作为经济资源配置主要手段的计划经济体制，因此，经济转轨的过程就是逐步过渡到市场经济体制，最终建立完善的以市场机制和价格供求为主导的资源配置体系。第二种是指经济形态的转轨，即从生产力的视角把转轨理解为从较低层次的经济发展阶段向更高层次的经济发展阶段的转变。第三种是指经济运行体制与所有制制度相结合的转轨，一方面经济转轨是从计划经济体制转向市场经济体制，同时也是所有制关系、上层建筑发生根本性改变的过程。第四种是指经济体制与经济增长方式相结合的转轨，一方面是经济体制从统制的计划经济体制向分散的市场经济体制的转变，另一方面体现为从粗放型经济增长方式向集约型经济增长方式的转变。

经济理论对转轨内涵、转轨路径、转轨绩效和转轨结果等方面的态度莫衷一是（吕炜，2005），一方面是因为转轨经济实践才刚刚开始且远远尚未完成，而传统发展经济理论和西方主流经济学对此又没有系统的理论分析；另一方面也从侧面反映了人们对转轨的认识尚未达成共识，上述各种理解基本上是单一因素的分析方法，仅仅抓住了转轨的某一个主要环节或因素进行分析。单一因素分析方法得出的转轨结论从一定意义上说也是有道理的，但是这些有关转轨经济内涵、目标、方式的解释仍显片面，对于具有典型意义和重大影响的中国转轨经济实践而言更是如此。中国转轨经济的实践是一个内容极其丰富和任务十分复杂的过程，涉及政治、经济、历史、文化和传统习惯等诸多相互联系、相互作用的方面和因素。

根据马克思主义经济学的基本原理，从生产力与生产关系的视角去理解中国转轨经济丰富的实践内涵可能更为全面、恰当。从生产力的角度看，中国特色社会主义实践的转轨起点是落后的社会生产能力和低层次的产业结构，处于并长期处于社会主义初级阶段是现实的国情，转轨的目标和任务是从农业国向工业国的转变以及建设富强、民主、文明、和谐、美丽的社会主义现代化强国。同时，生产发展方式也必须从传统的粗放型经济增长方式向现代的集约型经济增长方式转变，在实现经济总量目标的基础上不断优化经济结构，实现高质量发展。可见，从生产力的角度看，中国转轨经济可以理解为发展的转轨。从生产关系的视角看，中国特色社会主义实践的转轨起点是以高度集中的行政指令为显著特征的计划经济模式，从封闭的、集中的计划经济向完善的社会主义市场经济体制转变是经济体制改革的目标。不难看出，这一转轨过程是生产力与生产关系转型升级的统一，即发展阶段转轨和体制机制转轨的结合。双重转轨是一个非常复杂并且充满各种矛盾和不确定性的过程，不同阶段也必然伴随着不同的矛盾和任务，面临不同的风险和挑战。然而，在双重转轨中核心是实现体制机制转轨，尤其是采取渐进式增量改革的转轨方式，必须恰当地安排好经济体制改革的次序和改革的力度。在推进经济体制改革、努力建立新制度的时候，可能最佳的、务实的举措就是采取不成熟的次优的制度甚至一些旧的制度，以避免经济社会的不稳定以及对改革中新兴部门的发展产生消极的影响（Kornai，1990），一旦缺失这些体制机制，改革的步伐必然会放缓甚至使整个经济体制改革遭遇"滑铁卢"（麦金农，1997；Roland，2000）。

1.2.2　货币政策福利约束及其与最终目标的关系

关于福利一词，从现代经济学发展脉络来看，可以追溯至亚当·斯密于1776年发表的《国富论》。在对重商主义国家财富观点批判的基础上，斯密强调了如何创造财富和增加财富，认为自由竞争的无形之手自动将许多人的私人利益转化为共同利益，即国民（国家）财富。因此，对于国家财富增长来说，治理最少的政策即是最好的政府政策。在针对斯密国民财富生产或者共同利益合成的观点，经济学理论从诸多方面提出了许多质疑，其中具有代表意义之一的是关于如何增进和改善社会福利（social welfare）的福利经济学（welfare economics）。显而易见，斯密自由竞争带来国民财富的观点，即福利经济学第一定律或许实现了最大化国民生产总值（GNP），但是考虑了生产者之间、消费者之间的交互影响等因素之后，可以发现纯粹生产领域的自由竞争观点严重忽视了社会分配的公平问题、垄断问题、外部性问题等。因此，福利经济学试图定义和衡量整个社会的"福利"，确定哪些经济政策会导致最优的结果，从而形成了社会福利函数（social welfare function，SCF），并在多个最优方案中进行比较与选择。通常而言，一项政策（如货币政策）的实施既存在一定的益处，也会付出一定的代价，例如增加货币供给、降低利率的政策虽有益于经济的增长，但是也容易造成总需求膨胀，导致通货膨胀率的提升并带来的其他后果（如通货膨胀税）。因此，从全社会角度来看，一定的公共政策的实施需要进行比较、权衡，从而更好地评价其效果以及纠正偏差、不断改进政策的效率。毫无疑问，社会福利函数与经济社会的主要矛盾、统治阶层的偏好、社会可承受能力密切相关。

　　货币政策作为中央银行的职能，必然有一定的目标指向，即体现为国家或中央银行代表的全社会利益要求。在理论与实践演变过程中，货币政策最终目标具有非常丰富的内涵，通常可以概括为四个目标，即经济增长、价格稳定、充分就业和国际收支平衡（曹凤岐，1988；黄达，2003；米什金，2016），包括自工业革命以来欧美等国家在不同阶段面临的突出问题。除了四个最终目标之外，货币政策在不同国家、不同阶段也需要承担其他相关的职责。本书强调的货币政策福利约束与货币政策最终目标既存在一定的联系，也存在显著的区别。货币政策福利约束与货币政策最终目标均是中央银行实施货币政策所指向的结果，体现为经济社会的突出矛盾和亟待化解的问题。二者显著的区别是，货币政策的最终目标是多方面的、开放的，而本书强调的货币政策福利约束具有特定的数量限制，可以概括为具体的指标，并且可以进行合理的量化比较与评价。本书强调的"货币政策三重福利约束"是在总结和反思传统货币政策四个最终目标的基础上概括、提炼的结果，与四个最终目标既存在重叠的部分，也存在不一致的部分。

　　同时，由于货币政策的目标指向（即"最终目标"）与货币政策传导过程中的"中介目标"均包括"目标"一词，为避免在阐述和理解上产生不必要的混淆和歧义，使用"货币政策福利约束"替代货币政策最终目标也更加恰当。更为重要的是，基于本书研究的视角与目的，与货币政策四个最终目标和其他更广泛的目标相区别，本书提出了"货币政策三重福利约束"的概念，并利用（经济）增长稳定、价格稳定和金融稳定"三位一体"的福利约束框架去阐释中国货币政策福利约束的变化特征、货币政策调控方式演变和转型的逻辑，以及不同阶段中介目标选择的必要性。因此，使用"货币政策福利约束"这一概念代替货币政策最终目标的概念更加合适且显得很有必要。

1.2.3　货币政策中介目标及其选择标准

中介目标有狭义和广义之分，前者通常是介于操作目标与最终目标之间的目标变量，而后者包括货币政策工具至最终目标之间的整个传导变量。从货币政策传导过程来看，广义的中介目标包括近期的中介目标和远期的中介目标。近期中介目标是指货币当局可以直接影响、有效控制的中间变量，即政策工具的操作目标；而远期中介目标则是指货币政策工具可以间接影响且离最终目标很近的中间变量。基于货币政策传导过程的视角，本书主要是从数量与价格类型之分的视角探讨货币政策传导机制及其中介目标的选择，而不过分强调操作目标与中介目标之分，故如不特殊说明，本书指称的中介目标是指代广义的中介目标。

在现代成熟规范的市场经济体中，货币政策对实际经济的作用是间接的，而不是直接的（弗里德曼和哈恩，2002）。因此，中央银行只能通过观测和控制一些具体的指标来影响实际的经济活动，从而间接地达到其预期的最终目标。中介目标的选择直接影响到货币当局政策调控的力度和方向，选择何种恰当的货币政策中介目标关系到最终目标实现的效果。合理的中介目标的选择有利于防止政策实际效果与预期效果出现明显的偏差，对于实现货币政策目标就显得尤为重要，否则很有可能导致货币政策的失效。

一般来说，中央银行选择货币政策中介目标的主要标准有三个：一是可测性；二是相关性；三是可控性。所谓"相关性"通常是指被作为货币政策中介目标的变量与货币政策最终目标存在紧密的关联性。相关性要求这类变量与产出、就业、价格等变量具有高度的相关性，如果将中介目标控制在可接受的范围内，那么可以基本达到预先设定的最终目标。所谓"可控性"通常是指中央银行可以有效地将选定的中介目标控制在预期的范围内，要求这类变量能够被中央银行的政策工具直接影响甚至控制，与货币政策工具具有稳定的密切的关联。所谓"可测性"通常是指中央银行能够对被作为货币政策中介目标的变

量进行快速、精确地统计。可测性要求这类变量必须具有相对明确的
定义，从而有利于可靠地进行观察、分析和监测，同时获取、汇总这
类变量比较便捷、准确，误差率较小。从中介目标选择的三个标准来
看，可测性特征是基础，不具有可观测、可计量的经济变量无从谈起；
相关性特征是关键，中介目标与最终目标具备较为稳定、密切的联系，
才能在货币政策间接调控中充分利用中介目标的信息，为评估最终目
标效果提供有益的帮助；可控性是补充，可控性能够确保中介目标的
变动符合货币政策工具调控的方向，从而为改进货币政策工具效率提
供保障。

1.3　研究思路和结构安排

1.3.1　研究思路

在中国转轨过程中，不同的经济增长阶段和市场体制发育程度将
对货币政策的传导机制、福利约束目标产生重要的影响，并进一步影
响货币政策中介目标的选择和社会福利目标的效果。本书基于实体部
门与金融部门两部门改革发展的非对称性特征，探讨了不同转轨阶段
的经济社会发展目标及其对货币政策福利约束特殊的规定性要求，为
理解中国货币政策框架选择与转型的逻辑，为实现货币政策在防范金
融风险、扭转资源错配和实现高质量发展目标提供了有益的理论参考
和实证依据。具体来说，本书在系统梳理有关货币政策最终目标和中
介目标选择文献的基础上，重点阐述了货币政策福利约束变迁和传导
机制变化对中介目标选择产生影响的理论机制。于是，本书依次主要
探讨了中国货币政策福利约束的变迁、不同中介目标的传导效果变迁
和中介目标对社会福利损失函数的影响，并从微观角度考察了货币政
策传导机制可能存在的问题。本书研究的思路和分析框架如图 1 - 1
所示。

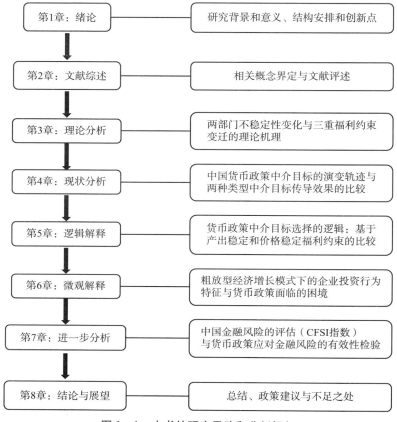

第1章：绪论	—	研究背景和意义、结构安排和创新点
第2章：文献综述	—	相关概念界定与文献评述
第3章：理论分析	—	两部门不稳定性变化与三重福利约束变迁的理论机理
第4章：现状分析	—	中国货币政策中介目标的演变轨迹与两种类型中介目标传导效果的比较
第5章：逻辑解释	—	货币政策中介目标选择的逻辑：基于产出稳定和价格稳定福利约束的比较
第6章：微观解释	—	粗放型经济增长模式下的企业投资行为特征与货币政策面临的困境
第7章：进一步分析	—	中国金融风险的评估（CFSI指数）与货币政策应对金融风险的有效性检验
第8章：结论与展望	—	总结、政策建议与不足之处

图 1 - 1　本书的研究思路和分析框架

1.3.2　结构安排

在前面阐述的研究思路的基础上，本书各章节具体的内容安排如下。

第 1 章分为四节，第 1.1 节交代了本书的研究背景和研究意义，重点阐述了传统货币政策最终目标对金融稳定因素的忽视，并概述了货币政策传导机制对中介目标选择产生影响的理论机制。第 1.2 节对本书相关的主要概念（转轨经济、货币政策福利约束、中介目标）进行了界定。主要是对本书重要概念的界定，从而澄清前提、避免分歧。本书认为应该从生产力发展阶段和经济体制两个维度去理解转轨经济的内涵，这样更加全面恰当。本书阐释了货币政策最终目标与货币政策福利约束的区别与联系，并指出"三重福利约束"在理解中国货币政策特征上的必要性与可行性。此外，结合货币政策传导机制，阐释了中介目标的内涵和三个基本特征。第 1.3 节为本书的研究思路和章节安排。第 1.4 节则概述了本书的研究边界和创新之处。

第 2 章分为四节，主要从货币政策最终目标及其评价和中介目标及其评价四个方面回顾了对本书研究具有重要启发意义的相关文献。第 2.1 节系统梳理了马克思宏观经济思想、西方经典经济理论和国内文献关于货币政策目标或福利约束的内容。第 2.2 节对货币政策福利约束相关文献进行了总括性的评价。第 2.3 节重点梳理了马克思宏观经济思想、西方经典经济理论和国内文献关于货币政策中介目标选择的内容。第 2.4 节对货币政策中介目标相关文献进行了总括性的评价。

第 3 章重点考察了实体部门与金融部门两部门不稳定的变迁及其影响货币政策福利约束的理论机制。第 3.1 节重点阐述了中国转轨初期在经济发展水平、资源配置方式和货币金融环境三个方面的状况。中国渐进转轨方式和赶超发展思路特征对中国货币政策提出了有别于西方经典经济理论和成熟市场经济国家的要求，强调了经济增长福利约束目标是中国转轨过程很长一段时间货币政策肩负的重要职责。第 3.2 节重点考察了渐进转轨方式下实体与金融部门改革和发展的不对称性，特别是在实施金融约束的宏观政策环境下两部门不稳定性的特征表现。第 3.3 节将中国转轨实践划分为三个阶段，重点阐述了不同阶段三重福利约束的地位。第 3.4 节对本章的主要内容进行了总结和概括。

第 4 章重点考察了数量型与价格型中介目标传导效果的比较。第 4.1 节概述了转轨过程中数量型重要指标（信贷规模、货币供应量 M2 和社会融资规模（AFRE）的发展脉络，以及三者的共同点与差异所在。第 4.2 节主要考察了中国货币需求的稳定性，从货币需求的角度考察了货币数量中介目标（M1 和 M2）的相关性属性，结合中央银行和商业银行的资产负债表结构。第 4.3 主要考察了货币供给方程的特征，基础货币、货币乘数对货币供给的贡献，货币数量中介目标

（M1 和 M2）的可控性和可测性特征。第 4.4 节主要考察了数量型中介目标与价格型中介目标在相关性、可控性和可测性三个方面特征上的优势与不足。第 4.5 节对本章的主要内容进行了总结和概括。

第 5 章在第 3 章和第 4 章的基础上为数量型中介目标的适宜性选择提供了一个实证性的分析。第 5.1 节主要阐述了普尔理论的基本思想及其模型化表示，为第 5.2 节对普尔模型进行拓展和实证分析奠定了基础。第 5.2 节通过引入菲利普斯曲线（PC）构建一个投资储蓄—流动性偏好—菲利普斯曲线（IS-LM-PC）框架，从而可以在产出稳定和价格稳定福利约束之间进行权衡，有效地避免了原始普尔模型单一产出福利约束的缺陷。第 5.3 节对不同福利约束模型进行了实证比较，并进行了稳健性检验。第 5.4 节对本章的主要内容进行了总结和概括。

第 6 章重点考察了粗放型经济增长模式下企业投资行为与货币政策之间的关系。第 6.1 节主要考察转轨过程中形成的粗放型经济增长模式的三个基本特征事实，即高投资、政府过度干预和高货币存量。第 6.2 节考察了上市公司过度投资的情况，结果表明中国上市公司普遍存在过度投资倾向且地方性公司更倾向发生过度投资。第 6.3 节主要考察了企业投资行为对货币政策在货币数量和货币价格（利率）变动方面的反应，结果表明上市公司对货币数量扩张较为敏感而对利率资金成本变化不敏感，货币政策利率传导渠道受到阻碍，货币政策在结构扭曲的环境下面临着调控的困境。第 6.4 节对本章的主要内容进行了总结和概括。

第 7 章进一步考察中国金融风险的状况，重点测度了反映中国金融风险状况的 CFSI 指数，并检验利率政策能否有效地应对短期和长期金融压力。第 7.1 节主要考察了经济新常态阶段金融风险凸显的两大主要原因，即新的发展目标（高质量发展目标）和新的改革举措（全面深化改革）。第 7.2 节构建了一个评估中国金融稳定状况的指数——CFSI 指数，并对不同阶段的金融风险状况进行了评估与测度。第 7.3 节主要考察了中国利率政策能否有效地应对金融体系风险状况的波动，结果表明单一的利率政策反应机制调控存在明显的不足，利率政策只关注了短期金融风险，而对长期金融不稳定反应不足。第 7.4 节对本章的主要内容进行了归纳总结。

第 8 章是本书的结论部分。这部分概述了全书研究得到的主要结论和政策指向，并指出了本书研究中存在的不足和进一步研究的方向。

1.4 研究边界和创新之处

1.4.1 研究边界

参考现有货币政策最终目标和中介目标的相关文献，尤其是货币政策调控方式理论的相关文献，本书通过理论推演及实证研究，基于三重福利角度对我国的货币政策福利约束变迁与货币政策中介目标（或调控方式）的最优选择进行了系统的理论探讨与量化考察。

首先，本书是基于界定货币政策三重福利约束的角度对我国货币政策调控方式特征展开的研究，强调基于福利目标基础上的货币政策调控方式的选择，我国货币政策操作对其他具体宏观经济变量的作用效果、货币政策的传导机制、货币政策规则的设定与修订等，均不在本书研究范围之内。

其次，本书对我国货币政策三重福利约束变迁的考察，更多意义上是一个事后的目标总括性的评价，与经典的货币政策最终目标也不完全一致。在对我国货币政策调控方式选择的特征的研究中，本书的研究结论也仅是一个基于理论框架的事后福利绩效评价与规范化参考。我国货币政策具体操作层面的深入研究，不是本书研究的重点。

最后，技术创新、结构转型、制度变迁等宏观因素对我国系统性金融风险和福利约束的具体影响，不是本书研究的重点。本书在我国货币政策调控方式福利目标评价中，将其归为实体部门和金融部门波动性的比较，并将其对货币政策福利目标（福利损失函数）增进的贡献与宏观经济结构变化相统一。对系统性金融风险的深入研究，特别是基于高频时间序列数据的角度考察系统性金融风险不是本书研究的重点。

1.4.2 创新之处

通过系统分析中国转轨经济进程中的货币政策三重福利约束与中介目标选择变迁的逻辑，本书的创新点或者贡献点主要有以下几个方面。

第一，西方经典经济理论关于传统货币政策四个最终目标的论述具有明显的笼统性和抽象性，特别是它的实践基础是欧美等成熟市场经济国家经济发展的历史，这与中国采取渐进转轨方式和实施赶超发展的实践存在显著的差异。本书立足于中国转轨经济的实践，在继承货币政策传统的四个最终目标的基础上，概括提出了三重福利约束的货币政策目标。在渐进转轨的实体—金融两部门分析框架中，实体部门与金融部门在转轨初期和转轨深化阶段表现出不同的不稳定性，因此，本书重点阐释了转轨初期在经济增长导向的福利约束下经济不稳定主要来源于实体部门，从而形成了"增长（产出）稳定与价格稳定"之间的冲突。随着持续的转轨深化和进入"深水区"改革阶段，金融部门在国民经济中的系统重要性地位凸显出来，金融逐渐成为经济的"心脏"，国民经济不稳定的主要来源逐渐从实体部门转向金融部门。这一理论分析较好地解释了中国货币政策福利约束演变的实践，体现了深刻的转轨经济特征。

第二，本书不仅在相关性、可控性和可测性三个基本特征上对数量型中介目标和价格中介目标的传导效果进行了系统的梳理与对比，而且还构建了一个 IS-LM-PC 理论模型，实证检验了产出稳定与价格稳定福利约束权重变化对货币政策中介目标选择的影响，较好地解释了中国货币政策长期重视数量型中介目标和采取数量型调控方式的逻辑。研究发现，在产出稳定或者经济增长导向福利约束下，相对于价格型中介目标而言，数量型中介目标带来的总福利损失更小。因而，中国货币政策在转轨的很长时期选择数量型中介目标和数量型调控方式，具有客观必然性。随着经济增长福利约束权重的下降，利率中介目标的优势将更加明显，而数量型中介目标的优势不断下降，这为中国货币政策中介目标转型和调控方式转型提供了有益的参考。

第三，本书从企业投资的微观层面实证解释了渐进转轨方式带来的结构扭曲和金融风险累积的后果，以及给货币政策调控带来的挑战。本书基于上市公司微观个体层面的投资行为，发现中国上市公司，无论是国有上市公司还是非国有上市公司均存在明显的过度投资倾向，而且地方性国有上市公司存在更加严重的过度投资问题。这一发现较好地验证了政府主导经济的模式。同时，企业投资严重依赖于货币数量扩张，而对资金成本利率的变动普遍缺乏敏感性，这为理解粗放型经济增长方式下存在的结构扭曲、金融资源错配导致经济效率下降提供了一个微观解释。

第四，结合中国实践，本书重点探讨了全面深化改革和高质量发展目标在增加经济金融不确定性和加剧金融风险压力方面的机制，并构建了一个测度中国金融体系压力状况的中国金融稳定指数（CFSI）。在对利率政策能否有效应对金融压力的检验过程中，研究发现利率政策反应机制难以有效地反馈和应对资产价格泡沫，在维护金融稳定和防范金融风险方面利率政策仍显不足。利率波动与货币数量（M2）的变动的"量价关系"并不一致，利率变化与货币数量二者反馈的信息可能存在明显的偏差。这在理解新时代新阶段增强防范化解系统性金融风险"攻坚之战"的逻辑，以及在深化金融供给侧结构性改革和提高利率传导效率的同时，不能抛弃和忽视信贷领域特征的变化，需要高度重视信贷传导机制和具有数量特征的社会融资规模（AFRE）和货币供应量（M2）反馈的信息，继承和发展中国货币政策维护金融稳定的历史传统，发挥货币政策为助力高质量发展目标和现代化经济体系构建方面发挥积极的作用。

文 献 综 述

2.1 货币政策福利约束：演变与反思

2.1.1 马克思宏观经济目标思想与借鉴

对于马克思对资本主义生产方式经济规律的发现和提炼，一旦我们舍去其分析的资本主义生产关系的外壳，其中包含的许多内容实则是对社会化大生产条件下经济运行规律的深刻阐述，马克思、恩格斯的相关著述具有丰富的、深刻的宏观经济目标思想。马克思深刻剖析了"在商品生产者的社会里"① 的市场经济条件下，社会再生产和经济运行非均衡的常态特征，以及市场自发运行不可避免地会导致信用过度膨胀、信息不对称和经济金融危机等，这些深刻的洞见不仅为国家干预经济和宏观调控提供了理论指导，而且为国家宏观调控的具体目标指明了方向。对于处在转轨过程和全面深化改革过程的中国而言，这些思想和理论在改进宏观调控工具、提高宏观调控效率等方面非常值得借鉴和学习，对于完善社会主义市场经济体制和健全宏观调控体制具有很大的指导意义。

在市场经济条件下，货币充当了商品交换的媒介，买和卖的分离

---

① 马克思恩格斯全集：第 23 卷 [M]. 北京：人民出版社，1973：96.

造成供给与需求的分离，这在很大程度上带来了供给与需求不平衡的可能。"在各种不同的社会经济形态中，不仅都有简单再生产，而且都有规模扩大的再生产，虽然程度不同。"① 社会再生产过程中，从最终用途来看，社会总资金可以划分为补偿基金、积累基金和消费基金，其中积累基金与消费基金的比例是社会再生产中更加突出的一组关系。积累基金与消费基金的比例决定了生产与消费、社会总供给与社会总需求的匹配变化，导致社会扩大再生产的规模、速度和比例发生变化，从而影响整个宏观经济的运行。如果积累与消费的比例失调，不仅会引起经济结构的畸形发展，而且可能导致消费萎缩和社会再生产的内生动力不足。但是，"在这种生产的自发形式中，平衡本身就是一种偶然现象"。② 两大部类、各部门之间的比例失调是常态性的，"各个领域中使用资本的比例固然通过一个经常的过程达到平衡，但是这个过程的经常性本身，正是以它必须经常地、往往是强制地进行平衡的那种经常的比例失调为前提"。③ 市场经济条件下比例失调不仅是经常性的，而且从比例失调到恢复均衡需要"强制性"地进行平衡，这个扭转过程通常伴随着社会财富的巨大浪费。因此，从马克思的分析视角来看，为了避免市场经济这种自发的缺陷带来的不稳定及其造成的资源浪费、财富损失等，国家对经济的干预和调控显得非常必要，宏观调控具有维护经济（增长）稳定的职能。

马克思在《资本论》第二卷分析资本流通过程时指出，货币资本"表现为发动整个过程的第一推动力"，④ "资本主义的商品生产，——无论是社会地考察还是个别地考察，——要求货币形式的资本或货币资本作为每一个新开办的企业的第一推动力和持续的动力"。⑤ 马克思关于货币"第一推动力"的思想是用资本形态变化考察货币资本作用时提出的，在货币资本、生产资本和商品资本三种资本形态的循环和周转过程中，货币资本在这个过程中处于最先发动的位置。这是马克

① 马克思恩格斯全集：第23卷［M］．北京：人民出版社，1973：656.
② 马克思恩格斯全集：第24卷［M］．北京：人民出版社，1972：558.
③ 马克思恩格斯全集：第26卷［M］．北京：人民出版社，1973：562.
④⑤ 马克思恩格斯全集：第24卷［M］．北京：人民出版社，1972：393.

思从经济运行视角论述的货币（资本）的动力，一方面指出了货币资本不是经济运行的唯一动力，另一方面又指出了货币资本在经济增长动力系统中显著的地位和突出的作用。马克思基本原理表明，社会基本矛盾是经济社会发展的内在动力，而经济运行只是经济社会发展的表现形式，经济运行的动力源于社会经济发展的内在动力（社会基本矛盾），货币资本的"第一推动力"的作用在于推动处于分离状态的生产资料与劳动力走向结合的状态，使可能的生产力转变为现实的生产力。"一方面的货币就能引起另一方面的扩大再生产，这是由于再生产扩大的可能性在没有货币的情况下就已经存在；因为货币本身不是实际再生产的要素。"① 但是这一转化的前提条件是，生产资料和劳动力都处于闲置的可利用的状态，而且二者的结构可以进行很好的匹配，即西方经典经济理论阐述的非充分就业的状态。

因此，货币"第一推动力"作用的大小不是取决于货币资本的数量，而在于现实生产能力有无扩大的可能。毫无疑问，认为货币投入量越多"第一推动力"的作用就越大，经济运行速度就越快的观点是短视的、片面的。超过经济承受能力（即充分就业状态）的货币投放，不仅不能形成"第一推动力"，相反还会导致其他经济问题（如通货膨胀），最终削弱"第一推动力"的积极作用，甚至产生消极的作用。"第一推动力"是货币作为经济运行意义上外生的推动力，而不是经济发展意义上内生的推动力，货币量不是越多越好，货币的快速增长也不能带来持续的经济增长，甚至还会带来许多副作用。"赫伦施万德的骗术总括起来就是：由商品性质引起并在商品流通中表现出来的矛盾，通过增加流通手段就可以消除。认为流通手段不足造成生产过程和流通过程的停滞，是一种流行的错觉"，② 这进一步表明长期的、大规模的货币供给增长或者信用扩张不能带来长期有效的经济增长。

由于货币同时肩负价值尺度、流通手段等多种职能，随着货币职能的改变，货币可以随时进入或者退出流通，所以从货币流动性的角

---

① 马克思恩格斯全集：第 24 卷［M］. 北京：人民出版社，1972：552.
② 马克思恩格斯全集：第 23 卷［M］. 北京：人民出版社，1973：141.

度去控制货币运动的努力是徒劳的，货币数量的内生性决定机制长期被西方经典经济理论所忽视。尽管货币作为"第一推动力"能够暂时地发挥促进经济增长、增加社会就业的作用，但是这种作用绝不是任意的、不加任何限制的，这也表明了长期实行凯恩斯主义经济刺激政策难以实现持续的经济增长，反而会造成"滞胀"等一系列弊端。马克思关于货币"第一推动力"的思想，为我们客观地认识货币在社会再生产过程中的利弊，扬长避短，为中央银行科学地调控货币或信用总量，转变相机抉择的货币政策理念提供了有益的借鉴。

马克思在分析货币产生的历史和货币职能的基础上，总结出了著名的货币流通规律——"流通手段量决定于流通商品的价格总额和货币流通的平均速度这一规律"，① 因而，货币流通规律是关于货币必要量的规定性认识。随着信用制度的发展，国家发行了强制通行的价值符号——纸币。"信用货币属于社会生产过程的较高阶段，它受完全不同的规律支配"，② 信用货币（即纸币）流通规律与简单再生产条件下金属货币流通规律是相反的。

高度发达的、复杂的现代市场经济使得商品流通与货币流通演化为相对独立的、庞大的体系，商品体系构成社会财富的物质内容，而货币体系则成为社会财富的价值存在形式，货币逐渐从简单商品生产条件下 W – G – W 的从属地位向发达商品生产条件下 G – W – G′ 的主体地位转化，成为"每个价值增殖过程的起点和终点"，③ 这一过程使得货币流通走在了商品流通的前面。在现代市场经济条件下，尽管商品流通仍然决定货币流通，货币流通不能脱离商品流通长期独立存在，但是毫无疑问，纸币的流通具有了更大的独立性和反作用力，这是不以人们的意志为转移的。

"国家固然可以把印有任意的镑币名称的任意数量的纸票投入流通……价值符号或纸币一经为流通所掌握，就受流通的内在规律的支

---

① 马克思恩格斯全集：第23卷［M］. 北京：人民出版社，1973：142.
② 马克思恩格斯全集：第13卷［M］. 北京：人民出版社，1962：106.
③ 马克思恩格斯全集：第23卷［M］. 北京：人民出版社，1973：176.

配。"① "商品价格随着纸票数量的增减而涨跌……不过是由流通过程强制实现一个受到外力机械地破坏的规律，即流通中金量决定于商品价格，流通中价值符号量决定于它在流通中所代表的金铸币量……价值符号不论带着什么金招牌进入流通，在流通中总是被压缩为能够代替它来流通的那个金量的符号"。② 如果纸币数量增长过快，引起物价上涨和纸币贬值，那么会对商品生产和流通带来不利的影响。"流通的纸票的价值则完全决定于它自身的量"，③ 显然，以稳定币值为货币政策最终目标，保证纸币正常地、稳定地流通，从而为经济社会活动正常运行创造必要的条件，这是现代经济的内在要求。同时，现代中央银行体制的发展为国家管理和调节纸币数量提供了可能。

随着大工业的发展，在货币市场上的供给与需求会越来越不由个别的货币供给方与需求方来代表，而是越来越表现为一个集中的有组织的量，即银行的集中控制，④ 这进一步加强了货币体系引导商品体系的地位。现代银行制度的发展使得原先分散的无秩序的货币流通开始有了集散中心、调节的闸门，形成了一个更加完善的货币体系，特别是随着现代中央银行的建立与发展，货币的发行集中于中央银行，货币流通的可控性和组织性大大提高了。因此，在市场经济条件下，中央银行可以根据商品流通的实际需要供应货币，保持币值的稳定。此外，币值是否稳定是货币流通是否稳定，进而商品流通、商品生产是否稳定的标志。因此，从这种意义上讲，货币币值稳定是经济稳定的反映，与经济稳定具有内在一致性。

正如前面指出，在市场经济自发作用下，两大部类、各部门之间的平衡只是一种偶然的现象，而非均衡状态是经济运行的常态特征。经济运行的不稳定不仅会造成社会再生产资本周转过程的中断，影响经济增长和经济稳定，而且还可能引发信用危机或者金融危机，进一步加剧经济危机。马克思认为："信用的最大限度，等于产业资本的最

---

① 马克思恩格斯全集：第 13 卷 ［M］. 北京：人民出版社，1962：109 ~ 110.
② 马克思恩格斯全集：第 13 卷 ［M］. 北京：人民出版社，1962：111.
③ 马克思恩格斯全集：第 13 卷 ［M］. 北京：人民出版社，1962：109.
④ 马克思恩格斯全集：第 25 卷 ［M］. 北京：人民出版社，1974：413 ~ 414.

充分的动用，也就是等于产业资本的再生产能力不顾消费界限的极度紧张。"① 伴随着信用制度和现代银行信用的发展，生产过剩的结果将不会立即以经济危机的形式爆发出来，相反，在高度发达的信用体系的支持下，它可以在很长一段时间内被掩盖起来，因而生产过剩仍将持续相当长的时间。但是，这种被持续破坏的再生产秩序终究会被揭示出来。这表明在高度发达和复杂的市场经济体系下，信息不完全或者信息不对称是普遍而持久的，而认识和揭示这一过程通常需要耗费很大的成本（代价）。持续扩大的信用可能带来更大的信息失真是现代银行信用发展和分工细化的必然结果。

可见，马克思很早就洞见了银行信贷领域的信息不对称和信息不完全的特征，这为我们重视信贷总量和信贷结构的变化、防范金融风险提供了重要的启示。"因为在这上面进行了投机，价格进一步提高，而提高价格的最直接的手段，就是暂时从市场上撤走一部分供给，所以对借贷资本的需求会增加。为了支付买进的商品而不卖出商品，就要通过商业的'票据业务'获得货币。"② "在再生产过程的全部联系都是以信用为基础的生产制度中，只要信用突然停止，只有现金支付才有效，危机显然就会发生"，③ "要求现金支付，对赊售小心谨慎，是产业周期中紧接着崩溃之后的那个阶段所特有的现象"。④ 因此，除了信用扩张创造的虚假需求之外，投机行为也对虚假需求和过度投资起到了推波助澜的作用，进一步加剧了经济不稳定和金融不稳定。马克思在《资本论》第三卷分析 1847 年和 1857 年英国的两次货币金融危机后，提出过这样的思想：在私有制商品经济条件下，货币金融危机是不可避免的，正确的货币金融政策可以缓解危机，错误的货币金融政策可以加深危机。这一点对于社会主义市场经济条件下的宏观调控有着重要的指导意义。

在马克思的写作计划中，《对外贸易》和《世界市场》分册是

---

① 马克思恩格斯全集：第 25 卷 [M]. 北京：人民出版社，1974：546.
② 马克思恩格斯全集：第 25 卷 [M]. 北京：人民出版社，1974：583.
③ 马克思恩格斯全集：第 25 卷 [M]. 北京：人民出版社，1974：554 - 555.
④ 马克思恩格斯全集：第 25 卷 [M]. 北京：人民出版社，1974：547.

"六册计划"的重要组成部分，尽管马克思没能专门阐述国际贸易理论和政策主张，但是，从马克思的相关论述中，我们仍然可以管窥马克思在国际贸易领域上的宏观管理思想。马克思指出，"货币一越出国内流通领域，便失去了在这一领域内获得的价格标准、铸币、辅币和价值符号等地方形式，又恢复原来的贵金属块的形式。在世界贸易中，商品普遍地展开自己的价值……只有在世界市场上，货币才充分地作为这样一种商品起作用，这种商品的自然形式同时就是抽象人类劳动的直接的社会实现形式"，① 正如"每个国家，为了国内流通，需要有准备金，为了世界市场的流通，也需要有准备金。因此，货币贮藏的职能，一部分来源于货币作为国内流通手段和国内支付手段的职能，一部分来源于货币作为世界货币的职能"。② 可见，马克思高度重视汇率和国际贸易收支问题。因此，为了能够顺畅地参与国际贸易，一国需要维持合适的外汇或者国际储备，具备足够的充当世界货币职能的媒介（即世界货币），因而要求宏观经济管理避免发生长期的贸易失衡，尤其是贸易逆差。

在世界分工体系内部，"国家不同，劳动的中等强度也就不同；有的国家高些，有的国家低些。于是各国的平均数形成一个阶梯，它的计量单位是世界劳动的平均单位。因此，强度较大的国民劳动比强度较小的国民劳动，会在同一时间内生产出更多的价值，而这又表现为更多的货币"。③ 这表明不同的国家在生产率和竞争优势上存在着差异。在以发达资本主义国家为主导的国际贸易体系中，国家需要恰当地进行产业引导和发挥比较优势，才能积累适量的世界货币。关于汇率问题，马克思指出："不同国家在同一劳动时间内所生产的同种商品的不同量，有不同的国际价值表现为按各自的国际价值而不同的货币额。所以，货币的相对价值在资本主义生产方式较发达的国家里，比在资本主义生产方式不太发达的国家里要小。"④ "现实的危机总是在汇兑率

① 马克思恩格斯全集：第23卷［M］.北京：人民出版社，1974：163.
② 马克思恩格斯全集：第23卷［M］.北京：人民出版社，1974：165.
③④ 马克思恩格斯全集：第23卷［M］.北京：人民出版社，1974：614.

发生转变以后，就是说，在贵金属的输入又超过它的输出时爆发"，①
这要求我们高度重视不同货币之间的汇率水平及其波动，从而更好地
促进贸易平衡和防止经济金融的剧烈波动。同时，"大规模和供应远
地市场的生产，会把全部产品投入商业手中；但是，要使一国的资本
增加一倍，以便商业能够用自由的资本把全国的产品买去并且再卖
掉，这是不可能的。在这里，信用就是不可避免的了"。② 这表明伴
随着国际贸易发展的信用和金融体系从国内范围延伸到国际范围，宏
观管理需要高度重视维护对外贸易的货币金融体制（包括汇率体制）
的建设。

可见，马克思的宏观经济思想为社会主义市场经济条件下的宏观
调控尤其是货币政策指明了较为清晰的福利约束目标。充分认识货币
的"第一推动力"作用发挥的前置性条件，我们能够知道"第一推动
力"的作用绝不是绝对的、无条件的，因而必须杜绝滥用。对于转轨
进程中的中国而言，经过长期采取粗放型的经济增长模式，马克思的
货币"第一推动力"的思想为货币政策（或宏观政策）实现从金融约
束、金融体制（或银行）支持经济高速增长转向优化资源配置效率、
提升经济效率的高质量发展提供了思考。货币政策在平衡社会总供给
与总需求、实现社会再生产持续稳定过程中，需要高度重视投资（积
累）与消费之间的关系；在高质量发展目标和新发展理念指引之下，
在深化金融改革、实现实体经济与金融协调发展等方面，货币政策将
大有作为，以更好地促进社会福利持续提升。同时，关于三大"攻坚
战"中具有底线思维和突出意义的防范化解系统性金融风险，马克思
关于市场经济条件下经济周期和金融危机的理论在经济新常态阶段也
大有用武之地，为中国货币政策（宏观管理）有针对性地防止信用过
度膨胀、防止债务金融危机和缓解金融市场信息不完全不对称等方面
提供了有益的借鉴。

---

① 马克思恩格斯全集：第 25 卷 [M]. 北京：人民出版社，1974：643.
② 马克思恩格斯全集：第 25 卷 [M]. 北京：人民出版社，1974：544.

2.1.2　国外学者关于货币政策最终目标演变的综述

西方主流经济理论对货币政策最终目标的认识是一个历史的发展过程。在 20 世纪 30 年代"大萧条"之前，亚当·斯密的"看不见的手"、"萨伊定律"、传统货币数量论和马歇尔的均衡理论等崇尚"自然秩序"的经济自由思想统治着理论界和思想界，并成为政府（或者中央银行）秉持"守夜人"理念的思想基础或者哲学基础。突出政府（或者中央银行）稳定币值的职责，彰显了工业资产阶级反对阻碍生产正常发展的通货膨胀政策的利益和要求，反映了新兴资产阶级在经济上对政府（政权）目标的要求。18 世纪大卫·休谟第一次较为完整系统地对货币数量论进行了论述，强调"矫正已发生的不均衡现象的因素，也一定总是不依靠暴力和外部作用来防止其发生"，[①] 推崇经济自由的主张。斯密以"经济人"假设为前提强调国家"守夜人"的角色，认为"每一个人，在他不违反争议的法律时，都应听其完全自由，让他采用自己的方法，追求自己的利益……这样，君主们就被完全解除了监督私人产业、指导私人产业，使之最适合社会利益的义务。要履行这种义务，君主们极易陷入错误；要行之得当，恐不是人间智慧或知识所能做到的"。[②] 萨伊认为："政府的措施，无一不会在一定程度上影响到生产……政府干涉生产的大危害，并非起因于偶然违反既定的准则，而是起因于对自然法则的不正确看法以及以这些看法为根据所订立的不正确原则。于是弊政层出不穷，灾祸紧随着原则而发生。"[③]

新古典学派的代表马歇尔在《经济学原理》（1890 年）中将"连续原理"和"均衡原理"引入经济学，系统阐述了自动实现市场均衡和市场出清的自由竞争市场机制的优越性，进一步强调资本主义市场经济普遍的、持续的失业和经济危机是可以避免的。在中央银行职能

---

① 休谟. 休谟经济论文选［M］. 陈玮译. 北京：商务印书馆，1984：55.

② 亚当·斯密. 国富论：下卷［M］. 郭大力，王亚南译. 北京：商务印书馆，1988：252.

③ 萨伊. 政治经济学概论［M］. 陈福生，陈振骅译. 北京：商务印书馆，2009：165 – 166.

上，马歇尔认为当发生信用波动时，真正能充当货币的银行券只有"法币"，而英格兰银行券享有这种超级特权。"只有当货币的一般购买力不激烈变动时，货币才能有效地履行其职能……用它进行支付可以履行长期契约或清偿长期商业债务，因此，价值的稳定性是其主要条件。"① "如果不兑现的通货由一个强有力的政府控制，则可以调整其数量，使其单位价值保持在某一固定的水平上。"② 可见，马歇尔高度肯定了英格兰银行在经济运行特别是信用波动上的突出作用，强调了英格兰银行对保持物价稳定、维护英格兰银行券"法币"信用的重要性。

同时，金本位制要求政府（或者中央银行）肩负起保持币值稳定的职责，稳定币值成为货币政策主要的目标，甚至是唯一的目标。金本位制作为银行券与黄金自由兑换的制度，不仅利用了纸币流通的优点，而且保证了纸币流通发挥与黄金流通同等的作用——调节物价水平。基于这种优势，当时西方国家相继实行了金本位制。受休谟、李嘉图等传统货币数量论的影响，古典学派和新古典学派均坚持传统两分法，认为"货币价值对其他货币价格的实际变动甚或相对变动都不起作用"，③ 即"货币面纱观"（the veil-view of money）。"大萧条"之前居于主流地位的资产阶级经济学家认为，人们出售某种商品所取得的货币收入形成对其他商品的需求，总供给恒等于总需求，普遍性的生产过剩是不可能发生的。

从整个经济来说，总供给增加则总需求也必随之增加，因此，政府任何积极的货币政策都是多余的，甚至是有害的，货币政策的任务只是在于控制货币数量，稳定物价水平，维持货币的购买力。1844 年英国议会通过的《皮尔银行法案》充分彰显了对中央银行维持金本位制和维护价格稳定职责的要求。由此可见，在"大萧条"之前，虽然有些资产阶级经济学家承认自由放任主义市场经济的问题日渐突出、

---

① 马歇尔. 货币、信用与商业 [M]. 叶元龙，郭家麟译. 北京：商务印书馆，2009：20 – 21.

② 马歇尔. 货币、信用与商业 [M]. 叶元龙，郭家麟译. 北京：商务印书馆，2009：53 – 56.

③ 萨伊. 政治经济学概论 [M]. 陈福生，陈振骅译. 北京：商务印书馆，2009：377.

资本主义市场经济存在发生危机的可能，但是没有从根本上动摇和改变自由放任的经济主张，以及货币政策坚持金本位制度和突出稳定物价的主要目的。

"大萧条"危机深刻冲击了古典学派和新古典学派对自由竞争市场机制的完美阐释，同时严重冲击了金本位制，许多国家纷纷放弃金本位制。"大萧条"之中旷日持久的大规模失业问题成为经济社会稳定与发展的症结，加上当时苏联社会主义政权的存在对资产阶级统治造成的现实威胁，理论和现实都迫切要求资产阶级经济学家为自己辩护，同时寻找出路。于是，凯恩斯思想应运而生，并受到极力追捧。凯恩斯不再囿于"守夜人"的传统理念，与传统自由经济思想正式决裂，开始转向政府积极干预的理论主张。他指出："利率之改变，对于投资量至少在通常情形下仍有极大影响——虽然不是决定性影响……就我自己而论，我现在有点怀疑，仅仅用货币政策操纵利率到底会有多大成就……故我希望国家多负起直接投资之责。"[1] 同时，凯恩斯强调并拓展了传统经济学关于政府（或者中央银行）的职能，尤其是政府（或者中央银行）在通货紧缩和大规模失业问题上应积极作为。他指出："英格兰银行在金本位制度各项规则的逼迫下，不得不紧缩信贷……把信贷控制得如此之紧——没有人会否认英格兰银行的确是在这样做——在这个国家当前这种局面之下，这样做必然会扩大失业……高利率的真正作用，是抑制正在开始的繁荣。"[2] 此外，凯恩斯将就业问题与有效需求（即通胀或通缩）问题联系起来，认为："就业函数乃表示有效需求（用工资单位计算）与就业量之间的关系，其目的乃在指出……将提供何种就业量，方能使其产量之总供给价格恰等于该特定量有效需求。"[3] "通货膨胀与通货紧缩显然不相对称：盖若把

---

① 约翰·梅纳德·凯恩斯. 就业、利息和货币通论 [M]. 徐毓枬译. 南京：译林出版社, 2019：140 – 141.

② 约翰·梅纳德·凯恩斯. 通往繁荣之路 [M]. 李井奎译. 北京：中国人民大学出版社, 2016：13.

③ 约翰·梅纳德·凯恩斯. 就业、利息和货币通论 [M]. 徐毓枬译. 南京：译林出版社, 2019：242.

有效需求紧缩到充分就业所必需的水准之下，则就业量与物价都降低；但若把有效需求膨胀到这个水准以上，则只有物价受到影响。"[①] 因此，充分就业目标开始纳入货币政策最终目标。

二战期间和战后物价飞涨产生的通货膨胀问题，衰败的经济和大量的失业问题，导致稳定货币、经济增长和充分就业共同构成货币政策最终目标的主体。随着资本主义世界发展不平衡问题更加突出，特别是美国国际贸易逆差不断扩大、国际收支不断恶化，美国维持布雷顿森林体系美元"双挂钩"制度日益困难，在对固定汇率多次调整之后仍无法扭转局面，1971~1973 年美元和马克等汇率波动更加频繁，于是布雷顿森林体系正式解体。鉴于国际收支逆差的负面影响以及浮动汇率时代的到来，国际收支平衡上升为货币政策的最终目标。至 20 世纪 70 年代，基本形成了西方经典经济理论关于货币政策四个最终目标的框架。

20 世纪 70 年代以后，西方各国经济陷入"滞胀"的困境，关于货币政策在通胀与产出稳定之间权衡的政策目标成为焦点。"滞胀"困境和长期的通货威胁使人们深刻认识到通货膨胀带来的经济危害和社会危害，因此，自 20 世纪 50 年代逐渐兴起的货币主义学派开始受到关注和重视。以米尔顿·弗里德曼为代表的货币主义以制止通货膨胀和反对政府干预为主要目标，认为"货币最重要"，高度肯定了货币政策的重要性，并指出货币政策滥用造成的危害性（Friedman，1968）。弗里德曼以永久收入为基础发现货币需求函数具有稳定性，货币数量对产出、物价和就业等具有决定性的影响。他认为相对于货币需求方面而言，货币供给更加重要，因而强调了对中央银行货币供应量的管控，并主张"单一规则"稳定的货币增长率，反对货币政策短期刺激。同时，理性预期学派和新古典宏观经济学在理性预期和长期动态经济基础上纷纷提出了"政策无效"的命题，认为经济波动几乎完全来自实际因素（技术），因而企图利用菲利浦斯曲线的政策只会引起更高的

---

① 约翰·梅纳德·凯恩斯. 就业、利息和货币通论［M］. 徐毓枏译. 南京：译林出版社，2019：252.

通货膨胀率，追求产出目标或者就业目标的中央银行最终将面对高通货膨胀（Kydland and Prescott，1977）。理性预期学派进一步强化了关于货币中性的假定，认为货币因素对于实际经济的影响不仅是长期中性的，而且在短期也是中性的（Kydland and Prescott，1982）。在主流经济理论中，建立在阿罗—德布鲁一般均衡范式基础上的"MM 理论"（Modiglianni and Miller，1959）得出经济决策与融资决策的不相关性结果之后，金融因素逐渐从主流的经济学视野中消失（Gertler，1988；Ireland，2004）。

　　20 世纪 90 年代以来，西方成熟市场经济国家在经济政策方面做出了重大的调整，在货币政策领域体现为通货膨胀目标制（inflation targeting）的推行。通货膨胀目标制注重对通胀预期的管理，有助于提升货币政策的透明度和可信度，从而可以较好地解决时间不一致问题（Svensson，1997；Walsh，2003；Goodfriend，2007）。在一些大型的经济模型中，稳定的通胀可以保证产出围绕其有效水平运行（Blanchard and Galí，2007），而且低通胀有助于实现低价格离差和低波动，因此，通胀不仅需要保持稳定而且必须处于低水平。这样既有利于实现经济持续增长，也有利于降低金融市场失衡的强度与概率（Schwartz，1995），即"施瓦茨（Schwartz）假设"：价格稳定是实现金融稳定的充分条件，维护价格稳定与维护长期经济增长和金融稳定的目标并行不悖，也被称为"杰克逊霍尔共识"。更为谨慎的观点是，价格稳定虽然不是金融稳定的先决性条件，但是二者具有很强的一致性，在大多数情况下维护价格的稳定有利于增进金融稳定（Issing，2003）。在此种思潮的助推下，中央银行维护金融稳定和实现币值稳定这两个目标是基本一致的，甚至是同一的，二者之间的替代或取舍关系显得无足轻重。在新自由主义思潮和"杰克逊霍尔共识"之下，西方各国长期奉行"最少的监管就是最好的监管"，在金融监管理念上过度相信市场的作用，导致金融去监管化趋势非常显见，对推动系统性风险集聚膨胀的微观基础重视不足（Peretz and Schroedel，2009；Hoshi，2011）。西方各国监管体系变革纷纷将中央银行维护金融稳定的职能分离出去，导致金融监管主体和金融监管资源分散化，各司其职的金融监管机构之间的监管竞争甚于监管协同（Hanson et al.，2011），大大降低了金融监管效率，进一步助推了金融失衡和金融风险的累积。

正当新自由主义和"新共识"经济学如日中天、成为西方世界"大缓和"时代的主流思潮之时，国际金融危机的爆发深刻暴露了这种理论及其影响之下宏观金融政策漠视金融体系和金融风险的缺陷，理论和实践要求对单一的价格稳定目标和通货膨胀目标制展开深刻的反思（Akram and Eitrheim，2008）。在反思过去的政策时，米什金指出，虽然价格稳定肯定是有益的，但是孤立地盯住价格目标的政策不足以产生好的经济效果（Mishkin，2011）。经历此次金融危机之后，中央银行业务已经发生很大的变化，中央银行已经对金融稳定做出了积极反应（Cecchetti，2009；Borio，2011；Bernanke，2013）。

近年来，人们关注的焦点已转移到宏观经济和金融稳定之间的潜在权衡，在信贷和资产市场反复出现繁荣—萧条周期之后，人们开始质疑货币政策狭隘地关注宏观经济稳定对金融稳定的影响。霍夫曼和皮尔斯曼（Hofmann and Peersman，2017）以美国为例发现以稳定短期物价和产量水平为目标的货币政策将导致信贷和资产价格出现更大的波动，对货币政策的适度设计和调整可以影响到金融体系的稳定状况。将金融摩擦纳入框架之后，新凯恩斯模型认为货币政策应该将金融稳定作为一个新的目标（Cúrdia and Woodford，2010）。随着金融市场的发展和企业、家庭资产负债规模的扩大，货币政策与通胀、产出等变量之间的传导机制也因之而变，而且这种变化使得传统的或一般的福利损失函数的效果大大降低。因此，在传统的福利损失函数涵盖的通胀、产出福利因子之外，可以加入反映金融市场变化和企业、家庭资产负债特征的某种福利因子，如衡量金融稳定程度的某种指标（伍德福德，2010）。

2.1.3 国内学者关于货币政策最终目标演变的综述

国内学者关于货币政策最终目标的研究主要围绕两个主要方面来进行。第一，对《中国人民银行法》中规定的货币政策目标——"保持货币币值的稳定，并以此促进经济增长"的具体内涵进行讨论和阐述；

第二，对货币政策目标采取单一目标制还是多元目标制以及二者利弊的讨论。关于货币政策具体内涵的理解，可以具体分为两个部分，其一是对"货币币值的稳定"内涵的界定，其二是对"保持货币币值的稳定"与"促进经济增长"二者之间关系的理解。关于货币币值稳定的内涵，钱小安（2000）认为货币币值的稳定应该包括两个方面，一方面是对内价值稳定，表现为一般价格水平（如 CPI）的相对稳定；另一方面，从对外价值稳定来说，表现为货币汇率的稳定。郭田勇（2001，2006）认为对币值稳定的理解应该建立一套科学合理的指标体系来进行衡量和评价，主要包括对"稳定"的合理度量和选取可以反映币值稳定的具体指标体系两个方面；结合中国经济发展阶段和中央银行的调控能力，币值稳定的指标可以用物价指数来表示，对"稳定"的合理度量可界定物价涨幅区间为 2% ~ 6%，中间值为 4%，上下波幅约 2 个百分点。孟建华（2006）认为在中国经济金融的现实背景下，对货币币值稳定的理解不能绝对化，货币稳定作为一种价值尺度应该是一种相对的稳定，而不是一成不变的，币值稳定的关键是币值变化与经济社会环境对这种变化的承受能力和国家的宏观调控能力密切相关。

对"保持货币币值的稳定"与"促进经济增长"关系的理解，曹凤岐（1988）认为货币政策的目标和国民经济的目标是一致的，就是实现社会主义生产不断提高人民物质文化水平的目的；稳定货币和经济发展是相互统一、互为条件的，这是由经济和货币的关系所决定的，因此，稳定货币与发展经济应该统筹兼顾，在不同时期应该有所侧重，同时强调了中央银行贯彻执行货币政策的独立性。王素珍（1999）认为在中国货币政策目标内部，保持货币币值稳定目标是第一位的，而促进经济增长目标是第二位的；采取以经济增长为主导目标不可避免地导致货币政策在放松与紧缩状态中频繁交替，导致经济社会起伏不定。戴根有（2001，2002）认为，1998 年之后中国逐渐形成了稳健的货币政策，它以币值稳定为首要目标，包括既防止通货紧缩又防止通货膨胀两方面的要求；货币政策应当正确处理防范金融风险与支持经济增长的关系，稳定币值的目标并不妨碍根据经济形势的需要对货币政策实行扩张或紧缩的操作。胡放之和张海洋（2004）通过对阿根廷经济危机的分析，指出了通货膨胀目标制的明显不足，认为在发展中国家不宜实行通货膨胀目标制；为了维持低水平的通货膨胀率，阿根廷付出了高昂的代价，国内经济陷入持续衰退、失业率大幅上升；自1997年"软着陆"以来，人民银行一直对通货膨胀保持高度的警惕，采取了更为谨慎的货币政策，与之相反，货币政策可以发挥更大作用，应该以经济增长、增加就业为其首要目标。郑凯文（2017）认为货币政策以币值稳定为主目标与中国经济发展阶段和发展目标不适应，这不利于跨越"中等收入陷阱"，因而，货币政策最终应以经济增长为主目标，以物价稳定为从属目标或次要目标。

关于货币政策实行单一目标制还是多元目标制，赵效民和何德旭（1989）认为在中国转轨经济时期，经济体制发育阶段中央银行可供操作并能发挥作用的货币政策手段非常有限，这制约了多元货币政策目标的实现；从目标数量的规定性来看，有限的货币政策手段决定了中国货币政策目标应该是单一的，而不是多元的，这是今后相当长的一段时间的必然选择；从货币政策目标质的规定性看，经济增长目标是各项经济增长因素协调配合、共同作用的结果，而不是货币政策所特有的功能，如果货币政策将经济增长与稳定币值作为平行的目标，在极强的赶超意识和数量、速度扩张冲动之下，实践中必然会加剧通货膨胀，因此，把经济增长作为直接目标是不可取的，而把币值稳定作为直接目标是一种理性的选择。陈观烈（1992）认为"单一增长目标论"和"单一稳定目标论"缺乏足够的说服力，多个目标可以起到相互制衡的作用，至于经济增长目标与物价稳定目标，应该根据不同时期的情况而有不同的侧重；对于一个发展中国家来说，长期的任务是经济"起飞"，因而经济增长从长期来说是首要的目标，但矛盾的主要方面会发生转化；无论是"单一增长目标论"强调物价稳定是经济增长最可靠的保证，还是"单一稳定目标论"强调的"只要扩张有度，就不会有恶性通货膨胀"，都难以得到保证；正是由于转轨过程中存在顽固的投资饥渴症，货币政策才需要在稳定（货币）之外另有（经济）增长的目标，这意味着对经济增长率上限的控制，否则无休无止地乱上项目必然造成恶性通胀；同样，如果只有稳定（货币）的目标而不规定（经济）增长目标，这种安排不能抑制官员们追求扩张的本能，在实践中根本难以保证。

刘军善（1998）认为，虽然中国货币政策具有维持稳定通货的历史传统，但是并没有把稳定币值作为首要目标，许多时候强调的仍然是经济增长或者双重目标，这种目标模式的设定可能削弱了货币币值稳定的重要性，从而导致货币政策成为支持经济盲目高速增长的工具。谢平（2000）认为《中国人民银行法》对货币政策目标的规定是在1993～1994年高通胀时期这一特殊的经历之后以法律的形式确立的，而"单目标论"的规定实际上并没有得到广泛的认同，《中国人民银行法》对货币政策的多目标约束"要求过高"将迫使中央银行在多重目标之间寻找平衡，很可能导致政策实施的机会主义和经济波动过大。周小川（2013）认为与其他经济体相比，由于中国经济具有转轨经济特征，需要更加关注经济过热和通货膨胀问题，通货膨胀是中国经济面临的主要宏观经济风险，货币政策始终把防范通胀风险放在突出的位置；但是，单一目标制并不符合中国国情，在关注价格稳定的同时，人民银行和货币政策十分关注金融稳定和金融改革，注重对发展、改革提供支持，统筹协调物价、国际收支以及就业、增长等目标之间的关系。

关于货币政策多元目标内涵的理解，戴根有（2002）认为货币币值稳定主要强调实体部门的价格稳定，即 CPI 价格指数的稳定，而反映金融部门状况的资产价格不应该作为直接的目标，只需要保持一定的关注。周骏（2002）认为自加入世界贸易组织（WTO）后，中国整个金融业和金融市场将呈现出更加开放化和复杂化的趋势，货币政策目标应该包含金融稳定的内容，人民银行应该密切关注金融资产价格变化反馈的信息，运用一系列工具影响和调节金融资产价格，促进金融市场的稳定发展。张红伟（2008）认为2003年修订的《中国人民银行法》首次明确提出了金融稳定的目标，把金融稳定目标单独明确列出反映了对货币政策的目标做出了适当的调整；因此，中国货币政策最终目标体系业已发生变化，开始由过去的"保持货币币值的稳定，并以此促进经济增长"向维护金融稳定与币值稳定所共同构成的双重目标体系转变。张晓慧（2010）认为虽然以 CPI 为主要或唯一目标的货币政策框架有助于增强货币政策的规则性和透明度，但是如果 CPI 指标出现明显的偏差，那么货币政策可能忽视了其他值得高度关注的信息，这很可能为系统性金融风险埋下了隐患。张勇和范从来（2017）从货币政策框架理论和演化脉络出发，认为中国货币政策最终目标表现出从价格稳定目标向以价格稳定目标为主兼顾金融稳定目标的转变；中国金融市场化程度的提高在促进资源优化配置的同时，也导致了系统性风险在部分行业、区域积聚，并成为威胁国民经济平稳运行的重要来源；在此情况下，货币政策目标纳入金融稳定因素显得很有必要。彭明生和范从来（2019）认为货币政策目标应当适应中国经济发展阶段的转变，经过长期的粗放型经济发展模式，中国的经济总量已经取得了巨大的突破，不平衡不充分问题成为主要矛盾，因而货币政策目标应该重点转向关注经济的稳定性和经济质量的提升。

2.2　货币政策福利约束的评价

西方经典经济理论关于货币政策最终目标的发展脉络，是在资本主义经济形态从自由资本主义阶段向垄断资本主义阶段、金融垄断资本主义阶段依次转变过程中为维护和适应资产阶级统治，并着力解决不同发展阶段面临的最迫切任务的产物。在现代宏观经济学和现代货币政策产生以前，坚持金本位制度和秉持"守夜人"理念，维护纸币（银行券）与黄金挂钩进而维护价格稳定，符合工业资产阶级自由竞争的利益需要。"凯恩斯革命"以后至 20 世纪 90 年代以前，即资本主义处于产业垄断资本主义时期，战争和经济危机之下的经济萧条、高失业率，以及资本主义世界经济发展不平衡造成的国际收支等问题在不同历史时期构成了资本主义阶级统治和资本主义国际霸权的主要威胁。经济增长、充分就业和国际收支平衡（汇率稳定）纷纷被纳入货币政策最终目标体系。90 年代以后，随着金融垄断资本主义日趋占据主导地位，得益于贸易金融自由化和网络技术创新，资本主义世界进入"大缓和"时代，以通胀率为名义锚的通货膨胀目标制成为主流，物价稳定成为资本主义世界利用国际分工剥削广大发展中国家和新兴市场经济国家，降低由于价格波动对实际利率造成的波动，从而降低对金融资产价格造成的冲击，适应金融垄断资本主义和欧美等成熟市场经济体利用自身金融优势地位满足和实现其国际利益的迫切要求。

因此，在国际金融危机之前，西方主流文献对货币政策最终目标的论述并不多，其主要聚焦于设定合适的通货膨胀率目标和提高货币政策透明度。一方面，货币政策长期秉持"施瓦茨假设"和"杰克逊霍尔共识"理念，普遍采取通货膨胀目标制，坚信物价稳定最重要，甚至强调价格稳定是唯一的目标，否认和排斥金融市场摩擦和潜在的金融风险，货币政策应对金融资产泡沫采取了善意忽视的态度和立场。另一方面，货币政策强调利率规则，即泰勒规则的利率反应机制和利率传导机制，忽视了信贷领域的金融摩擦，对传统的信贷传导机制重视不足。与相机抉择的货币政策相比，通货膨胀目标制具有透明度、避免时间不一致的优势，有利于降低通货膨胀率的波动和实现物价稳定。然而，20 世纪 90 年代以来资本主义世界出现稳定的经济增长、稳定的通胀水平特征的"大缓和"现象是诸多因素共同作用的结果，尽管在此过程中通货膨胀目标制或者物价水平名义锚制度发挥了一定的作用，但是，通货膨胀目标制不是"大缓和"时代出现的主要原因。可以发现，拉丁美洲的许多国家（如阿根廷）也引入和实施了通货膨胀目标制，但是这些国家并没有实现欧美等国家低通胀、高增长的效果，反而不得不为之付出经济衰退、高失业的代价（Mishkin，2000）。

2007 年爆发的次贷危机和不断蔓延的国际金融经济危机，进一步暴露了此前货币政策框架对市场完美的高度自信和对金融不稳定因素忽视的缺陷。由于金融创新和金融全球化，金融资产流动性与货币之间愈加难以明确区分，货币层次归属与统计也越发困难和不准确，因而实施（短期）利率调控是采取通货膨胀目标制的一个普遍的结果。20 世纪 80 年代以来，金融自由化和全球化迅速发展，尤其是住房融资安排通过抵押贷款的证券化等多种形式与资本市场紧密结合在一起，进一步导致信贷和资产（尤其是住房）价格对政策利率的变动更为敏感。这种发展趋势不仅改变了政策利率与信贷和资产价格之间的相互关系，甚至已经在相当程度上影响到货币政策与实体经济之间的传递机制。货币政策过度依赖短期利率操作和利率机制进行传导，而对信贷市场尤其是住房信贷市场的规模与结构特征变化重视不足。此外，传统的利率政策反应机制没有充分考虑金融市场摩擦，忽视了传统的信贷传导机制和信贷领域隐藏的金融风险，进一步削弱了利率机制的作用，纵容了金融风险的累积。可以发现，尽管通货膨胀目标制肯定了物价稳定的重要作用，但是将物价稳定作为唯一重要的目标显然并不可取，货币政策需要适应经济发展阶段目标，在维持价格水平稳定的基础上，恰当地统筹平衡其他目标之间的冲突，尤其是迅速膨胀的金融体系积聚的金融风险。事实上，金融危机之后，关于将金融稳定的指标（如资产价格）纳入货币政策反应规则或损失函数的学术争议已相对减少，金融稳定风险对价格稳定的影响受到普遍的重视。

与中国转轨进程不同阶段的突出问题和宏观经济政策目标变化相一致，中国货币政策的最终目标也随之发生相应的调整。正处于经济快速发展和渐进转轨进程的中国，理论界和政策当局对货币政策最终目标的争论也非常激烈，特别是经历了20世纪80年代和90年代初几次严重的通货膨胀问题和经济波动之后，货币政策目标——"保持货币币值的稳定，并以此促进经济增长"最终在1995年的《中国人民银行法》中予以明确。尽管在法律上规定货币政策目标如此，但是这一目标一直缺乏共识并遭到质疑，在实践中也遇到很大的困境。与西方经典理论与欧美等实践演变相比，中国货币政策最终目标具有鲜明的特色：其一，改革开放以来中国处于经济起飞阶段，高速的经济增长与社会变迁决定了货币政策的目标变动不居，具有一定的阶段性特征。与西方成熟经济发展体相比，这体现了中国经济发展不成熟和货币政策相机抉择的特征。其二，中国的渐进转轨方式决定了货币政策最终目标的多元性。渐进转轨方式在经济体制领域表现为普遍的"双轨制"和体制机制的不完备性特征。同时，中央银行也缺乏独立的历史传统，改革发展目标的多元性现实矛盾决定了中国货币政策必须承担着多元的职能。通过分析中国与西方货币政策框架演变的理论和实践，可以看出中国货币政策并未拘泥于西方经典货币政策理论的教条，而是更加注重实践基础上的理论创新和实践探索，能够根据经济发展的实际需要进行相应的调整，协调处理"改革、发展、稳定"的关系，这使得中国成功经受住了亚洲金融危机和全球金融危机，取得了良好的调控效果，也积累了货币政策调控的宝贵经验。

第一，货币政策目标的调整应当与经济发展的特定阶段相适应，服务于经济社会主要矛盾的化解和解决。经济发展的特定阶段决定着货币政策目标的调整变化，无论是单一目标制还是多目标制，无论多目标的具体内容如何及各个具体目标的地位如何，作为宏观政策的重要组成部分，货币政策应当着力于解决和化解社会的主要矛盾。货币政策的目标指向从改革开放初期的"发展经济、稳定货币"到"保持货币币值的稳定，并以此促进经济增长"，直至国际金融危机之后的调整，短短几十年，中国货币政策经历了富有成效的探索，并日渐成熟化、规范化。自 1984 年确立中央银行体制以后，中国货币政策处于探索期，在发展阶段转轨和经济体制转轨的"双重转轨"过程中，中国货币政策必然表现出明显的波动性和相机抉择的特征。由此可见，货币政策目标不必囿于西方经典经济理论的桎梏，而是应该结合一国经济转型的程度、经济体制特征等进行动态调整。只有结合自身的经济运行机制，货币政策才能更好地化解经济社会的主要矛盾，服务于经济社会发展的需要和发展战略的实现。

第二，中国货币政策具有重视信贷领域和信贷传导机制的历史传统，中国人民银行也历来重视维护金融稳定的职能，这是中国宏观管理（调控）的一个重要优势，也是中国在转轨进程中正确处理"改革、发展、稳定"三者关系和避免发生系统性金融危机的经验所在。国际金融危机的爆发，深刻暴露了欧美等国家奉为圭臬的通货膨胀目标制和"杰克逊霍尔共识"的缺陷所在：过分强调低且稳定的通胀水平的重要性，忽视金融体系的摩擦和风险，忽视信贷规模及结构变化对传导机制的显著影响。与欧美等国家相比，中国货币政策在沿袭传统计划经济体制信贷调控的基础上不断创新，人民银行也高度重视信贷规模、信贷结构的变化，采取了多种手段疏通信贷传导机制。同时，中国货币政策理念也非常重视对金融体系风险的化解和防范系统性金融风险。

党的十九大明确指出中国特色社会主义进入新时代。社会的主要矛盾已经转变为人民日益增长的美好生活需要和不平衡不充分的发展之间的矛盾，主要矛盾嬗变的过程反映了中国经济社会的深刻变化，特别是进入新常态阶段中国宏观政策目标和评价体系也会发生调整，货币政策需要适应新常态新阶段的任务需要，服务于化解主要矛盾。汲取国际金融危机之前欧美等国家货币政策缺陷的教训，需要继续发挥中国货币政策重视信贷传导机制的传统优势，充分注重全社会信贷规模和融资结构的变化。在保持传统优势的基础上，借鉴和学习欧美等成熟市场经济国家货币政策在常规性阶段利率机制的经验优势，进一步推进利率市场化改革，早日实现利率"两轨"变"一轨"，完善和畅通利率传导机制，充分发挥利率杠杆机制在资源配置中的决定性作用，扭转金融资源错配和低效率配置，为调整经济结构、转变经济发展方式，实现经济高质量发展目标发挥货币政策的重要功能。

2.3 货币政策中介目标选择理论的综述

2.3.1 马克思宏观经济思想关于中介目标选择的论述

价值规律是商品经济的基本规律，应该得到充分的尊重，并且在社会主义市场经济体制改革过程中应该自觉地加以运用。马克思指出："事实上价值规律所影响的不是个别商品或物品，而总是各个特殊的因分工而互相独立的社会生产领域的总产品；因此，不仅在每个商品上只使用必要的劳动时间，而且在社会总劳动时间中，也只把必要的比例量使用在不同类的商品上……如果说个别商品的使用价值取决于该商品是否满足一种需要，那末，社会产品总量的使用价值就取决于这个总量是否适合于社会对每种特殊产品的特定数量的需要，从而劳动是否根据这种特定数量的社会需要按比例地分配在不同的生产领域。"①
可见，价值规律不仅在微观上起着调节和引导资源配置的作用，刺激
着商品生产者逐渐降低个别劳动量，使个别劳动量等于或低于社会平
均劳动量，而且在宏观上决定社会总劳动时间比例量的分配，促进第
Ⅰ部类和第Ⅱ部类两大部类、各产业部门以及社会总供给供和总需求
之间的平衡。在市场经济条件下，价值规律进一步促进市场竞争机制、
供求机制、价格（包括利率）机制作用的发挥，在优胜劣汰的过程中
刺激生产者不断改进技术、改善经营管理，提高资源（包括劳动力）
使用效率，并在市场不平衡和失衡的过程中促进经济主体自觉地调整
经济决策，从而使得经济重新走向新均衡。就这一点而言，市场机制
的潜力和作用是巨大的。供给与需求作为推动市场经济平衡的基本力
量，二者的变动过程意味着价格与价值之间关系不断调整的过程，充
分发挥价格（包括利率）机制在调节供给与需求上的作用，让市场在
资源配置中起决定性作用具有重大的启示意义。因此，在全面深化改
革和推进完善利率市场化进程中，货币政策应该充分发挥利率机制的
调节作用，疏通货币政策的利率传导机制，提高金融资源的配置效率，
进而扭转资源错配、经济结构扭曲的现象，在带动其他经济社会资源
效率提升的过程中发挥利率机制"牛鼻子"的作用。

正如前文所述，货币"第一推动力"积极作用的发挥存在前置性
的条件，合理扩张的货币总量有利于推动生产力的发展，相反，过度
扩张的货币总量很有可能变成生产力发展的桎梏。因此，中央银行需
要对货币总量或信贷规模进行有效的管控，调节好货币供给的"总闸
门"，这对于转轨过程中推动社会再生产发展（增长）和实现经济平衡
具有突出的意义。同时，马克思关于货币流通规律和纸币流通规律的
思想，要求中央银行维持社会主义市场经济流通过程中适度的货币总
量，维护法定货币币值的稳定，从而抑制通货膨胀的消极影响。在现
代中央银行—商业银行二级银行体制结构下，作为基础货币供给的主
导者，中央银行拥有充足的调控工具来调节商业银行货币创造和货币

---

① 马克思恩格斯全集：第 25 卷［M］．北京：人民出版社，1974：716.

总量的变动，对货币总量具有很强的控制力和影响力。因此，中央银行可以借助货币总量或者信贷规模变量反馈的信息判断总供给、总需求、经济增长和价格水平等经济状况，从而更好地针对市场经济固有的缺陷和经济运行中的障碍发挥积极的调控作用。

正如前文阐述，马克思对信用问题非常重视，不仅《资本论》第一卷和第二卷中关于货币职能、资本周转等篇章均包含信用的观点，而且《资本论》第三卷第四篇和第五篇用了十几章的篇幅专门阐述了商业信用、银行信用、信用与虚拟资本、信用的扩张等问题。马克思关于货币"第一推动力"的思想表明，在存在闲置资源尚未充分使用时，"只要银行的信用没有动摇，银行在这样的情况下通过增加信用货币就会缓和恐慌，但通过收缩信用货币就会加剧恐慌"，[1] 如果中央银行通过扩张货币供应量来增加厂商的支付手段，那么将有利于厂商出清存货、偿还债务，这不但避免了企业的破产，增强了企业进一步资本积累的能力，而且有利于防止社会再生产过程的中断和经济危机的发生。上述经济运行的过程体现了货币政策银行信贷渠道或者信用传导机制的重要性。

同时，前文阐述表明，市场经济条件下以银行信用和商业信用为主的信用扩张创造了虚假需求的信息，"如果认为这种情况是由于生产资本的缺乏造成的，那就大错特错了。正好在这个时候，生产资本是过剩了"，[2] 掩盖了再生产条件遭到破坏的信息，进一步刺激了虚假繁荣。可见，在市场经济条件下，随着银行信用的扩张和社会分工的细化，"用未售的商品作担保得到贷款越是容易，这样的贷款就越是增加，仅仅为了获得贷款而制造商品或把制成的商品投到远方市场去的尝试，也就越是增加。至于一个国家的整个商业界会怎样充满这种欺诈，最后结果又会如何，1845～1847 年的英国商业史为我们提供了明显的例子"。[3] "随着商业和只是着眼于流通而进行生产的资本主义生产

---

[1] 马克思恩格斯全集：第 25 卷 [M]. 北京：人民出版社，1974：585.

[2] 马克思恩格斯全集：第 25 卷 [M]. 北京：人民出版社，1974：547.

[3] 马克思恩格斯全集：第 25 卷 [M]. 北京：人民出版社，1974：458.

方式的发展，信用制度的这个自然基础也在扩大、普遍化和发展。大体说来，货币在这里只是充当支付手段，也就是说，商品不是为取得货币而卖，而是为取得定期支付的凭据而卖。"① 这表明金融市场存在普遍的信息不完全和信息非对称信息的特征，因此，中央银行高度重视银行信贷传导机制很有必要。随着金融创新和金融市场的发展，不仅以银行信贷或 M2 反映的社会信用总量信息非常重要，而且反映全社会不同融资方式的融资规模和融资结构的指标，如中国人民银行创新的一个新指标——社会融资规模（AFRE），以及强调"一般流动性"②的指标也具有非常重要的意义。

2.3.2 国外学者关于中介目标选择的理论

20 世纪 30 年代"大萧条"之后，国家干预经济的思潮才开始受到重视并占据主流，现代宏观经济理论和现代货币政策理论应运而生。货币政策中介目标作为联结货币政策最终目标与货币政策操作之间可供及时观测的经济金融变量，与货币政策的传导机制紧密联系在一起。在关于货币政策中介目标选择的基本标准（原则）这一问题上基本上取得了共识，但是，在具体选择何种变量作为中介目标尤其是关于相关变量的可控性等问题方面存在较明显的分歧，从而形成了不同的货币政策中介目标理论。凯恩斯继承和发展了魏克赛尔重视利率作用和强调对利率进行调节的理论，肯定了利率机制的作用，从而强调发挥利率政策在调节供给与需求、实现市场出清方面的作用。20 世纪 30 年代，凯恩斯与古典学派两分法正式决裂，并开始将货币价格理论转向货币收入理论。凯恩斯认为中央银行可以而且应该对利率加以控制，这样有助于化解资本主义的经济衰退和就业危机，尤其是避免高利率让经济萧条和失业问题雪上加霜。凯恩斯和凯恩斯学派认为微观主体对利率变化是敏感的，利率能够影响投资、消费等变量，从而利率与

---

① 马克思恩格斯全集：第 25 卷 [M]．北京：人民出版社，1974：450.
② "一般流动性"是 1959 年以英国拉德克利夫勋爵为首的"货币体系运行委员会"在《拉德克利夫报告》中提出的，它突破了传统意义上的货币供给，强调了包括货币供给在内的整个社会的流动性。一般流动性概念的提出反映了金融创新和金融发展的结果。

货币政策最终目标——国民收入水平有着密切的联系。因此，凯恩斯学派肯定了货币政策的利率传导机制，主张将利率水平及其变动作为货币政策调控的重要变量，认为利率作为中介目标有利于发挥货币政策在恢复经济和应对大规模失业问题中的积极作用。

经过几十年凯恩斯主义在实践中的运用，资本主义世界的通货膨胀问题愈演愈烈，甚至产生了"滞胀"的困境，凯恩斯学派利率传导机制开始受到质疑。以弗里德曼（Friedman，1956）为代表的货币主义认为，货币需求主要取决于永久收入，而永久收入（财富）是相对稳定的，不会随经济周期的波动而发生很大的变动，从而货币需求具有稳定性，即相对于永久收入而言，利率和其他方面对货币需求的影响微不足道，因而中央银行应该通过控制货币供应量来实现市场均衡。通过对美国自南北战争至1960年之间货币史的研究，弗里德曼和施瓦茨（Friedman and Schwartz，1963）发现货币流通速度既不像凯恩斯学派所说的那样极不稳定，也不必囿于传统货币数量论的常数假设；货币流通速度是具有规则性、稳定性并可以预测的，而且产出、价格等变动与货币供应量的变化具有显著的关系，历次经济衰退无不伴随着货币供应量的急剧收缩；因而，"货币（供给）最重要"，中央银行应该对货币供应量加以控制。在此基础上，弗里德曼（1982）从动态的视角提出了"三效应"利率理论，认为利率作为中介目标既不可能也不可取；宽松的货币政策虽然可以通过流动性效应使利率一时下降，但从动态来讲，货币供给量的增加将引起收入增加和物价水平的上涨，而名义收入增加将导致货币需求增加，物价水平上涨将引起实际货币余额减少，这两种影响将使利率回升，甚至上升到原来的水平以上；而且在物价上涨过程中，人们对未来物价变动产生了进一步上涨的预期，通货膨胀率将随着预期通胀率的提高而进一步上升，且通货膨胀率最终上升的幅度不是货币政策所能控制的。因此，货币主义认为货币政策无法控制利率，即利率不具备中介目标可控性原则，货币主义倡导的"货币最重要"的主张，奠定了20世纪80年代将货币供给量作为中介目标的理论基础。

普尔（Poole，1970）借助带随机波动的IS-LM理论模型得出了不同类型中介目标优劣的标准；在产出方差最小化的目标前提下，选择最优中介目标的一般性规则，即对利率和货币供应量中介目标的选择取决于经济波动的冲击来源。若不确定性主要是来自货币需求领域或者金融领域，那么选择利率作为中介目标是更合适的；若货币需求相对稳定，经济波动的主要来源是实物经济领域或者实体经济领域，那么选择具有数量特征的货币供应量作为中介目标是更合适的；普尔模型为构造不同福利约束条件下不同中介目标的动态比较和最优中介目标选择提供了借鉴。在普尔模型基础上，萨金特和华莱士（Sargent and Wallace，1975）将预期因素加入其中进行了拓展，在理性预期假设下货币政策是中性的，货币的价格即利率对实际经济不产生实质性结果，而货币供应量与名义产出和价格之间存在更加稳定的一致性关系，此时控制利率毫无意义，选择货币供应量而不是利率作为中介目标是更加合适的。后凯恩斯主义者（Moore，1988；Pollin；1991；Wray，1992）认为，现代信用制度削弱了中央银行控制货币供给的能力，甚至呈现出水平的货币供给曲线，即货币需求决定货币供给，货币存量由贷款需求决定；在现代银行体制下，货币供给量不具备可控性，相关性效果也明显不足，利率由中央银行决定，因而利率是适宜的货币政策中介目标。还有一些学者强调将股票价格、汇率、基础货币等作为中介目标，如托宾（Tobin，1969）认为股票价格反映了实物资本的供求状况，是一个衡量和反馈货币政策的很好的指标。尽管如此，货币政策中介目标的选择主要是围绕着价格型的利率和具有数量特征的货币供应量展开讨论的，而且从货币政策传导机制来看，股票价格、汇率、基础货币等可供备选的中介目标也是货币渠道或利率渠道传导机制的拓展。

20世纪90年代以来，由于金融自由化与网络技术的发展，金融工具创新层出不穷，基础货币的可控性、可测性变差，货币乘数、货币流通速度、货币需求越发不稳定，选择以货币供应量作为中介目标大大削弱了货币政策的效率，因而欧美等国先后放弃或者淡化对货币供应量的控制和观测。与此同时，随着"大缓和"时代的来临，预期通货膨胀率长期维持在较低水平，大大减少了实际利率与名义利率之间的不确定性，这为利率中介目标的回归提供了前提。随着金融自由化，欧美等发达国家先后完成了利率市场化，统一的基准利率体系和几个关键的核心利率与投资、消费和资产价格等变量的相关性得到增强，大大提升了利率机制的影响力。基准利率体系的形成也为中央银行准确计量利率变动、快速获取关键利率指标创造了条件，利率中介目标和利率传导机制备受青睐。

巴罗（Barro，1989）构建了一个了包含随机冲击和富有弹性价格的模型，对比了利率目标和货币供应量目标对经济的不同影响，发现利率目标要优于货币供应量目标。泰勒（Taylor，1993）根据美国货币政策的实际经验确定了一种短期利率调整的规则，认为货币当局应该对真实利率进行调整，以实现政策目标；联邦基金名义利率的调整需要适应产出和通胀率的变化。美国 20 世纪 80 年代的货币控制实践表明，试图在短期内控制货币数量不仅会造成所有期限的利率极端波动，而且也会导致货币数量自身的剧烈波动；如果中央银行非要控制货币总量，那么也需要通过控制短期利率来实现，即把货币数量信息体现到短期利率的变化中（Bindseil，2004）。克拉瑞达等（Clarida et al.，1999）通过对比数量型与价格型政策调控方式，发现以货币总量作为中介目标时不可观测的较大的货币需求冲击会产生更大的利率波动，短期利率尤其是联邦基金利率可以更好地反映货币政策的调整。科克兰（Cochrane，2011）探讨了泰勒规则的识别和确定性问题，发现了泰勒规则的核心即联邦基金利率的适用性。

除了传统的利率渠道和货币渠道之外，信用渠道成为货币政策传导的重要路径，信贷规模已经成为货币当局高度关注的中介目标变量。货币政策信用渠道认为，传统的利率渠道和货币渠道主要分析借款人的行为，而且假定非货币金融资产之间完全替代，这忽视了货币政策变动尤其是利率变动对贷款人行为影响的分析（Roosa，1960）。对于那些主要依靠银行贷款支持的企业（即"银行贷款依赖型企业"）来说，如小微企业，当面对商业银行缩减贷款规模时，它们通常缺乏有效的融资渠道来弥补流动性缺口，因而不得不通过其他途径（如民间借贷）获得资金，从而导致融资成本上升，即"外部融资升水"。这种升水将导致企业减少投资，降低企业和居民的支出水平，最终导致总产出减少。因此，货币政策最终目标与信贷规模具有很强的联系，信贷规模的变动可以很好地反映经济运行的实际状况，对信贷规模加以重点关注有利于提高货币政策的成效（Bernanke and Blinder，1992）。格特勒和吉尔克里斯特（Gertler and Gilchrist，1994）和伯南克和格特勒（Bernanke and Gertler，1995）研究发现在货币紧缩之后，小企业贷款数量（规模）出现急剧的下降，销售额和存货投资增长也出现明显的下滑；在商业银行紧缩信贷时，商业银行对小微企业削减贷款要甚于大中型企业。在商业银行和借款人信息不对称的情形下，信贷配给成为银行的一种理性选择，由于银行收益不仅取决于利率，还取决于贷款归还的可能性，这就很好地解释了有些时候贷款规模发生了很大的变动，而实际利率的变动却很小的经验事实，从而表明利率并不是影响贷款的唯一变量，或者说，利率并非货币政策传导的唯一途径。信贷的可得性是货币政策传导的另一个重要渠道，这一点不容忽视。

2.3.3 国内学者关于中介目标选择的理论

自转轨过程以来，数量型调控方式和数量型中介目标长期发挥着重要的作用。自货币供应量正式被确立为中介目标以来，国内学术界对于货币供应量作为中介目标展开了多视角的丰富研究，主要可以分为两类：一类认为中国货币政策应该更多地依赖货币供应量这一中介目标；另一类认为货币供应量在中介目标选择准则的相关性、可控性和可测性等方面已经暴露了明显的问题，已经不适宜作为中介目标。夏斌和廖强（2001）通过对中国货币政策扩张引起的非一致性预期机制进行分析，发现货币供给增加会导致证券投资收益预期升高和固定资产投资收益预期下降，从而降低了货币政策实施的成效；由于人民币汇率缺乏有效的浮动，货币政策很容易受到外汇占款波动和维持汇率稳定的制约，中央银行难以自主、有效地控制基础货币，导致货币供应量目标经常失效。张红伟（2008）通过实证检验发现中国货币供应量对物价水平的影响出现了明显的下降，货币供应量的可控性和相关性均收到了严重的冲击。黄志刚（2012）通过对信贷市场上资金搜寻与匹配建模探讨了银行资产结构对经济环境和货币政策变化的反应，发现银行超额准备金具有内生决定的性质，从而内生地决定了货币乘数和货币总量。于泽和罗瑜（2013）运用向量自回归（VAR）模型探讨了中国货币供给和通货膨胀的原因，发现中国通货膨胀波动主要归结于投资，而货币供给量是中央银行无法控制的外生变量，中央银行只能被动地适应市场需求提供货币供给；货币供给是由现代经济活动内生决定的，呈现出顺周期的特征，因而，以货币供给量为中介目标将大大削弱货币政策的效果。

一些学者认为货币供应量可以继续作为中国货币政策的中介目标。陈浪南和汤大杰（1994）通过对比信贷规模、货币供应量和利率三种不同的货币政策中介目标，认为市场经济条件下行政性的信贷规模控制已经难以反映资金供求状况，已经不能契合货币政策中介目标的功能；在管制利率和国有企业治理存在明显缺陷的情况下，利率（价格）机制运行并不畅通，利率不适宜作为货币政策中介目标，而货币供应量是更加合适的，特别是在发生较高的通货膨胀时期；在新旧体制转轨阶段，人民银行还不能完全放弃信贷规模控制，应该坚持以货币供应量中介目标为主、以信贷规模管理为辅助的调节手段。谢平和俞乔（1996）、谢平和唐才旭（1996）从金融制度变化的视角出发，实证检验发现中国金融制度和金融结构的变化对货币乘数的变化的影响是短期的和暂时的，货币乘数可以自回归到长期均衡状态；虽然中国货币政策实现了从直接的信贷规模管理方式向间接调控货币总量的方式的转变，金融制度的变化也增加了人民银行控制货币总量的难度，削弱了其对货币供给的控制能力；但是，毫无疑问，人民银行对货币供给量依旧有很强的控制能力。刘明志（2006）实证检验发现货币乘数的变动表现出很强的规律特征，货币乘数具有很好的预测性，因而中央银行可以通过控制基础货币来实现对货币总量的驾驭；尽管货币供应量与 GDP 增长率之间的相关性减弱了，但是长期以来货币供应量的变动是导致物价波动和经济变动的显著原因；在市场化利率机制尚不成熟、金融体系相对简单的情况下，货币供应量的可控性特征仍然非常明显。张延群（2010）运用向量自回归模型，实证分析了货币供应量

M1、M2 与 GDP、CPI、利率等宏观经济变量之间的长期均衡关系和短期动态系数，发现 M1 主要受制于需求方面的因素，中央银行难以对 M1 进行有效控制，而 M2 主要由中央银行外生供给决定，从而 M2 更加适合作为中介目标。张春生和蒋海（2013）通过比较信贷规模、M2 和 AFRE 的效果，发现 AFRE 的可控性最高，而 M2 在相关性方面表现最好；在利率没有完全市场化的条件下，AFRE 并不适合作为货币政策中介目标，M2 仍然应该作为中介目标。

此外，一些学者在坚持继续使用货币供应量中介目标的基础上，提出对货币供应量金融指标统计口径进行改进或者把其他指标作为补充。王璐和瞿楠（2016）通过向量自回归模型发现货币数量 M2 是产出和物价的格兰杰原因，而利率对产出和物价的短期影响力不足；进一步通过普尔模型发现以货币供应量为中介目标造成的经济波动明显小于以利率为中介目标的结果，而利率作为中介目标抵抗外部冲击和经济危机的能力明显不足；随着金融创新的发展，货币供应量的有效性下降，但是货币供应量仍然是一个与实际经济变量更为紧密的指标，因而可以对货币供应量统计口径进行适当的调整。盛松成和谢洁玉（2016）运用结构向量自回归（SVAR）模型对社会融资规模和新增人民币贷款进行比较，发现二者都具备很好的可测性，但是在相关性和可控性特点上社会融资规模优于新增人民币贷款，社会融资规模适宜作为 M2 中介目标的有益补充或者监测指标；由于中国利率体系尚不成熟、利率传导机制不健全，搭配使用 M2 和社会融资规模等数量型中介目标有利于提高货币政策的效果。

还有一些学者认为自确立货币供应量为中介目标以来，预先设定的货币供应量目标值几乎从未实现过，这严重干扰了社会预期，带来了很大的误导。因此，货币供应量中介目标已经不合时宜，应该尽快考虑使用其他指标取代货币供应量中介目标。胡海鸥（2000）从理论和现实两个层面出发探讨了货币供应量和利率两种不同类型中介目标的适用条件和未来的政策导向，明确强调随着社会主义市场经济的日臻完善，利率作为中介目标是必然的选择；提高资源配置效率和经济增长的效率也必须依赖利率机制的发挥。曹龙骐和郑建明（2000）通过对中国利率体系内的部结构进行分析，发现中央银行管制的存贷款利率、准备金利率和再贷款利率存在结构刚性的问题；这种刚性的利率结构特征不利于商业银行按照独立法人目标实现自主经营管理，从而削弱了货币政策的调控效果；这种严格管制的利率难以对居民消费、储蓄以及企业投资行为产生市场化的激励和刺激作用，不能有效地传递到实体经济部门，从而导致利率政策效果的弱化甚至失效。

周诚君（2002）认为中央银行的目标是决定资金供给的价格，即管理银行资金的边际成本以及整个体系的银行存贷款利率；利率调节应该成为货币政策最主要的手段。陈昭（2005）在梳理内生货币供给理论及其政策主张的基础上，认为我国在加入 WTO 以后，经济金融逐步与国际接轨，在深入推进经济体制改革和利率市场化进程中，我国货币政策应转向以利率为中介目标的需求型调控方式，利用利率杠杆来实现对国民经济的宏观调控。李治国和张晓蓉（2009）从中央银行资产负债表出发，发现货币当局不同的资产负债表结构会影响货币乘数，实证研究表明我国货币供给具有较强的内生性，认为我国货币政策调控应该逐渐实现从数量型调控方式向主要依靠基准利率的价格型调控方式转变。黄启才（2012）认为不仅金属货币的供给是内生的，信用货币的供给也具有内生性，所不一致的就是信用货币的内生性不是建立在贵金属的生产与特殊商品形式上，而主要建立在以社会资产价值为抵押的基础上，因而货币供给量才会随着社会资产价值的变化而变化；从长期看，货币供应与货币的实际需求相关，它不是由中央银行完全控制的外生变量，因此货币政策应该转向以利率为中介目标的间接型需求管理的调控方式。任杰和尚友芳（2013）通过把金融创新引入拓展的普尔模型，发现相对于没有考虑金融创新因素之前，利率作为货币政策中介目标的优势更加明显，同时货币供应量的可测性也不断下降，中央银行应当更加重视利率在货币政策框架中的地位和作用，稳妥地推进中介目标的转换。胡秋灵和李秦男（2015）通过 VAR 模型对比了货币供应量、社会融资规模和利率充当中介目标的有效性，发现利率中介目标的传导时滞最短，影响程度却是最大的，因而以利率为锚可以更好地实现货币政策的最终目标。陈小亮等（2016）

构建了一个 SVAR 模型，从金融创新的视角比较和评估了中介目标的效果及其变化特征，认为中央银行应该培育以上海银行间同业拆借利率（Shibor）为核心的价格型中介目标。

2.4　中介目标选择理论的评价

　　货币政策中介目标为预测货币政策最终目标提供了有用的信息，货币政策的最终效果在很大程度上也取决于中介目标的可行性和可靠性。货币政策最终目标的实现需要合适的传导过程，而货币政策传导机制反映了中央银行货币政策操作及其对经济活动产生影响的长期、间接和复杂的关系，中介目标的选择在很大程度上取决于货币政策的传导机制。因此，中介目标的选择主要受到以下三个方面的制约：第一，货币当局信奉的货币政策传导机制理论；第二，货币政策最迫切的目标诉求；第三，经济体制与金融发育程度。货币政策中介目标可以主要分为两类：一类是价格型中介目标，如利率、汇率等；另一类是数量型中介目标，如货币供应量、信贷总规模等。凯恩斯学派强调了价格型中介目标的重要性，货币主义则强调了数量型中介目标（货币数量）的重要性。尽管部分学者强调了股票价格、汇率、基础货币等作为中介目标，但是货币政策中介目标的讨论主要是围绕利率和货币供应量展开的，而且从货币政策传导机制来看，股票价格、汇率、基础货币等中介目标的选择均是货币渠道和利率渠道传导机制的某种扩展，价格型的利率中介目标与数量型的货币供应量中介目标共同构成了中介目标选择的两大主流。

　　与解决资本主义经济衰退和大规模失业问题相适应，凯恩斯学派强调利率渠道传导机制的重要性，主张以利率作为货币政策中介目标；利率成为经济恢复和实现充分就业的关键，凯恩斯学派尤其肯定了降低利率对刺激投资的积极意义，反对实行高利率政策。与凯恩斯学派相反，货币主义则强调了货币渠道的传导机制，认为货币政策并不是通过利率间接地发挥作用，而是通过实际货币余额的变动（即流动性效应）对收入和支出产生直接的影响，从而凸显了货币供给数量特征的作用。20 世纪 90 年代以后，货币政策开始向多元化中介目标发展，主要以利率、汇率作为中介目标，适度关注货币供应量指标。

实践表明，中介目标不是一成不变的，而是根据宏观经济的突出矛盾即货币政策最终目标的要求进行调整变化的，而且中介目标的选择需要满足三个基本原则（相关性、可控性和可测性）。一般地，经济金融发展阶段在很大程度上决定了居于主导地位的货币政策传导机制，从而限制了中央银行可供使用的政策工具。当利率市场化程度较低、金融市场不发达时，金融机构、金融资产相对单一化，居民收入也处于较低的发展阶段，此时，以银行派生存款为主要渠道的货币供应量与总产出、物价等宏观经济变量具有较为稳健的联系。因此，中央银行通常将中介目标设定为货币供应量。随着利率市场化的逐步实现、金融资源多元化，经济金融进入更高级别的阶段，货币供应量在中介目标的三个基本原则上的特征遭到严重削弱，而此时市场利率波动将对金融资产价格、投资等产生巨大的影响，利率变动具有"牵一发而动全身"的地位，利率渠道的重要性和相关性得到了极大的提升。因此，中央银行开始将利率设定为中介目标，并通过货币政策工具调节和控制短期利率，从而将政策利率传导至基准利率体系直至整个市场体系。

相较于"大萧条"以来对银行业实施严格的管制，在 20 世纪 80 年代以后，欧美等成熟市场经济国家相继实现了利率市场化和金融自由化，包括银行业在内的整个金融体系得到了迅速的膨胀，金融中介、金融产品、金融市场、金融资产日趋多样化复杂化，经济中的不确定性更多地来自金融市场而不是商品市场，利率作为资金价格对各类金融产品和金融资产价格起着基础性的作用，利率也成为整个市场资源有效配置的关键。因而，欧美等成熟市场国家纷纷重视利率传导机制，尤其重视对短期利率的调节与控制。与欧美等成熟市场经济体不同，许多发展中国家和新兴市场经济体仍然处于利率市场化的推进过程中，金融市场分割、金融抑制、金融约束现象仍然非常普遍，金融体系也相对简单，处于工业化阶段和商品市场快速发展的阶段。此时，国民经济中的不确定性更多地来自商品市场而不是金融市场，利率机制的扭曲和不完善特征决定了利率传导机制较为缓慢且效率低下。可见，货币政策中介目标的选择需要依赖于特定的生产力发展阶段和市场化发育程度，依赖于特定的经济金融环境下居于主导地位的传导机制，从而更好地服务于货币政策最终目标的实现。

从国内文献来看，关于货币政策中介目标选择的研究随着社会主义市场经济实践的变迁产生了激烈的讨论，许多视角独特并且研究深入的文献对中国货币政策转型和发展大有裨益。众多的文献主要围绕着信贷规模、货币供应量、利率、社会融资规模 4 个变量作为中介目标的适宜性条件展开。由于中国转轨经济的起点很低、计划经济体制的烙印非常明显，中国货币政策从直接调控向间接调控转变，以需求管理为主导的数量型调控方式成为现实的选择，因此信贷规模控制中介目标的讨论主要集中于 20 世纪 90 年代以前。随着社会主义市场经济体制改革目标的确立（1992 年）和货币政策从直接调控向间接调控转变，货币供应量逐步取代信贷规模成为新的中介目标，这种做法既成功地控制了通货膨胀，又保持了经济的高速增长，成效非常显著。随着中国利率市场化的持续推进，利率与货币供应量成为中介目标争论的焦点。货币供应量与中介目标选择的三个基本原则相去甚远，主要由于：（1）基础货币供应由于维持汇率稳定等原因而难以控制；（2）货币乘数不稳定；（3）货币流通速度下降且不稳定；（4）货币层次更加模糊、货币供应量统计困难；（5）货币传导机制受阻。国际金融危机之后，为适应影子银行和金融市场变化的实际情况，人民银行推出了社会融资规模（AFRE）指标，社会融资规模成为中介目标选择的热点关切。

在货币供应量是否适合作为中国货币政策中介目标问题上，尽管存在一些争议，但是可以发现大部分文献均承认货币供应量中介目标适用的条件和环境已经发生了显著的变化，货币数量中介目标的优势正在逐步丧失。在这种情况下，现有的文献主要有三种观点：第一，放弃中介目标直接盯住最终目标，实行通货膨胀目标制；第二，在利率中介目标条件不成熟的情况下，继续坚持货币供应量中介目标，同时把社会融资规模、贷款规模作为补充的监测指标；第三，放弃货币供应量中介目标，改用利率中介目标。

随着中国金融机构不断增多，融资渠道更加多元化，政府直接干预经济逐渐减少，经济主体对利率的变动也会更加敏感，这增强了货币政策利率传导机制的效率，也提高了利率在经济社会中的重要性。随着中国经济进入后工业化阶段，尤其是新常态阶段，实现经济增长方式由粗放型向集约型转变，化解产能过剩和资源错配难题等一系列问题更加凸显了提高利率机制作用的必要性，需要重视利率水平和利率结构的调整变化。同时，新常态阶段下的系统性金融风险因素凸显，宏观审慎监管和货币政策协同也需要货币当局掌握更加全面的信息。尽管中介目标的选择取决于居于主导地位的货币政策传导机制，但是由于每个变量所包括的信息有限，随着中国经济与金融深度融合、国内经济与全球经济联系日趋紧密，货币政策在更加重视利率渠道的基础上综合分析其他重要的变量（如社会融资规模）仍然显得非常必要。

第 3 章

货币政策三重福利约束变迁：
基于转轨阶段的分析框架

一定的货币政策目标（或者福利约束目标）反映了一个国家（经济体）货币政策框架的重要特征。中国经济的发展阶段、发展思路决定了中国货币政策与西方经典经济理论关于货币政策最终目标的规定性认识存在一些显著的差别，在实践上也与欧美等成熟市场经济国家普遍实施的通货膨胀目标制存在许多不同之处。除了价格稳定福利约束，凸显经济增长福利约束的地位是中国货币政策长期奉行和肩负的重要职责。

3.1　中国转轨经济系统描述及其对货币政策的要求

3.1.1　中国转轨初期经济系统的基本描述

对于中国转轨初期经济系统的特征，从生产力和生产关系的视角，我们可以从经济发展水平、资源配置方式和货币金融环境三个方面进行概括。首先，社会生产能力落后和"短缺经济"是转轨初期经济系统最显著的特征之一，这是传统计划经济体制在经济绩效方面遗留下来的问题。尽管计划经济模式在某些特定的领域取得了一些成就，但是总体而言，由于行政计划管理存在的信息不充分和经济激励不足等缺陷，传统计划经济体制造成了经济增长的动力持续不足，社会生产

不能达到生产可能性边界，因此经济效率非常低下。同时，重工业优先发展的战略导致国民经济结构畸形，居民消费水平长期得不到提高（林毅夫等，1994），传统计划经济体制经常出现生产资料和消费资料的短缺，"短缺经济"成为计划经济时期经常性的特征（科尔奈，1986）。经过近 30 年社会主义经济建设和探索，1978 年中国人均 GDP 约为 156 美元，是当时世界上最贫困的国家之一，中国计划经济模式的绩效与二战之后基本处于同一水平的新加坡、日本等东亚经济体取得的经济成就（即"东亚奇迹"）形成了强烈的反差。

改革开放意味着对传统计划经济的反思和扬弃，也标志着中国转轨经济的开端。转轨经济体通常也是欠发达的经济体，对于我国而言亦是如此。赶超的过程，虽然制度变迁的经济增长效应已经显现，产出增长率、投资率、居民收入都飞速提高，但是各个变量的水平由于原有计划经济的束缚在数量上还比较低。经过改革开放十几年的发展，我国才基本解决了温饱问题，从而告别了"短缺经济"的时代。面临转轨初期落后的经济起点和严峻的国际形势，实现快速的经济增长、快速解决人民群众的温饱问题是维持和巩固社会主义政权的当务之急。因此，"发展是硬道理"和"规模是硬指标"成为政府和社会各界的目标指向。根据生产函数的构成特点，由于转轨初期技术水平和人力资本受限，此时实现经济高速增长主要依靠高积累、高投入、低消费，而技术进步和全要素生产率（TFP）对经济增长的贡献率非常低，从而经济增长的结构是传统的粗放型经济增长模式（吴敬琏，2016）。从总需求的角度看，经济增长主要依靠外部需求—投资拉动的模式，国内需求增长缓慢。粗放型经济增长模式既是传统发展模式的惯性，也是转轨初期实现高速增长的必然结果。

行政计划和政府控制是传统计划经济的显著特征，经济转轨也是通过打破市场与计划完全对立的思维桎梏，通过逐步调整政府的权力、不断发育市场机制开始的。党的十一届三中全会以后，中国开启的改革明显不同于改革开放之前实施的改革。计划经济时期的改革主要集中于管理部门之间（"条条"）、地方政府之间（"块块"）行政权力的划分调整上，而党的十一届三中全会之后的改革跳出了这种行政性收权和放权之间反复调整的窠臼，开始着手对经济体制进行改革，发展商品经济和市场经济。经济体制改革首先表现为对国有企业和人民公社的微观经营机制进行改革。然而，在转轨时期，计划经济体制遗留下来的广泛的公共权力并没有被政府完全放弃，反而衍生为政府对市场发育过程的干预和控制。在保持政治权力垄断的情况下，政府是制度的供给者，是推动经济体制由计划经济向市场经济制度转变的主体，中国特色的转轨方式决定了经济系统不完全的市场化转轨，政府干预经济和政府控制经济成为改革与发展进程中的常态。以"放权让利"为开端的微观经营机制改革极大地刺激了地方政府和国有企业对自身利益的追逐，但是，与计划经济体制相匹配的宏观政策环境并没有得到相应的改革，具体表现为汇率、利率、能源、材料等领域的市场化改革相对滞后。这种"双轨制"改革和渐进改革的特征形成了中国经济体制的不协调不匹配状态，导致了寻租空间的扩大和腐败现象丛生等一系列问题，使得转轨初期信贷领域的规模限制经常遭到地方政府和国有银行的突破，表现为转轨初期经常性的恶性通货膨胀的威胁，以及由此威胁到经济增长和社会的稳定。

在货币金融领域，转轨初期货币和金融资产通常是极度贫乏的。这主要有两个方面的原因：第一，这是计划经济模式的后遗症。总体而言，计划经济是一个非货币经济，国民经济各部门的运行以政府的行政计划为主要依据，各经济单位成为各级行政机关单位的附庸（附属），各种人、财、物的调配无须发挥价格的竞争机制。所以，在计划经济条件下货币主要充当了政府和（国有）经济部门的记账单位，从而也不需要一般等价物作为交易媒介。第二，内生性金融发展的条件尚不具备。在转轨初期，社会生产能力落后的"短缺经济"和较低的居民收入限制了各级单位对高级别金融产品的需求，不甚发达的社会信用体系也制约了信用形式的多样化。在货币金融资源贫乏的情况下，货币和金融市场完全由政府控制，以私人经济信用为基础的货币金融市场还没有建立起来，唯一的货币资产就是国家发行的货币和国债。

转轨经济开始意味着重新重视市场机制的作用和引入货币作为交换媒介，银行信贷融资逐步取代财政拨付作为主要的融资方式，使得中央银行发行的货币能够注入各类经济部门，最终为私人经济部门掌握，从而推动经济货币化。在金融约束的宏观环境下，商业银行基本为国有垄断控制，国有商业银行的信贷业务也在政府执行的行政计划下运作，中央银行对国有商业银行实施较为严格的信贷规模限额控制。因此，货币供给主要通过国有银行体系信贷，经由中央银行—国有商业银行—企业实现"货币注入"，此时存贷款利率等利率品种也受到明显的行政管制，金融市场化改革相对迟缓，利率"双轨制"成为金融改革滞后的显著特征。

世界经济金融变迁的历史表明，货币银行体系在经济起飞初期处于主导的地位，这有利于银行部门提高闲散货币的配置效率，从而发挥银行部门支持经济高速增长的作用。与直接融资相比，银行体系能够实现信用创造和货币派生的功能，能够形成比原始储蓄多倍的信用总量，因此，如果在经济起飞初期直接融资市场得以实现的话，那么投资的增长必然因资金匮乏受到储蓄的制约，结果是市场利率上升、排除了部分投资项目，从而限制了全社会经济规模的增长速度，导致经济发展初期社会福利的巨大损失。因此，在资本边际效益递增和投资需求旺盛的转轨经济初期，满足投资增长的货币需求必然依赖于银行体系的货币创造，此时货币银行体系对支撑经济高速增长发挥着举足轻重的作用。

3.1.2　转轨阶段目标及其对货币政策的特殊要求

转轨经济作为一种有着预设目标的非平衡运动的过程中的经济，体现为一种持续性的状态运动，在不同的转轨阶段也具有不同的经济运行状态特征和阶段性目标（吕炜，2003）。在中国转轨实践中，无论是过去的五年计划目标，还是如今每五年一次的规划目标，均对经济总量有了较为明确的战略目标，而且对整个经济社会的发展具有明确的阶段性目标。1987 年党的十三大确立了"三步走"战略的总体目标，2017 年习近平总书记提出了"新三步走"的战略：从十九大召开到 2020 年，是全面建成小康社会的决胜期；在全面建成小康社会的基础上，从 2020 年到 2035 年再继续奋斗 15 年，基本实现社会主义现代

化；在基本实现现代化的基础上，从 2035 年到 21 世纪中叶再继续奋斗
15 年，把我国建成富强民主文明和谐美丽的社会主义现代化强国（习
近平，2017）。可以看出，中国转轨过程具有明显的经济赶超规划和阶
段发展目标，在长期战略部署基础上，根据国民经济规划，将远期的
经济目标进一步细化、分解落实。

转轨初期落后的社会生产力和居民收入状况，突出了政府和全社
会对实现从落后的农业国向先进的工业国转变的迫切愿望，突出了
"发展是硬道理"和"增长是硬指标"的发展理念，强调了货币政策
对保障经济高速增长、促进大规模就业问题的解决，货币政策必须服
从于这一既定的国民经济发展的要求。另外，从生产关系角度看，经
济体制改革的方向是建立完善的社会主义市场经济体制和建立现代化
经济体系（高培勇等，2019）。尽管中国经济改革的总体方向是较为明
确的，但是，具体的举措往往是富有谨慎性和探索性（试验性）的，
表现为"摸着石头过河"的经验主义原则。因此，随着不同转轨阶段
目标的变化，中国的货币政策也呈现出明显的阶段特色。

虽然突出经济增长目标的货币政策有利于加快推进工业化和实现
经济高速增长，但是，长期依靠政策刺激经济容易激化和固化经济社
会中的结构性问题，给经济社会的持续稳定发展埋下隐患。特别地，
货币政策在支持经济高速增长过程中，容易疏忽对金融约束宏观政策
环境的改革，造成微观经营机制和宏观政策环境长期处于不协调的状
态，导致资源错配、过度投资，大大提高了经济对外依存度，增加了
经济的脆弱性。在货币金融领域，货币政策也需要统筹兼顾金融约束
政策实施过程中国有商业银行面临的不良资产问题，合理处置经济体
制改革不匹配造成的金融风险问题。在实施金融约束政策环境之下，
中国金融风险总体上是局部性的、可控的。但是，随着全面深化改革
和强调落实"创新、协调、绿色、开放、共享"的新发展理念，新常
态经济阶段下经济增速和经济结构的调整进入新的阶段，中国金融体
系的风险逐渐从隐性状态转变为显性状态。

与欧美等成熟市场经济国家相比，中国转轨初期经济系统各方面
的特征造成中国经济运行机制和货币政策传导机制具有显著的特殊性。

尽管维护价格稳定是货币政策最基本的职责，但是，转轨初期中国货币政策突出的福利目标是维持较高的经济增长速度，以及在经济高速增长过程中逐步推进经济金融体制改革，为实现高质量发展和构建现代化经济体系创造适宜的货币金融环境。同时，随着中国转轨经济持续深入发展，特别是随着进入后工业化阶段和产业结构的变化，中国实体部门与金融部门改革发展的节奏具有明显的不对称性，在不同阶段二者的波动性（稳定性）也不同，从而决定了中国货币政策福利目标也需要进行相应的调整。

3.2　两部门"不稳定性"：改革与发展阶段的比较

3.2.1　两部门划分及其改革的非对称性

从系统论来看，按照一定的标准可以将国民经济划分为若干部门。马克思从资本批判的视角提出了与厂房、机器等现实资本相对立的概念"虚拟资本"一词，深刻阐释了虚拟资本的运行规律及其与现实资本（产业资本）之间的关系。源于马克思关于虚拟资本的论述，"虚拟经济"的概念逐渐与"实体经济"的概念相对立而存在，并持续受到关注。布雷顿森林体系解体之后，全球金融创新层出不穷，金融市场交易、金融资产（产品）蔚为壮观地增长是 20 世纪 80 年代以来最引人瞩目的现象之一，金融领域已成为经济全球化的前沿阵地（沙奈，2001）。希法亭（1910）研究了 19 世纪末期以来资本主义的新变化，强调资本主义发展到"金融资本占统治地位的新阶段"，垄断资本主义最高阶段——金融资本——与工业革命以来产业资本主导、实体产业部门主导的国民经济结构形成鲜明的差异。在经济思想史上，希克斯（1937）试图将凯恩斯的思想体系系统化阐述，"发明"了代表商品市场的均衡的投资—储蓄曲线（IS 曲线）与代表金融市场的均衡的货币供给—货币需求曲线（LM 曲线），强调整个市场均衡的条件是商品市场和金融市场二者均实现均衡。与实体部门（物质生产部门）占主导的传统工业化时代相比，金融部门已成为欧美等发达国家国民经济中更加突出的部门，甚至超越实体经济部门成为整个国民经济的主导和核心。基于全球金融市场变迁的经验分析，门克霍夫和托克斯多尔夫（2005）提出了金融部门与实体经济"分离"的假说。张晓晶（2002）强调了市场经济条件下货币和信用的重要性，对整个经济系统提出了"符号经济"与实体经济的划分。在实践中，美联储也经常使用"实体经济"一词，与之相对应的是排除金融市场和房地产市场之外的经济成分，具体而言主要包括制造业、进出口、零售销售等（陈华强，2013）。基于以上考虑，更为重要的是，以信用为基础的金融部门（体系）是现代市场经济资源配置的核心，是虚拟经济的主体部分，同时本书从转轨阶段的视角探讨不同阶段实体部门与金融部门"（不）稳定性"的特征及其变化。因此，可以将整个经济系统大体上划分为实体部门（实体经济）与金融部门（金融经济）。

历史地看，金融部门起源于产业部门规模的扩大和分工的细化，金融体系及其结构变化是经济发展的必然结果。关于金融与实体经济二者的关系，无论从理论上看还是从世界各国（地区）经济金融演变的实践来看，实体经济都是处于第一位的，金融约束或者过度金融化都难以实现金融部门与实体部门的协调发展。滞后于实体部门金融需求的金融供给（金融约束）将导致金融部门资源配置效率低下，而过度金融化（金融自由化）必将导致金融泡沫直至酿成金融危机。实体部门与金融部门的运行机制或运行规律具有明显的不同，实体经济的价值增值通常以产出规模的扩大和产品（服务）的质量提升为基础，而金融体系主要服务于价值创造、参与价值分配过程，而不是价值创造本身。金融部门的资产（负债）定价主要以资金流的资本化为基础，受到交易对象、信用环境的影响较大，与实体经济相比金融产品价格具有很大的虚拟性和明显的波动性特征（成思危，2003）。布雷顿森林体系解体之后，全球货币"无锚化"显著提高了金融体系的虚拟程度，使得现代金融体系逐步脱离金本位时期货币和信用扩张的束缚，国际经济金融一体化进一步为金融资本在全球范围内迅速扩张提供了极大的便利条件。于是，金融部门可以在更大的程度上脱离实体经济运行。

　　另外，随着分工不断细化和商品生产普遍地实行迂回生产，实体部门各个单位（产业或企业）信用的扩张与收缩都需要借助金融部门发挥中介作用，实体部门效率的改进也有赖于金融部门运转效率的提升。在现代市场经济条件下，金融部门在整个经济系统中的重要性显著地提升了，换言之，金融体系的安全具有系统重要性。在整个经济系统内部，金融部门的运转对实体部门再生产和循环起着反作用，良好适度的金融体系在保证金融部门高效运转的基础上，有利于促进实体部门规模持续增长和结构持续优化，相反，金融体系也会通过"溢出效应"（负外部性）对实体部门产生不利的冲击，导致全社会资源配置效率低下、经济机构畸形化等问题。世界各国（地区）历次金融危机警示我们，放任金融自由化和金融过度发展不仅容易积累金融风险，从而导致周期性金融危机爆发，给金融部门造成直接的冲击，而且将给实体经济造成破坏性冲击，阻碍社会再生产的顺利进行。金融危机之后重建市场信心、恢复正常的生产流通秩序也需要很长的一段时间，这显然不利于整个经济系统的持续稳定发展。毫无疑问，离开了金融体系的安全，正常的市场经济秩序就难以维系，更谈不上市场机制的发挥和经济效率的提升。

　　中国经济体制改革是在"改革、发展、稳定"统筹协调的思路下不断推进渐进式转轨，增量改革和改革的非对称性是这一特殊转轨方式的显著特征。从两部门来看，渐进式转轨主要体现为实体部门的改革时间早于金融部门，实体部门的改革步伐快于金融部门，实体部门的发展速度快于金融部门，实体部门的国际竞争力强于金融部门。尽管改革开放以来中国金融体系也在不断推进市场化改革，但是长期实施金融约束政策导致金融部门受到国有垄断、行政管制和限制竞争等，无论是在产品（服务）价格、市场准入、市场淘汰竞争机制等方面实体部门都更具灵活性、更市场化。一方面，以国有企业和人民公社为主体的微观经营单位在计划经济模式推进过程中效率非常低，弊端十分显见，而金融体制的效率问题是计划经济模式更深层次的问题。在转轨初期，对国有企业和人民公社微观经营单位经营机制的改革中实体部门的改革首当其冲。另一方面，金融约束宏观政策和金融部门改革滞后也是维持重工业优先战略时期建立起来的国有企业特别是重工业和军事工业企业的客观要求。在国家财政能力不足的前提下，以"低利率"和其他方式将金融剩余补贴和输送给重工业部门是国有金融体系支持经济改革的现实要求。在实体部门市场化改革没有完全到位和国有企业改革没有完全奏效的情况下，金融约束都会在不同程度上对国有企业提供"金融支持"服务。在金融约束宏观政策环境下，中国金融体系特别是银行部门保持了相对的稳定。

随着社会主义市场经济体制改革持续深入发展，由金融改革滞后导致的金融资源错配、金融机构国际竞争力不足、金融风险累积等弊端日渐明显，金融部门的规模和结构与实体部门的规模和结构相互龃龉的问题也更加突出。伴随经济货币化和金融化水平的提高，政府通过金融约束政策获取的货币发行收益不断减少，降低了继续实施金融约束政策的吸引力。同时，经过改制和重组，国有企业在国民经济中的布局与资源禀赋和比较优势特征也更加吻合，国有经济运行机制更加适应社会主义市场经济发展的目标，这就降低了取消金融约束宏观政策的成本。此外，随着非公有制经济的发展壮大，金融服务供给与金融需求在规模和结构的不协调程度明显恶化，融资难、融资贵等问题长期难以有效纾解，金融产品和金融服务供给严重不足，金融改革滞后导致的资源错配现象也更加突出，这直接影响到中国经济增长方式转型和经济结构的调整。因此，减少或者取消金融约束，加快推进金融市场化改革，提高金融体系效率是中国渐进转轨路径从"浅水区"向"深水区"纵向推进，中国经济机制改革演进的内在逻辑，也是重塑金融功能，推动中国经济转型升级，实现高质量发展目标和适应深度融入全球经济的客观要求。

3.2.2　金融约束政策下的两部门特征

金融约束（financial restraint）是赫尔曼（Hellmann）、穆尔多克（Murdock）、斯蒂格利茨（Stiglitz）等经济学家在总结东亚经济尤其是战后日本经济高速增长经验基础上提出的一种适应发展中国家的理论与政策体系（赫尔曼等，1997）。虽然金融约束与麦金农（Mckinnon）

和肖（Shaw）等人在 20 世纪 70 年代提出的金融抑制（financial repression）在许多方面具有相似的特征，但是，金融约束与金融抑制存在显著的区别。前者在政府干预之下为民间部门（含国有部门）创造了一定的租金机会，金融租金收益不仅满足了政府政治租金的需要，而且实现了金融租金在民间部门的分配，产生了很大的激励作用，因此金融约束促进了生产性社会活动的扩大，而后者所实现的金融租金主要用于统治阶层政治享乐和挥霍，并未对生产性活动产生实质性的推动作用（石良平和叶慧，2003）。针对发展中国家普遍存在的政府对金融体系的直接干预，麦金农和肖等人主张推进金融自由化，认为解除政府对金融体系（特别是利率）的管制，推动金融自由化是发展中国家实现金融深化和摆脱发展困境的唯一路径。自 20 世纪 80 年代以来，随着新自由主义的兴起和一些国际金融组织对金融自由化政策的"兜售"，金融自由化相继被许多发展中国家作为克服金融约束（金融抑制）、实现金融深化的目标模式。然而，在推进金融自由化过程中，墨西哥、拉丁美洲等一些国家以及泰国等东南亚国家相继发生了严重的金融危机，长期处于经济困境的泥淖。2007 年全球性金融危机的爆发和蔓延进一步昭示了金融自由化的破产，严重冲击了欧美等发达国家对金融自由化过度自信的理念，理论和政策开启了对金融自由化和新自由主义的深刻反思。

金融自由化不仅在实践上屡屡受挫，在理论上也受到许多经济理论尤其是信息经济学的批判。主张金融自由化的相关理论长期忽视对发展中国家制度和市场结构的考察，不同于金融自由化理论，金融约束不仅保持了政府对金融体系的适度干预，维护了金融机构安全平稳运行，保证了金融体系的稳定，而且推动了生产性活动的持续扩大，实现了经济和金融的持续改革深化。可见，金融约束是一种符合发展中国家"适应性效率"的自然选择，是发展中国家在经济不发达和制度不健全的情况下实现金融深化的一种替代性政策，这种政策既避免了政府攫取垄断租金妨碍市场发育与社会物质财富创造，又避免了金融自由化给经济带来的无序状态，有利于推进金融深化和财富创造在时间维度上的有效释放，实现了帕累托动态改进（赫尔曼等，1997）。

因此，要推动金融深化、转变金融市场扭曲现象，金融自由化不是唯一的选择，发展中国家采取金融约束的政策也能够实现这一目标诉求。

中国金融改革从"大一统"计划金融体系起步。在转轨初期，中国金融经营性部门与行政性金融部门合二为一，金融机构政企不分现象非常普遍，金融改革正是经营性金融部门从行政系统分离并逐步商业化和市场化的过程。从两部门划分来看，渐进转轨方式体现为金融部门改革在时间上相对滞后，在改革步伐（速度）上相对缓慢，在体系上相对简单单一。以"放权让利"为特征的微观经营机制改革一方面丰富了工农业产品的供给，使中国逐步告别了"短缺经济"时代，另一方面也导致中央财政收入占比快速下降和中央财政能力的恶化，从而影响到国家推进市场化改革和进行宏观管理的能力。从国家获取租金（收益）的方式来讲，计划时期的"强财政、弱金融"保证了国家在低成本、低工资等政策下在重工业和农业等实体部门实现较高的利润积累，而在转轨过程中，"放权让利"改革导致国有实体部门对国家利润的侵蚀，在国家税收征缴能力不足和特定时期缓和社会矛盾的情况下，运用国家对计划体制遗留下来的金融部门的计划和控制，从实体部门转向金融部门获取租金收益成为自然的选择（Ruggerone，1996）。这样，相对于实体部门，政府就可以实施金融约束的宏观政策，通过扭曲金融部门的产品（服务）价格，对金融部门加以干预控制来实现加快推进工业化和追求经济高速增长的目标。

具体而言（见表3-1），在金融约束的宏观政策环境下，中国金融部门的所有制结构单一，国有金融机构占据绝对主导的地位，国有金融垄断从早期以中央国有金融垄断为主，逐步向中央—地方国有金融垄断并存的局面发展，外资和民营等金融机构规模很小、成长缓慢，市场占有份额非常低；在市场准入上，金融部门具有更高的准入门槛，设立商业银行除了必须符合最低资本金等要求，中央银行有权将经济状况和银行业竞争状况等作为额外的要求，于是商业银行业的准入上还存在其他隐性的门槛（王馨，2007）；在市场竞争上，金融机构长期以商业银行为主导，且国有银行数目较少，四家国有专业银行长期处于绝对垄断地位，地方性国有银行（含全国性股份制银行）和外资民营银行在存贷款总额、资产总额、网点数量等方面市场份额很低，银行业市场化竞争不足；在经营管理上，金融部门受到更加严格的管制，商业银行的存贷款利率长期受到行政管制，利率浮动范围很小，利率市场化至今尚未完成，[①] 而且银行信贷规模长期受到管制；在市场结构上，企业融资渠道较为单一，银行信贷长期成为绝对主导的融资方式，股票市场、债券市场等直接融资方式占比很低、发展缓慢，金融产品和金融资产形式单一，金融（优质）资产短缺现象非常明显，货币和银行储蓄成为金融资产的主体，高级别金融资产发展相对缓慢（易纲，1996）；在市场波动上，金融机构业务、产品定价和市场价格受到明显的管制，金融部门运行总体更加稳定，波动性不明显；在经营绩效上，由于实施金融约束政策，金融部门利润率很长一段时间低于实体部门利润率，与金融约束后期相比，金融尚未严重偏离实体经济，基本与实体经济处于一致状态（彭俞超，2018）；在对外开放上，汇率仍受到很强的干预和管制，汇率体制处于隐性的固定汇率制度，资本项目受到明显的管制。

表 3 - 1　金融约束政策背景下实体部门与金融部门主要特征的比较

属性	金融部门	实体部门
所有制结构	长期国有垄断，从中央国有垄断向中央—地方国有垄断并存发展	更加多元化，国有、民营（个体户、合伙制、公司制）、外资、中外合资等所有制形式多元化
市场准入	准入门槛高，而且包含其他隐性的门槛	除少数行业，基本无特殊门槛
市场竞争	金融机构数目少，资源非常集中，且长期稳定	企业数目非常多，很多行业具有完全竞争的特性，市场竞争更加激烈

---

① 2015 年 10 月 24 日人民银行取消了金融机构存款利率上限波动的限制，在形式上实现了存贷款利率决定的市场化，但是人民银行颁布的金融存款基准利率并未废除，仍然发挥着基准利率的作用形式。同时，人民银行推动形成了市场利率定价自律机制的行业自律约束，商业银行存贷款利率自主定价能力不足，存贷款利率与银行间货币市场利率形成机制不同事实上造成了利率"双轨制"。实现存贷款利率与银行间市场利率的并轨联动，从而真正实现利率市场化还有一段路程要走。

续表

属性	金融部门	实体部门
经营管理	产品（服务）价格长期受到管制，利率市场化改革缓慢；定向信贷资金配给长期存在	除少数资源、能源等基础产业部门产品实行政府指导定价外，其他行业产品价格基本市场化；政府对企业生产经营干预较少
市场结构	以银行为主体的金融部门结构，融资渠道单一；金融产品、金融资产单一	从"短缺经济"转向产品过剩，产品更加丰富多元化，质量、品牌效应日渐显著
市场波动	受到国家严格的管制，市场相对稳定	增长快速，周期性明显，经济增长波动较大
经营绩效	增加值、利润率较低，不良资产率较高	资本边际报酬递增，增加值、利润率较高
对外开放	汇率长期受到管制，汇率波动浮动受限；对资本流入流出设置较为严格的资本管制	出口导向型战略非常明显，进出口贸易总额规模较大，增速较高，长期保持净出口；外商投资增长迅速

    经济体制改革首先从微观经营机制开始，改革着眼点就是改变传统计划经济模式下工农业生产经营效率低下的状况，于是，实物的、有形的物质性生产部门成为改革的首要目标。20世纪90年代中后期，中国工农业生产能力大大提升，工农业产品种类日益丰富，基本告别了"短缺经济"的状况，消费结构也不断升级，中国逐渐成长为世界制造业大国。由于金融部门资源配置低效率问题的深层次特征，再加上经济高速增长掩盖了潜在的金融风险，中国金融体制各方面存在的问题并未受到高度重视并加以改革完善。东南亚金融危机冲击了中国出口—投资驱动的经济增长方式，充分暴露了金融约束政策隐藏的金融漏洞，揭示了过度经济刺激政策和过度投资带来的弊端。随着中国实体部门保持高速增长，金融体系的市场化改革进程仍然非常缓慢，这进一步加剧了金融部门与实体部门市场化改革和发展的不对称。金融部门市场化改革的滞后一方面助推了传统粗放型经济增长方式的延续，影响了中国实体经济的转型升级和结构调整，降低了经济增长的效率；另一方面造成金融部门经营低效率和"有毒"不良资产的持续累积，导致中国金融体系的国际竞争力不足，加剧了防范系统性金融

风险的压力，从而制约了高质量发展目标的推进和实现。

3.2.3　转轨进程中两部门"不稳定性"的变迁

中国渐进式改革以旧制度最薄弱或者新制度需求最强烈的环节——农业部门和农业制度为突破口，农村家庭联产承包责任制激发了经济活力，农业生产部门得到快速发展（黄少安，2002）。在基本解决了粮食问题的基础上，乡镇企业异军突起，实体性国有企业也纷纷开启市场化改革，这些为加快推进工业化、深化市场分工和市场发育奠定了坚实的基础。1978 年，中国农业部门、工业部门增加值分别为 1027.5 亿元和 1621.5 亿元，约占当年 GDP 的比重分别为 27.93% 和 44.08%，而金融部门增加值仅为 76.5 亿元，约占当年 GDP 的比重为 2.08%，这表明代表实体经济的工农业增加值占比超过 70%，而金融部门在整个经济系统中的比重非常低。此外，由于工农业等实体部门吸收了绝大部分的社会就业、资本和土地等投入，实体部门产出增长的速度很大程度上决定了整个国民经济的增长情况，实体部门的稳定也关系到全社会的就业、民生以及社会稳定。这种经济结构特征反映了转轨初期以物质生产部门（实体部门）为主导的国民经济结构，社会财富的积累主要来自农业和工业生产领域，此时，金融部门在整个国民经济中的地位和作用非常有限。

总体而言，中国实体部门市场化改革较早、发展较快，而金融部门市场化改革较为迟缓。21 世纪初，中国制造业市场化程度约为 66.3%，批发零售和贸易餐饮业约为 50.2%，而金融保险业约为 35.7%（王广谦，2004），与制造业、批发、零售、贸易等实体部门比较而言，金融部门的市场化程度明显较低。转轨初期落后的社会生产力和居民收入水平，决定了中国转轨改革是一个快速推进工业化、率先实现物质生产部门在规模和速度上跨越式发展的过程。因而，转轨初期国民经济波动和不稳定的主要来源是实体部门。随着中国转轨进程的持续深入推进，实体部门与金融部门在经济系统中的地位和作用发生转变，二者的波动差异逐步缩小，国民经济波动和不稳定的来源逐渐从实体部门转向金融部门，金融部门的系统重要性地位和支撑资源优化配置的作用在全面深化改革和实现高质量发展过程中发挥着越来越突出的作用。

图 3 – 1 反映了实体部门与金融部门增加值在不同阶段波动的比较结果。[①] 可以看出，PS1 产出标准差与 FS1 产出标准差之比、PS1 产出标准差与 FS2 产出标准差之比、PS2 产出标准差与 FS1 产出标准差之比、PS2 产出标准差与 FS2 产出标准差之比整体呈现下降的趋势，表明相对金融部门而言，实体部门在转轨初期呈现更大的波动特征，在持续的改革和发展过程中实体部门的波动幅度逐渐减小。1978 ~ 2018 年，无论是从窄口径来看还是从宽口径来看，三个时段的实体部门（PS1 和 PS2）与金融部门（FS1 和 FS2）产出标准差比值均明显大于 1，这表明不仅宽口径的实体部门的波动大于金融部门，而且窄口径的实体部门波动变化也大于金融部门，表明实体部门产出具有更大的波动性，

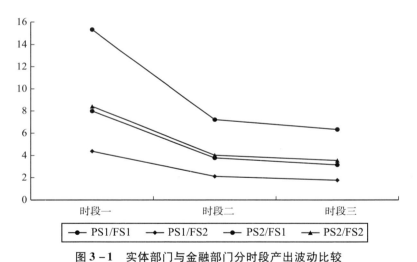

图 3 – 1　实体部门与金融部门分时段产出波动比较

注：（1）数据来自《中国统计年鉴》；（2）时段一为 1978 ~ 2001 年，时段二为 2001 ~ 2018 年，时段三为 2007 ~ 2018 年。

---

① PS1 以工业部门为代表，表示窄口径的实体部门；PS2 表示宽口径实体部门，除了包括工业之外，PS2 还包括农林牧渔业、建筑业、批发和零售业、交通运输业仓储和邮政业、住宿和餐饮业。FS1 以金融业为代表，表示窄口径的金融部门；FS2 以金融业和房地产业为代表，表示宽口径的金融部门。

实体部门的增长是经济增长的主导力量，从而凸显了实体部门在整个国民经济中的地位和作用。因此，1978～2018 年，实体部门不稳定是经济不稳定的主要原因，这突出反映了中国工业化快速推进和"中国制造"的经济特征。以 PS1 和 FS2 为例，时段一（1978～2001 年）、时段二（2001～2018 年）、时段三（2007～2018 年）PS1 产出标准差与 FS2 产出标准差比值分别为 4.38、2.11 和 1.76，时段三的比值已经非常接近 1，这表明随着持续改革与发展，金融部门的波动程度明显提升了，金融不稳定的特征越来越明显，金融部门的不稳定程度与实体部门不稳定程度已经非常接近，甚至将来有可能超过实体部门的波动。

　　2015 年，FS1 和 FS2 产出环比增加分别为 10834.90 亿元和 14141.70 亿元，而此时 PS1 产出环比增加 2649.9 亿元，约占当年 FS1 和 FS2 产出环比变动的 24.46% 和 18.74%，首次出现了窄口径实体部门（PS1）产出环比小于窄口径金融部门（FS1）的现象。金融部门增加值与 PS2 增加值环比相差无几，而且金融部门产出占两部门的比重持续上升（见图 3 - 2）表明金融部门在整个国民经济的地位更加凸显，金融部门的系统重要性显著提升。2012 年以后，两部门产出环比比值不断缩小一方面凸显了金融部门对整个国民经济增长的贡献，要求货币当局更加重视金融部门的改革，促进金融效率的改进，发挥金融部门产出对总产出和实体部门增长的积极作用；另一方面也反映了实体部门（产出）经济增长遇到的困境，实体部门保持高速增长的态势相对乏力，制约实体部门高速增长的条件和环境短期内难以有效化解，货币政策需要防止金融部门长期挤压和掠夺实体部门，警惕产业部门"空心化"和金融"自我实现"。

　　在新时代全面深化改革的新阶段，市场在各类资源配置中起决定性的作用将更加突出，金融部门资源配置功能高效运行成为整个经济系统高效运转和实现高质量发展目标、建立现代化经济体系的基础，金融作为现代市场经济的核心作用将随着经济结构调整升级过程体现得更加充分、全面，国民经济系统的稳定与健康在很大程度上取决于金融部门的稳定与健康。中国转轨经济持续 30 多年保持高速增长极大地壮大了国民经济的总量规模，在这种快速变革与发展进程中，经济

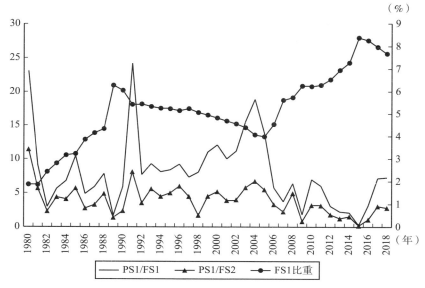

图 3 - 2　实体部门与金融部门产出环比波动比较

注：（1）数据来自《中国统计年鉴》；（2）FS1 比重使用右轴，取余使用左轴。

系统内部的实体部门与金融部门也发生了显著的变化。在破除"短缺经济"的困顿、加快推动工业化过程中，实体部门在规模和结构上都得到了实质性的飞跃，中国工业化和产业结构进入深度调整，实体部门转型与升级进入"瓶颈"，具有部分虚拟特征的服务业产业比重持续提升。这一方面提高了金融部门的比重，增强了金融部门在国民经济中的地位，另一方面强化了粗放型经济增长方式给实体部门持续、健康发展造成的障碍，以金融约束政策为代表的经济体制不匹配造成的金融资源配置错配成为制约全要素生产率提高和经济增长动力转换的症结。此外，在全面深化改革阶段，中国经济金融双向开放和深化改革给国民经济造成了更大的不确定性，金融部门波动的因素也更加复杂多变，金融部门极其敏感性和非线性的特征决定了它必然成为经济系统中非常脆弱的一环。中国经济系统内部两部门不稳定性的嬗变，既是生产力水平和经济结构在不同发展阶段的表现，是市场经济运行规律的使然，更是中国实施渐进式转轨方式、转轨经济改革从表层到深层稳步推进的结果。

3.3 中国货币政策三重福利约束变迁的机理：转轨阶段的视角

3.3.1 金融约束政策下福利约束的权衡：增长波动与价格波动

"短缺经济"是中国转轨经济启航的码头。改革开放之际，经过新中国近 30 年社会主义经济建设探索，人民生活水平长期没有得到显著的提高，传统计划经济体制的绩效与亚洲"四小龙"取得的成就形成了强烈的反差（林毅夫等，1994）。加快实现工业化、解决 7 亿多人的温饱问题是转轨初期中国政府的当务之急。从实体部门内部来看，适应居民生活需要的农副产品、轻工业品的生产和销售部门率先进行了市场化改革，这些部门通常处于实体经济产业链的下游，相对于实体经济产业链的上游部门和金融部门而言，它们既包括新设立的非国有经济，也包括从国有企业、集体企业改制过来的经济成分，经营机制相对更加灵活。同时，在渐进转轨过程中，上游基础产业部门（如钢铁部门、电力部门、交通部门等）受到较为严格计划的行政管制，市场化改革步伐相对缓慢滞后，这些部门主要沿袭了过去计划经济管理的方式。与率先市场化改革的经济成分和新成立的经营组织相比，上游基础产业部门在经营理念上更加保守、在管理上更加行政化，政府过度干预和政企不分的问题更加严重。因此，上游基础产业部门以国有垄断为显著特征，下游产业部门的显著特征是经济成分更加多元化、市场结构更具竞争性。"上游国有垄断，下游民营竞争"，这是渐进转轨方式在实体经济内部的突出特点。

通常，上游基础产业部门的生产周期相对漫长，市场需求变动对供给数量变动的影响不是非常明显，这些部门的产品或服务表现出较小的供给和需求弹性。在渐进转轨路径下，下游产业部门由于较早地进行市场化改革，经营机制更加灵活，更加适应市场需求的变动，从而具有很强的市场竞争力和自生能力。随着这些部门生产和经营管理效率的提升，产品或服务的供给数量增长迅速，它们的价格具有下降的趋势。同时，不断扩张发展的下游产业部门迫切要求扩大对上游基础产业部门产品或服务供给的数量和质量，以适应下游产业部门扩大再生产的需要。然而，上游基础产业部门市场化改革相对滞后，产品（服务）的供给难以满足按照下游产业部门产品（服务）的需求，基础产业部门经常出现供给相对不足。于是，上游基础产业部门的价格具有上涨的趋势。因此，在实体经济内部，上游基础产业部门倾向于提高产品（服务）的价格，而下游产业部门倾向于降低产品（服务）的价格。

在转轨初期，上游基础产业部门和保留着旧的计划经营管理体制的国有企业仍然占据绝大多数，为了加快推进工业化、实现经济高速增长的目标，货币政策就需要适应这一目标，着力满足下游产业部门扩大生产和对上游基础产业部门产品（服务）供给的需求。如果货币政策致力于实现经济高速增长的目标，那么必然需要最大限度地满足下游产业部门的需求。然而，受制于上游产业部门供给不足的问题，这必然会加剧能源、原材料等生产资料供给的紧张与不足，最终导致下游产业部门生产成本的提升和普遍的价格上涨问题。如果货币政策致力于实现维护价格稳定的目标，那么必然需要通过各种金融手段和其他手段适当压制下游产业部门生产扩张的需求，强制实现下游产业部门的需求与上游基础产业部门的供给相匹配，这样必然会降低经济增长速度，影响到经济高速增长目标的效果。因此，在上游基础产业部门市场化改革明显滞后的情况下，上游基础产业部门的供给不足成为制约经济高速增长和造成严重通货膨胀问题的重要原因。

尽管实体部门"双轨制"改革是造成上游基础产业部门和下游产业部门不匹配和严重通货膨胀问题的直接原因，但是，渐进转轨路径下实体部门与金融部门改革不匹配，即从微观经营机制着手的经济体制改革与市场化改革滞后的宏观政策环境之间的矛盾是更深层次的原因。实体部门与金融部门改革的不匹配与发展的不协调使得经济增长目标经常受制于通货膨胀问题，货币政策经常面临在经济增速和通货膨胀"瓶颈"之间的权衡抉择，特别是市场化的微观经营机制改革与金融约束政策不匹配形成了内生型的通货膨胀问题（见图3-3）。在图3-3中，r_0为资金供求形成的均衡利率。在金融约束的宏观政策环境下，利率（如r_1）被行政手段设定在市场均衡利率之下，即$r_1 < r_0$。当利率为r_1时，此时的资金供给量（ob）和资金需求量（oe）不再相等，形成了资金缺口be。如果国有企业是唯一值得关注的经济成分，[①] 那么在严格的计划经济体制下，国有企业获得的资金数量为ob。计划部门和金融管理部门可以通过综合信贷计划将可投放的资金量ob在所有的资金需求者（国有企业）之间进行分配，这样的信贷计划分配既能体现国家的发展战略目标，又不致发生货币超额扩张和严重的通货膨胀问题。

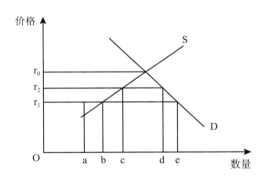

图3-3　金融约束政策下内生型通货膨胀的形成机理

在实体部门率先改革和金融部门改革迟缓的情况下，市场化改革过程中新生的非国有经济成分越来越大，而且它们具有更灵活的经营机制和很强的市场竞争力，可以通过支付较高的利率或者贿赂银行以高于r_1的利率（如r_2）获取银行贷款。这时，信贷管理上的分权和金

---

①　从所有制经济来讲，在改革初期公有制（主要是国有经济）是国民经济的主要组成部分，非国有经济作为改革开放新生的经济成分占比非常小。从重要性来讲，国有企业是在重工业优先发展战略下成立的，关系国家的发展战略和军事实力。此外，国有企业关系全社会就业问题，也值得高度重视。

融机构自身利润动机的增强导致非国有经济成分与国有经济成分的贷款额争夺成为可能。假设争夺的结果是非国有经济获得的贷款规模为 L_p，记 $L_p = bc$，此时非国有经济的资金需求量（bd）仍然大于获得的贷款规模（bc），非国有经济仍然存在部分资金需求得不到满足的现象。尽管转轨初期中国金融体系改革相对于实体部门较为滞后，但是相对于计划经济时期，金融部门获得了更大的经营自主权，于是，金融机构原本用于支持国有经济部门的信贷规模相当一部分（如 ab）被挪用了。此时，国有经济部门获得的总贷款由严格的计划体制下 ob 的缩减为适度放松管制的 oa，即 $L_s = ob - ab = oa$，而非国有经济获得的总资金供给量为 $L_p = bc + ab = ac$。

于是，可以从 a 的位置变动来看待经济增长和通货膨胀之间的权衡抉择。如果 a 的位置越向左移动，那么非国有经济的贷款需求得到满足的程度就越高，经济增长速度就越高；如果 a 的位置越向右移动，那么非国有经济的贷款需求得到满足的程度就越小，此时按照旧体制经营管理的企业获得贷款的比例就越高，经济增长速度就相对缓慢。如果货币当局不增加货币供给，在金融机构的利润动机下 a 将向左移动，一方面有利于金融资源流向效率更高的非国有经济部门，经济增长速度就较快，另一方面原本计划安排至国有企业的金融资源将被转移到非国有经济部门，这会造成上游基础产业部门严重投资不足和供给不足，形成国有经济、上游基础产业部门供给不足与非国有经济、下游产业部门需求旺盛的矛盾，导致严重的通货膨胀问题，于是形成了经济增速与通货膨胀之间的矛盾。如果货币当局通过增加货币供给来保证国有企业获得的贷款额度至少不低于计划管理下的贷款规模（ob），那么 a 与 b 的位置将重合，非国有经济的信贷需求也可以从增加的货币供给中实现。此时非国有经济的贷款需求得到有效的满足，经济增长速度就较快，另外，货币增发导致总需求全面扩张、货币增发管理不当等原因，很容易造成严重的通货膨胀问题。

从实体—金融两部门内在联系来看，金融部门的市场化改革整体上滞后于实体部门，金融约束宏观政策环境造成了金融资源的错配，也制约了实体部门的增长速度和经济效率。在经济体制不匹配的情况下形成了内生型的通货膨胀，货币当局经常面临经济增长与通货膨胀的取舍。在经济货币化和经济高速增长过程中，货币当局面临是否增发货币的难题。然而，增发货币是货币当局的占优策略，因为无论货币当局是否增发货币，渐进式转轨形成的实体与金融部门改革发展的不对称性问题都是造成经济增长与通货膨胀之间持续冲突的根源，但是货币当局增发货币至少保证了国有经济的信贷需求，稳住了渐进转轨改革的信心，有利于顺利释放经济体制改革的红利和实现经济高速增长，而且转轨初期出现严重的通货膨胀问题的原因是多方面的，并非主要是增发货币造成的（何道峰等，1987；樊纲，1990）。值得注意的是，在周期性发生经济波动与严重的通货膨胀问题过程中，转轨初期金融领域存在的"寻租"现象和金融"三乱"现象也十分严峻，中国金融体系运行积累了很多的风险（林毅夫等，1994）。

3.3.2　转轨深化中的金融稳定福利约束

尽管"双轨制"改革激发了全社会的活力，加快推进了中国工业化和城市化进程，实现了经济高速增长，但是，以金融约束为代表的宏观政策环境与微观经营机制和市场资源配置的体制不匹配不协调的问题给中国经济持续稳定增长和金融安全带来了深刻的影响。在这种背景下，出口—投资驱动的经济增长模式不断强化、固化，金融体系存在的安全隐患问题、金融效率问题乃至经济增长的效率问题在经济高速增长面前都被掩盖起来了。可以说，20 世纪 90 年代初出现的金融乱象、亚洲金融危机期间遇到的困境以及国际金融危机之后中国逐步进入新常态阶段，这些都从不同程度上反映了粗放型经济增长模式的问题和经济增长方式转型的困境。金融约束政策支撑了长期推行粗放型经济增长方式，为此金融部门付出了很大的代价，金融部门的资源错配和低效率配置问题深刻影响了中国经济增长效率和高质量发展目标的实现。

在经济高速增长时期，由于金融部门受到较强的行政控制，金融部门运行的低效率和金融资源错配带来的金融风险总体是局部的、可控的，金融体系"稳定"实际上是以牺牲经济金融效率为基础的，缺乏可持续性（潘士远和罗德明，2009）。国际金融危机之后，新一轮宏观经济刺激政策收效甚微，表明出口—投资驱动的粗放型经济增长模式难以为继。因此，适应这种经济增长模式做出的经济制度安排也需要进行适度的调整和改变。过去经济高速增长的态势强化了投资者对实体投资和金融投资过度乐观情绪（过度自信）的路径依赖，过度投资、重复投资和低效率投资也成为过去粗放型经济增长方式的重要表现，总需求持续扩张导致总需求与总供给在时序上无法动态匹配，外部需求的锐减和迅速抬升的经济杠杆导致产能过剩和信用紧缩，容易引发"债务—通缩"效应，信用危机、经济危机和金融危机岌岌可危（见图3-4）。

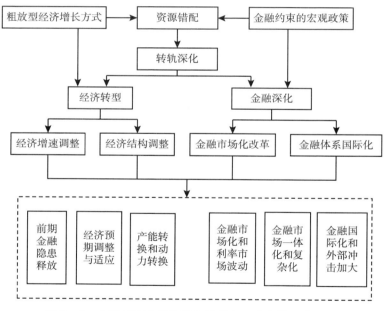

图3-4　全面深化改革阶段金融部门不稳定的形成机制

新常态阶段要求深刻反思粗放型经济发展模式的弊病，转变发展理念，实现经济转型和高质量发展。过去几十年的经济高速增长导致实体投机和金融投资出现在时间排列上的过度"拥挤"，造成普遍的过度投资和盲目投资。要实现经济转型，适应经济增速从高速增长阶段向中高速阶段转变，市场主体对经济增速调整需要一个适应的过程，企业（居民）投资行为和投资心理也需要进行相应的转变。经济增速调整、经济结构升级和动力转换提高了经济的不确定性因素，经济增速下降和旧产能（或者产能过剩）的消化转换使得过去经济高速增长时期被掩盖起来的金融风险和经济低效率问题集中暴露出来，这对中国金融市场造成了很大的冲击，成为系统性金融风险的重要来源。在两部门经济体制不协调问题短期难以有效纾解的情况下，经济结构的畸形既制约了具备市场效率的部门成长，造成了经济增长的效率非常低下，更助推了非效率经济部门的持续规模扩张，经济金融领域积累了巨大的风险和隐患（见图 3 - 4）。

同时，中国渐进市场化改革方式内生地对推进金融市场化提出了迫切的要求，国际经济金融环境也不允许中国继续推行严格的金融约束政策。无论是从中国转轨进程（阶段）来看，还是从消除金融约束政策的成本收益来看，金融深化（或金融发展）都是中国转轨深化和全面深化改革最集中的体现。金融深化要求实现利率市场化改革，利率市场化过程导致利率波动调整更大，提高了各类投资的不确定性，也加剧了金融市场的动荡（见图 3 -4）。在金融资产短缺的状况没有发生根本改观的情况下，金融资产特别是优质金融资产的供给严重不足，在产权保护、法律制度等改革滞后的情况下，部分优质资产（如房地产）成为流动性过剩情况下市场资金竞相追逐的对象，加剧了优质资产价格泡沫化。在推进金融供给侧结构性改革过程中，中国金融体系将进行新一轮高水平的对外开放，国内金融市场分割现象将逐渐被打破，国内金融市场一体化将更加明显，而且中国金融体系在新一轮高水平的改革与开放过程中与国际金融市场的联动也会更加紧密，更容易受到国际金融市场冲击的影响。在推进金融市场化和提高金融国际化水平过程中，影响中国金融稳定与安全的因素将更加多样化、复杂化（见图 3 -4）。

作为连接盈余部门和赤字部门的桥梁，金融部门起着中介的作用，在发挥中介功能的过程中，金融部门不仅承担着自身货币资金（资本）

运营的风险，而且承担着来自外部实体经济各种不利变动的风险。正是由于金融部门在与实体部门的互动，金融部门与实体部门之间的反馈机制持续存在，而且由于这种持续的反馈机制，金融部门的高杠杆特征很容易被放大了（马勇，2011；陈雨露，2015）。与实体部门明显不同的是，金融部门的资产负债结构主要依靠负债经营，一旦负债的规模和结构被确定，那么除非资产配置的规模和结构（期限）与负债完全相匹配，否则资产负债错配的问题就会出现。资产负债规模上的不匹配将导致过高的杠杆率或者出现资源闲置（效率低下），而资产负债期限的不匹配将导致资金流在时间上的错配，甚至导致金融机构破产。因此，资产负债规模和期限错配问题是金融机构无法回避的问题。从经济与金融运行来看，产出和收益的周期性波动在实体部门和金融部门随处可见，但是与实体部门比较而言，金融部门在上升周期扩张得更快，在下行周期收缩得更明显，金融体系具有显著的尾部特征和过度的顺周期性特征，表现出高度的非线性和非对称性特征。

从产业资本和金融资本在财富创造和分配过程来看，当金融资本逐渐脱离产业资本、驱逐产业资本而追求自我扩张、自我实现时，这也是系统性金融风险加速累积的过程。在稳态的运行环境下，金融资本的收益率一般会低于主导性产业的平均收益率，或者说是对产业资本利润的部分分割，此时金融资本在本质上只是部分地参与实体部门所创造的价值分配，因而表现为产业资本决定金融资本，金融资本服务于、服从于产业资本的运动。然而，在具有明显泡沫经济特征或者经济过度虚拟化的状态下，如果金融资本的收益率普遍、明显地高于产业资本所能提供的收益率时，金融资本便最终脱离实体部门的运行轨迹，开始追求"自我实现"，因而表现为金融资本主导产业资本，金融资本投机的逻辑压倒产业资本生产的逻辑（马锦生，2014）。同时，相较于实体经济的产业资本而言，金融资本具有高流动性和同质性特征，对外部冲击和不确定性风险变动更加敏感。随着金融深化和金融创新加剧，金融合约的匿名性、金融合约交易标的非实物化资产占比越来越高，这一特征使得现代经济条件下金融资本可以脱离实体经济层面长期独立运行。换言之，金融资本所具有的特征不仅塑造了其相对于产业资本的独特性，而且使得金融周期和产业周期经常性地发生背离。于是，系统性金融风险的积聚酝酿和泡沫的破裂倾向于出现在金融资本完全脱离实体经济并独自起飞自我实现的时候（佩蕾斯，2007）。

3.3.3 货币政策三重福利约束变迁：中国转轨阶段的实践

根据中国金融体制改革进程和货币政策实施的阶段性特征，并借鉴王广谦（2004）的研究，本书将改革开放以来中国货币政策的实践划分为三个阶段：阶段一是中国现代货币政策的探索阶段（1978～1996年），主要特征是中央银行体制的形成和直接型货币政策调控方式的探索；阶段二是中国现代货币政策的发展阶段（1997～2012年），主要特征是间接型货币政策调控方式的形成和现代货币政策框架的发展；阶段三是现代货币政策的成熟阶段（2013年至今），主要特征是现代货币政策框架的完善与转型。1984年之前，中国人民银行兼国家机关职能和商业经营职能于一身，人民银行管理金融事务服从于综合信贷计划，在此阶段人民银行并不专门行使中央银行职能和实施宏观调控，此时也不存在现代市场经济语境下"货币政策"要求的经济增长、价格稳定等最终目标。此时，金融部门的主要目标是重建金融系统，把"大一统"金融体系改革成二级银行体制，"把银行办成真正的银行"。

1984年中国人民银行开始专门行使中央银行职能，开启了人民银行专司货币政策的早期探索。经过家庭联产承包承包责任制和国有企业改革，工农业生产供给日益丰富、物资流通日益增多，形成了对计划价格机制改革的迫切要求。在冲破计划价格、形成市场价格的改革过程中，一般价格水平必然会面临上升和带来明显的通货膨胀。对于经历了计划经济时代几十年价格稳定的人们来说，价格稳定关系到人民群众对经济体制改革的信心和改革开放战略的成败，可容忍的通货膨胀成为这一时期经济稳定和社会稳定的重要因素。伴随着经济过热和较高的通货膨胀交替发生，通货膨胀与经济增长的周期性特征非常明显，在此阶段中国主要经历了1984～1985年、1988年以及1993～1994年三轮严重的通货膨胀，反通胀是此阶段货币政策的主要任务

（易纲，2009）。此时，中国银行体制改革也处于起步阶段，金融机构和金融业务相对简单，金融约束政策的实施保证了国家对金融体系的垄断和控制，金融体系没有表现出明显失控的隐患。此时（1978～1996年），货币政策的主要福利约束目标是改变落后的社会生产能力、推动工业化和实现经济高速增长，通过维持价格稳定来推动经济高速增长。价格稳定，具体来说就是反通胀成为经济增长导向型货币政策次要的福利约束目标，而金融稳定福利约束在金融约束政策和直接型货币政策调控方式下是非常隐蔽的，并不直接构成货币政策独立的、显性的福利约束目标。

20世纪90年代中期以后，特别是中国加入WTO以来逐渐形成了以投资—出口驱动为特征的粗放型经济增长模式。在这种经济发展模式之下，货币发行和流动性扩张有别于第一阶段（1978～1996年）：外汇占款高速增长引起的流动性相对过剩成为通货膨胀压力的主要原因，货币扩张从第一阶段（1978～1996年）主动的现金发行转向第二阶段（1997～2012年）被动的货币发行，中央银行通过发行央票等多种手段对外汇占款持续扩张加以冲销。在维持和强化投资拉动和出口导向的增长模式基础上，第二阶段（1997～2012年）的货币政策既要防止渐进转轨引起的通胀压力，更要防止国际经济和金融周期波动特别是外需疲软引起的通货紧缩和经济紧缩。同时，第二阶段（1997～2012年）逐步告别了"短缺经济"，产品过剩和"过剩经济"成为中国经济最明显的特征之一，粗放型经济增长方式和金融约束政策的弊端在经历亚洲金融危机和国际金融危机之后暴露无遗，中国渐进式改革的重点逐渐从实体部门转向金融部门，金融体系商业化、市场化改革也逐步提上日程，人民银行在维护价格稳定的基础上，更加重视国内外金融市场波动和金融体系的风险。因此，在第二阶段（1997～2012年），尽管经济增长导向型福利约束是货币政策的显著的特征，但是，经济增长福利约束目标的地位有所下降，特别是国际金融危机之后中国经济逐步进入新常态阶段，保持中高速增长成为货币政策的重要福利约束目标。如果说第一阶段（1978～1996年）价格稳定福利约束的目标强调发育市场价格的过程中实现货币稳定、防止过高的通货膨胀，那么第二阶段（1997～2012 年）价格稳定福利约束的目标具有了不同的表现形式和成因，不仅要求控制转轨过程中的通货膨胀问题，而且要求避免遭受外部需求冲击导致的通缩问题。与第一阶段（1978～1996 年）相类似，第二阶段（1997～2012 年）价格稳定仍然是经济稳定增长的基础，而金融稳定福利约束在货币政策中的地位也在不断提升（见表3－2）。这体现了金融部门在发展阶段（水平）上的重要性，也体现了金融约束政策逐渐退出和金融市场化改革阶段的逻辑要求。

表 3－2　　　　中国货币政策三重福利约束演变的基本特征

阶段	增长稳定福利约束	价格稳定福利约束	金融稳定福利约束
阶段一 （1978～1996 年）	主要的，强调解决"短缺经济"和加快工业化	从属的，主要强调转轨过程中的防通胀	在严格的金融管制和直接调控方式下，金融风险是隐性的、可控的
阶段二 （1997～2012 年）	主要的	从属的，既要防通胀，也要防通缩	隐性的、局部的，地位有所增强
阶段三 （2013 年以来）	从属的，地位有所下降，强调高质量发展，"稳增长"，主要防止经济"硬着陆"	从属的，既要防止金融部门资产价格泡沫和实体部门通货膨胀，也要防止结构调整过程中的通货紧缩	地位有所提升，主要的或者与"增长福利约束"互为前提

随着中国经济步入新常态阶段，化解产能过剩、实现经济增长动能转换和高质量发展成为宏观经济调控的主要着力点。在反思投资—出口驱动的粗放型经济增长方式之后，强调全面深化改革对渐进转轨逻辑的扬弃、落实高质量发展目标理念成为新时代新阶段中国经济转型升级和向"新三步走"战略迈进的共识。中国渐进改革逐步从"浅水区"转向"深水区"，深化改革和转型升级涉及更加复杂的经济政治文化等多领域的利益协调，具有很大的不确定性和长期性。与快速推进工业化和实现"中国制造"阶段相比（第一阶段和第二阶段），新常态阶段一个百分点的经济增速带来的 GDP 增量就非常大，创造的就业岗位数量也就越多。而且随着产业结构和人口结构调整，服务业比

重逐步上升，产业结构的调整能够吸纳更多的社会就业，而劳动年龄人口（16~59岁）总数逐年减少也减轻了就业压力对经济增长速度的迫切要求。新常态阶段的这些新变化大大提升了GDP增长的就业创造效应，从而提高了宏观政策调控对GDP增速下降的容忍度。在旧的动能正在改造升级、新的动能尚未形成明显优势之前，经济从高速增长向中高速增长转变，通货紧缩的倾向增强。面对外部需求锐减，谨防"通缩—债务效应"对金融部门产生的不利影响、防范债务风险和系统性金融风险显得格外迫切。

随着中国金融市场更加成熟，资产价格传导效应更加明显，金融部门与实体部门的联系更加紧密，金融部门对实体部门和整个国民经济的影响也更加全面深刻，价格稳定福利约束不仅要求实体部门的产品价格保持稳定，更要求金融部门产品特别是金融资产价格以及利率、汇率保持稳定。一般价格水平（如CPI）的变动不仅受到实体部门自身供给与需求的影响，而且日益受到金融市场（如股票市场和期货市场等）波动的影响，金融市场价格的波动对基础生产资料和重要生活资料的影响越来越重要。同时，金融资产逐渐成为居民和企业越来越重要的资产组成部分，金融市场价格波动对实体部门生产和消费的影响也更加深刻，金融部门（市场）对国民经济的影响更加深刻复杂多变。在经济转型升级和结构调整过程中，既要防止（实体部门）出现明显的通货紧缩及其对"稳增长"的制约作用，同时也要防止资本市场价格泡沫助推实体部门价格上涨过快带来严重的通货膨胀和引发金融危机的可能。

在中国经济再平衡的背景下，跨境资本双向流动性趋势上升，国际金融市场的波动将对国内金融稳定产生更大的、更复杂的影响，中国金融改革与监管相对滞后的状态进一步放大了国际经济金融冲击对国内经济金融产生的波动。随着中国综合经济实力的提升和社会主义市场经济体制更加成熟，金融业已经成为经济的核心，金融资源配置的效率在很大程度上决定了全社会资源利用的效率，金融部门的安全与稳定也成为国民经济安全与稳定的显著要件。金融部门不能有效发挥资源配置的功能，不仅会让实现经济提质增效、优化经济结构的目标受阻，而且会进一步固化恶化粗放型经济增长模式，妨碍居民消费和民生福利的改善，这是中国金融安全与稳定的最大威胁（易纲，2009）。实现金融高质量发展，需要逐步退出金融约束政策，调整和优化金融制度。但是，这并不意味着对金融部门实施自由放任主义和采取金融去监管化。推进中国金融体系更加完善，更好地发挥金融服务实体经济发展的作用，需要认真吸取国际金融发展和金融危机的经验教训，推动金融部门与实体部门形成良性互动机制。

在新常态新阶段，各个方面造成的不确定性将集中于金融领域，中国金融风险压力逐渐从隐性状态、局部状态转向显现状态、常规化和全面化状态，防范化解系统性金融风险成为货币政策持续的、突出的福利约束目标。因此，在第三阶段（自 2013 年以来），金融稳定福利约束是显性的、相对独立的目标，金融稳定福利约束与经济稳定福利约互为前提，这是第一阶段（1978～1996 年）和第二阶段（1997～2012 年）金融稳定福利约束难以企及的状态。此时，经济增长福利约束目标有所下降，体现为"稳增长"，即避免经济增速"硬着陆"。价格稳定福利约束目标体现为既要防止产能转换和结构调整过程中的通货紧缩问题，也要防止（金融部门）资产价格泡沫和（实体部门）通货膨胀问题（见表 3－2）。

3.4　本 章 小 结

本章从渐进转轨方式中的实体—金融两部门视角重点考察了中国货币政策三重福利约束变迁的逻辑。首先，本章从经济发展水平、资源配置方式和货币金融环境三个方面对中国转轨初期的经济系统进行概览式的介绍。这种阶段性特征决定了中国货币政策的特殊性。经济赶超的思路和转轨目标的分阶段性要求货币政策在不同的阶段肩负不同的职责，货币政策福利约束呈现出明显的阶段性特征。在"发展是硬道理"的思路下，经济增长福利约束是至关重要的，价格稳定福利约束和金融稳定福利约束经常遭到排斥，或者价格稳定福利约束和金融稳定福利约束损失完全被经济高速增长的成就掩盖起来。

然后，本章阐述了金融约束政策下两部门不稳定的变迁。在渐进转轨方式下，实体部门与金融部门市场化改革具有明显的不对称性特征，表现为实体率先改革，发展较为迅速，金融部门受到更加严格的管制，金融体系市场化改革进程相对迟缓，集中体现为金融约束的宏观政策环境。在金融约束政策下，金融部门长期发挥着支持（实体）经济高速增长的作用。研究发现，国民经济的冲击长期来自实体经济部门，实体部门的增长速度成为经济不稳定的主要来源，更具体来说就是"中国制造"和"中国奇迹"的缔造很大程度上归因于实体经济的高速发展。随着转轨持续深化，实体部门产出波动与金融部门产出波动比值呈现逐渐下降的趋势，以 PS1 和 FS2 为例，时段一（1978～2001 年）、时段二（2001～2018 年）、时段三（2007～2018 年）PS1 产出波动与 FS2 产出波动比值分别为 4.38、2.11 和 1.76，时段三的比值已经非常接近 1，这表明随着持续改革与发展，金融部门的波动程度明显提升了，金融不稳定的特征越来越明显，金融部门的不稳定程度与实体部门不稳定程度已经非常接近，甚至将来有可能超过实体部门的波动。2015 年，PS1 产出环比增加值约占当年 FS1 和 FS2 产出环比变动的 24.46% 和 18.74%，首次出现了窄口径实体部门（PS1）产出环比小于窄口径金融部门（FS1）的现象。金融部门增加值与 PS2 增加值环比相差无几，而且金融部门产出占两部门的比重持续上升，金融部门在整个国民经济的地位更加凸显，金融部门的系统重要性显著提升。

最后，本章从不同转轨阶段阐述了中国货币政策福利约束变迁的理论机制和政策演变。在第一阶段（1978～1996 年），由于国民经济的主要矛盾和市场化改革的着力点在物质生产部门，实体部门高速增长成为加快工业化、解决"短缺经济"的主要力量，所以中国货币政策主要面临着可容忍的通胀压力与可实现的经济增速之间的矛盾。在第一阶段（1978～1996 年），经济增长稳定福利约束是主要的，而价格稳定福利约束是次要的、从属的，主要通过维持价格稳定来推动经济高速增长，而在金融约束政策和直接型货币政策调控方式下金融稳定福利约束是非常隐蔽的，通常并不直接构成货币政策独立的、显性的福利约束目标。随着增量改革的持续扩大，金融约束政策加剧了经济体制不协调不匹配程度，实体部门与金融部门的矛盾更加突出，金融体系在发挥支撑经济高速增长作用的同时积累了巨大的风险。但是，经济高速增长进一步掩盖了金融风险、延长了金融风险的爆发时间。因此，在第二阶段（1997~2012 年），尽管经济增长导向型福利约束目标是货币政策的显著的特征，但是，经济增长福利约束目标的地位有所下降。第二阶段（1997~2012 年）价格稳定福利约束不仅要求控制转轨过程中的通货膨胀问题，而且要求避免遭受外部需求不利冲击导致的通货紧缩问题。与第一阶段（1978~1996 年）相类似，第二阶段（1997~2012 年）价格稳定仍然是经济稳定增长的基础，而金融稳定福利约束在货币政策中的地位也在不断提升。

因此，第三阶段（2013 年以后）金融稳定福利约束成为显性的、相对独立的目标，或者说金融稳定与经济增长稳定福利约束并驾齐驱，货币政策以维护金融稳定为托底实现经济增速的缓慢下调，从而避免经济"硬着陆"，在此期间经济增长（速度）福利约束有所下降。同时，价格稳定福利约束目标既要防止产能转换和结构调整过程中的通货紧缩问题，也要防止（金融部门）资产价格泡沫和（实体部门）通货膨胀问题。总之，在新常态阶段，金融稳定福利约束必须成为货币政策显性的、独立的目标指向，没有稳定安全的金融环境，持续的经济增长福利约束目标和价格稳定福利约束目标将是无源之水、无本之木。

第4章

转轨深化背景下货币政策中介目标的传导实效及其变迁

除了货币政策福利约束（目标）之外，中介目标是货币政策框架的另一个重要方面，反映了一个国家（经济体）货币政策的调控特征。在第3章的基础上，本章着重剖析货币政策的另一个重要特征，即从中介目标的视角去理解中国货币政策的特征。通常，中介目标选择的三个基本原则是相关性、可控性和可测性，这些特征为货币政策最终目标提供了有用的信息。结合相关性、可控性和可测性三个基本原则，本章重点考察了数量型与价格型中介目标的效果及其变化，尤其重点考察了货币供应量中介目标的特征，从货币需求和货币供给两个方面对货币供应量的相关性、可控性和可测性三个基本特征进行了系统的考察。数量型与价格型中介目标的优势变化的经验性分析，为后文把货币政策福利约束和中介目标选择这两个重要特征结合起来研究奠定了基础。

4.1 数量型与价格型中介目标的经验特征

4.1.1 数量型中介目标的传统与变迁

货币政策中介目标通常表现出强烈的路径依赖特征。在高度集中的计划经济体制时期，统收统支的资金管理制度使得行政计划和财政手段在国民经济运行中居于主导地位，形成了"强财政、弱金融"的格局。信贷规模和现金投放作为国家实现"四大平衡"和"综合平衡"的手段，与当时"大一统"金融体制相适应。但是，在计划经济体制下这些指标完全受控于货币当局，与其说信贷规模和现金投放是货币政策中介目标，不如把它们视为政策工具，它们与现代市场经济条件下货币当局通过间接调控锚定的中介目标在内涵上具有显著的分歧，在运行传导机制上也存在鲜明的差异。党的十一届三中全会之后，中国进行着以市场化为导向的渐进式改革，对信贷管制和货币投放有所放松，但仍然沿用过去的信贷规模管理。1984年，中国人民银行开始专门行使中央银行职能，集中统一的计划金融体制逐步转变为以国家直接调控为主的宏观调控体制。为了抑制国有企业的"投资饥渴症"和"软预算约束"，人民银行更多地倚靠再贷款政策对专业银行信贷规模进行控制和管理，从而支持和保证国家重点领域建设。由此可见，信贷规模管理成为货币政策的中介目标，是转轨初期经济社会发展必然要求，也是衡量经济增长状况的显著特征。

　　然而，信贷规模和现金管理在改革开放实践中困难重重，经常发生信贷规模失控的局面，也出现过几次严重的经济过热现象和通货膨胀问题。随着改革持续推进，城市商业银行、保险机构等金融机构相继成立，金融机构数目快速扩张，债券市场和沪深股票市场的成立使得企业融资渠道更加多元化，实施信贷规模控制政策不仅难以有效管控全社会信贷规模，而且也不利于银行业公平竞争。放权让利和财政分权进一步引发了地方政府对自身利益的理性追逐，加上此时中央银行管理体制不成熟，地方政府频繁对人民银行和国有专业银行的分支机构施加干预和影响，地方政府的利益偏好日渐渗透到国有金融机构和信贷业务，从而形成"倒逼"机制，导致对国有专业银行信贷规模管理的效率不断下降。同时，信贷管理控制具有典型的行政计划的色彩，这不利于国有专业银行商业化经营，也妨碍了货币政策从直接管理向间接调控方向的转变，有悖于社会主义市场经济体制改革的目标。随着信贷规模管理的效果越来越差，继续实施信贷规模管理的成本越来越大，而收益却日趋下降，导致信贷规模限额管理政策逐渐退出。

旧的货币政策调控方式已经难以适应建立社会主义市场经济体制的目标要求，面对信贷规模管理失控，人民银行积极探索新的总量型间接调控的手段，并开始尝试确定货币供应量中介目标，1993 年发布的《国务院关于金融体制改革的决定》中第一次把货币供给量和社会信用总量一起确定为货币政策中介目标。政策性银行的成立为人民银行降低存款准备金率、真正发挥准备金作为货币政策工具作用和实现间接调控创造了条件。1998 年，人民银行正式取消了信贷规模限额管理，全面实行资产负债比例管理，随后实施了准备金制度、拆借市场利率和再贴现利率形成机制改革。至此，基本上建构了间接型的货币政策框架体系，货币供应量作为货币政策中介目标的地位进一步确立（张晓慧，2012；徐忠，2017）。货币供应量替代信贷规模作为中介目标，反映了货币政策调控方式从直接调控向间接调控的转变和社会主义市场经济体制日渐成熟。值得注意的是，货币供应量与信贷规模存在很大的共通之处，由于四大国有商业银行贷款规模长期占全社会贷款总量的 70% 以上，信贷规模总量仍然可以很好地反映全社会融资规模的变动，而且能够很好地支撑投资驱动的经济发展模式（盛松成和吴培新，2008）。银行贷款总量的下降也会降低企业和居民的支出水平（劳埃德，1999）。毫无疑问，在经济增长型福利约束下，信贷规模是中国货币政策调控的重要对象。

近年来，信贷规模指标已经无法对实体经济的融资总量进行准确的反映，货币供应量在实际操作过程中也存在很大的问题。2010 年中国人民银行引入社会融资规模（aggregate financing to the real economy，AFRE）指标，社会融资规模是指实体经济（境内非金融企业和住户）从金融体系获得的资金（盛松成等，2016），AFRE 既包括增量指标，也包括存量指标。从机构看，AFRE 的统计对象包括银行、证券、保险等金融机构；从市场上看，AFRE 的统计对象包括信贷市场、债权市场、股票市场以及中间业务市场等。与传统的银行信贷规模相比，AFRE 涵盖面更加广泛，是国际金融危机之后人民银行创新货币政策工具、适应金融深化和金融创新变化的产物。同时，党中央、国务院和人民银行等部门高度重视对 AFRE 指标管理和调控。2010 年 12 月中央经济工作会议首次提出了"保持合理的社会融资规模"这一概念。随后，"社会融资规模"多次被《政府工作报告》、国务院会议和人民银行年度工作会议等提及，其重要性均在不同场合被给予了充分的肯定。2016 年 3 月 5 日，李克强总理在 2016 年《政府工作报告》中提出"社会融资规模余额增长 13% 左右"，这是第一次在国家层面提出了社会融资规模的增长目标。如今，社会融资规模现已逐渐代替信贷规模，受到更多的关注和重视。

4.1.2　数量型中介目标的统一性与异质性

结合中央银行资产负债表与商业银行资产负债表的结构，可以得到货币供应量（M2）与银行信贷规模之间的关系，即：

$$M2 = C + D = C + R + LP = B + LP \qquad (4-1)$$

其中，LP 代表商业银行信贷总额，B 代表基础货币。M2 反映了存款性公司[①]资产负债表中的负债端，LP 反映了存款性公司金资产负债表端的资产端，M2 与 LP 分别从负债和资产两端反映了存款性金融机构业务的变动。一般而言，资产端 LP 发生变动，负债端 M2 也会变动，二者存在一定的正相关关系。可以看出，2005 年以前 M2 与银行信贷和基础货币总额的差额不超过 6000 亿元，国际金融危机爆发前夕的 2006 年差额普遍超过 3 万亿元，差异率（差额占 M2 的比重）也从 2003 年 1 月的 0.209% 上升到 2006 年 12 月份 8.548%，最高值出现在 2006 年 10 月 10.096%。无论是从差额还是差异率来看，2005 ～ 2015 年，M2 与信贷规模之间的差距不断增大，这反映 M2 与 LP 出现明显的背离趋势（见图 4-1）。

AFRE 与 M2 分别代表金融体系的资产方和负债方，恰如一个硬币的两面，从不同的视角反映了货币政策传导的过程，二者呈现出相互补充、相互印证的关系，但二者具有不同的经济含义（见图 4-2）。从公式上看，AFRE = 人民币贷款 + 外币贷款 + 委托贷款 + 信托贷款 +

---

　　① 存款性公司主要包括中国人民银行和银行业存款类金融机构，其中银行业存款类金融机构包括商业银行、信用社和财务公司等。

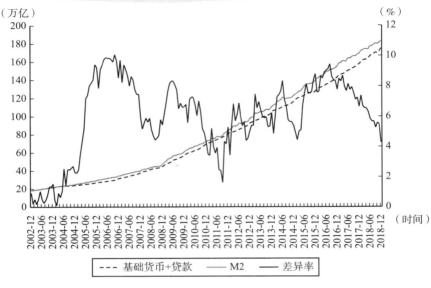

图 4 – 1 M2 与基础货币和贷款总额的变动关系

注：（1）数据来自东方财富 Choice 数据库；（2）差异率取右轴坐标，其余取左轴坐标。

未贴现银行承兑汇票＋企业债券＋非金融企业境内股票＋投资性房地产＋其他，与式（4－1）比较可以看出 AFRE 与 M2 都包含贷款的内容，但是二者统计范围与对象存在明显的差异。从指标统计机构对象看，AFRE 统计的是整个金融机构，包括银行、证券、信托、保险等，而 M2 仅从存款性金融机构（包括银行、信用社和财务公司）进行统计。从贷款内容来看，M2 对应的资产端主要部分是存款性金融机构发放的贷款，而 AFRE 涵盖的资产范围更广，除了金融机构的表内贷款，还包括金融机构的委托贷款、信托贷款等表外贷款。AFRE 既包含间接融资（如贷款），也包括直接融资（如股票融资）的内容。同时，AFRE 指标能够反映总量方面和结构方面的信息。不仅能反映实体经济从金融体系获得的资金总额，还能反映资金的流向、融资工具结构和区域融资结构等特征，而 M2 指标是一个总量指标。社会融资规模反映的是金融体系对实体经济的支持，而 M2 反映的是金融体系向社会提供的流动性，体现了全社会的购买力水平。理论上，社会融资规模与 M2

仅部分内容有对应关系，互有不对应项目，因而二者并不存在数量上的对等关系。M2 来源中的"对非金融部门债权"（LP）在社会融资规模中表现为各类贷款和企业债券中由银行持有的部分，但是两者并不完全相等，主要是货币概览的机构范围不包括信托公司等非银行金融机构，因而 M2 来源中对非金融部门债权不包括信托贷款，即社会融资规模和 M2 统计口径在信贷和银行持有企业债券上存在重叠，但信贷部分不完全对等。M2 与社会融资规模创造的渠道有差异。外汇占款、财政投放、银行投放非银能够派生 M2，但不能增加社会融资规模；股票、债券等直接融资，以及发放未贴现的银行承兑汇票和信托贷款等，都能增加社会融资规模，但不能派生 M2；银行发放人民币贷款、购买企业债等，以及银行投放非银（投向实体经济部分），既能派生 M2，又能增加社会融资规模（见图 4－2）。

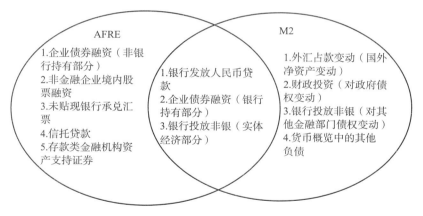

图 4－2　AFRE 与 M2 内容的共同点与不同点

资料来源：盛松成，阮健弘，张文红．社会融资规模理论与实践．第三版［M］．北京：中国金融出版社，2016.

长期而言，社会融资规模在存量和增速上与 M2 的变动非常接近，2015 年保持基本稳定，2016 年 10 月开始社会融资规模与 M2 增速的差异扩大，二者的分化使我们感知货币松紧以及经济冷暖出现分歧，该影响至今仍在持续。"去杠杆"采取的一系列举措使得金融体系内资金流转的减少，同时促使表外融资表内化。强监管和去杠杆压缩了银行投放非银的资金，存款性公司"对其他金融部门债权"下降，减少了资金在金融体系内部的空转，最初的表现即为 M2 增速下行。信用收缩不仅体现在金融市场层面，还会向实体经济融资蔓延，体现为实体经济去杠杆，在社会融资规模中体现为表外融资的大幅萎缩，于是社会融资规模增速下降。因此，金融去杠杆首先会造成 M2 增速下降，深度发展为金融对实体经济的资金支持上特别是影子银行的全面收缩上。由于表内信贷占 M2 和社会融资规模的 60% 以上，且增速长期较为稳定，因此，造成 M2 和社会融资增速分化的主要矛盾并非表内信贷，而在于不同时期金融监管重点的差异导致证券净投资（主要影响 M2）和表外融资（主要影响社会融资）的走势出现了分化。在信贷资产保持相对平稳增长的背景下，由于监管重点的时间差异使得此轮 M2 先于社会融资回落，未来二者分化将逐步收敛（伍戈等，2018）。

4.1.3 转轨深化与价格型中介目标重要性凸显

货币政策调控的手段可以主要分为数量型和价格型，数量型手段主要依靠调控货币供应量等数量型中介目标实现货币政策最终目标，而价格型手段主要依赖调控政策利率，借助利率的传导机制来实现货币政策最终目标。经过 30 多年经济持续高速增长，中国已经跃升成为世界第二大经济体，企业和居民财富也经历了一个快速积累的过程，金融资产和其他资产日益增多，利率作为投资者持有货币的机会成本，影响着投资者的流动偏好，调整着金融资产的投资组合，是实现跨期替代行为（包含投资和消费等）选择的重要决策变量。在后工业化时代，宏观货币需求的利率弹性也会增大，利率变动对企业投资和居民财富的规模效应也越大，从而凸显了利率机制的重要程度。与数量型中介目标比较而言，利率水平变化很快，能够及时反映市场的变化并提供瞬时的信息，有利于中央银行及时准确地搜集相关信息并采取有效的措施。融资方式的变化尤其是"金融脱媒"不仅增强了利率渠道的作用，而且为货币政策拓展了资产负债表渠道等新的传导途径，从而抵消了银行层次脱媒过程中信贷渠道弱化给货币政策传导带来的负面作用（宋旺，2011）。

从国际实践来看，20世纪90年代以来，伴随着金融市场的不断发展、金融工具的不断丰富和"金融脱媒"不断显现，货币供应量指标与经济发展、物价水平变动等关键指标的关系变得更加不稳定，于是，价格型中介目标深受各国货币当局的青睐。而且，相对完善的金融市场和良好的利率传导渠道是欧美等国家采取价格型货币政策调控手段取得成功的主要原因，货币政策设定的政策利率可以有效地传导至微观经济主体，进而促进货币政策最终目标的实现。与此相反，中国金融体制市场化改革相对迟缓，市场利率体系存在明显的缺陷，利率作为金融资源配置乃至全社会资源配置的核心作用尚未得到充分的发挥。

经济新常态阶段实现高质量发展目标也需要强化市场主体的财务约束，通过降低杠杆和优化杠杆结构来实现"软着陆"。防范化解重大风险，有效发挥市场在资源配置中的决定性作用，这需要高度重视利率机制的作用。随着利率市场化改革的逐步推进，中国货币政策的中间目标将更加关注利率的变化，数量型政策目标将逐步向价格型目标转变。国家"十三五"规划中也明确提出"完善货币政策操作目标、调控框架和传导机制，构建目标利率和利率走廊机制，推动货币政策由数量型向价格型转变"，在双向深度融入全球经济体系的新阶段，利率与汇率、国际收支、资本流动等的联动作用，利率机制的作用将得到充分的体现。

4.2　中国货币需求的特征：相关性及其变迁

4.2.1　货币数量与宏观经济变量的相关性

货币当局控制和关心中介目标的目的在于更好地实现货币政策最终目标，从而减少货币政策操作的偏差并提高货币政策的效果。因此，货币政策最终目标是对中介目标选择的首要约束条件（钱小安，2000）。中介目标只有与最终目标保持满意的相关性，才能够基于中介目标的实现程度来评判和预估最终目标可能的实现效果。

　　表4－1反映了不同层次货币供应量（M0、M1和M2）与主要宏观经济变量之间的相关系数。可以看出，货币供应量指标M0、M1和M2与产出、物价、工业增加值、消费和固定资产投资均具有很高的相关系数，这反映了总体上各层次货币供应量与宏观经济变量具有很强的相关性，货币供应量指标能够较好地衡量经济运行状况。比较而言，货币供应量与GDP、固定资产投资和工业增加值变量具有更高的、更稳定的相关系数，与消费和物价变量的相关系数较小且缺乏稳定性。在全时段（1991～2017年），M2与宏观经济变量的相关性最强，特别是M2与消费和物价变量的相关性表现很好。从纵向时段来看，时段一（1991～2001年）三个层次货币供应量与宏观经济变量的相关性表现最好，不仅相关系数是正值而且数值较高、波动较小，尤其是M2与5个宏观经济变量的相关系数平均值达到0.9。时段一（1991～2001年）货币供应量相关性最好，其次是全时段（1991～2017年），最次是时段二（2002～2017年），这表明三个层次的货币供应量与主要宏观经济变量的相关系数均呈现下降的趋势，货币供应量M0、M1、M2与宏观经济的联系均遭到不同程度的破坏。

表4－1　　　　货币供应量与主要宏观经济变量的相关系数

区间	货币层次	GDP	CPI	工业	消费	投资
全时段 （1991～2017年）	M0	0.68	0.53	0.84	0.36	0.66
	M1	0.60	0.44	0.70	0.35	0.60
	M2	0.68	0.78	0.83	0.67	0.75
时段一 （1991～2001年）	M0	0.79	0.45	0.83	0.37	0.73
	M1	0.89	0.60	0.92	0.55	0.86
	M2	0.91	0.90	0.93	0.89	0.86

续表

区间	货币层次	GDP	CPI	工业	消费	投资
时段二 (2002～2017 年)	M0	0.67	0.22	0.78	0.44	0.57
	M1	0.29	− 0.44	0.25	0.05	0.18
	M2	0.41	− 0.34	0.41	0.22	0.58

资料来源：历年《中国统计年鉴》和东方财富 Choice 数据库。

图 4 – 3 和图 4 – 4 分别反映了不同层次货币量（M0、M1 和 M2）对产出和物价方差分解的结果。可以看出，三个层次的货币供应量对产出变动的平均方差贡献率达到 9.5%，特别是货币供应量 M1、M2 的变动与产出的关系更加紧密，二者的平均方差贡献率分别为 10.5% 和 9.5%，这说明货币供应量的扩张对预测产出具有较强的解释能力，在一定程度上反映了中国经济增长的模式——依赖货币发行和信贷投资的经济增长方式。从产出方差分解与物价方差分解比较而言，三层次货币供应量对产出波动的贡献率差异不大，而对物价波动的贡献率差异更加明显。从三层次货币供应量对物价方差分解来看，M2 对价格方差的解释程度最强，平均方差贡献率达到 10.1%，明显高于 M0 和 M1 对价格方差的解释。这说明相较于 M0 和 M1，M2 对物价波动具有更为显著的影响。

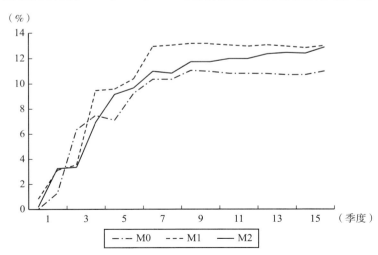

图 4 – 3 货币供应量对产出的方差贡献率

资料来源：东方财富 Choice 数据库。

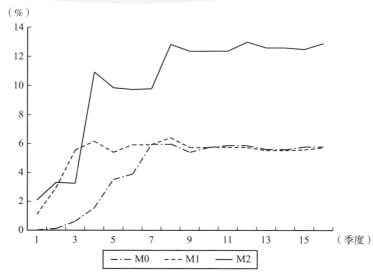

图 4 - 4　货币供应量对价格的方差贡献率

资料来源：东方财富 Choice 数据库。

　　表 4 - 2 反映了不同层次货币量（M0、M1 和 M2）与经济增长、物价变动之间的格兰杰因果关系。可以看出，M0 不是 GDP 和 CPI 变化的格兰杰原因，这说明 M0 的变化与经济增长和通货膨胀的联系不强，M0 作为中介变量不能很好地传导至宏观政策最终目标，这与前面得到的结论相吻合。M1 和 M2 是 CPI 变化的格兰杰原因，这说明 M1 和 M2 的变化能够影响到物价的变化。同时，经济增长是引起 M1、M2 变化的格兰杰原因，而 M1 和 M2 均不是经济增长的格兰杰原因，这说明 M1、M2 的变化对经济增长的变化作用较小。相反，经济增长的波动能够引起 M1、M2 的变化，这反映了货币供应量（M1 和 M2）具有一定的内生性。因此，在三个层次货币供应量中，M2 与经济增长、物价波动之间的相关程度最佳，M1 其次，M0 的效果最差。改革开放以后，传统的现金管理已经不适应市场经济发展的要求，这造成 M0 与经济增长和物价波动的关联甚微。相反，更宽口径的货币供应量 M2 更能与经济增长、物价波动等宏观经济变量保持紧密的相关关系，M2（或 M1）作为货币供应量指标重要性得以彰显，这也验证了 20 世纪 90 年代中

后期引入和重视货币供应量指标，并实施以货币供给量 M2（或 M1）为中介目标的货币政策操作框架。

表 4 – 2　货币供应量与经济增长、通货膨胀的格兰杰因果检验结果

原假设	F 统计量	概率	检验结果
CPI 不是 M0 的格兰杰原因	1.756	0.205	接受
M0 不是 CPI 的格兰杰原因	0.126	0.883	接受
GDP 不是 M0 的格兰杰原因	0.835	0.452	接受
M0 不是 GDP 的格兰杰原因	0.052	0.950	接受
CPI 不是 M1 的格兰杰原因	0.558	0.583	接受
M1 不是 CPI 的格兰杰原因	7.680	0.005	拒绝
GDP 不是 M1 的格兰杰原因	4.491	0.028	拒绝
M1 不是 GDP 的格兰杰原因	0.430	0.658	接受
CPI 不是 M2 的格兰杰原因	2.928	0.083	接受
M2 不是 CPI 的格兰杰原因	4.089	0.037	拒绝
GDP 不是 M2 的格兰杰原因	12.924	0.001	拒绝
M2 不是 GDP 的格兰杰原因	1.766	0.203	接受

资料来源：东方财富 Choice 数据库。

4.2.2　货币需求函数估计及其稳定性

相关性原则分析表明货币供应量 M0 的相关性不断削弱，M0 不是导致 GDP 和 CPI 变动的原因，因而现金控制对宏观调控的重要性日趋微弱。因此，本节重点对货币供应量 M1 和 M2 的需求函数的特征进行分析。在中国转轨过程中，经济货币化进程和通胀预期成为影响货币需求的重要因素，在经典货币需求函数基础上，考虑这一特征的货币需求函数可以表示为：

$$m = \alpha + \beta_1 y + \beta_2 r + \beta_3 fd + \beta_4 sp + \varepsilon \qquad (4-2)$$

　　各有关变量说明如下：（1）货币供应量指标（m）。以 M1、M2 为货币供应量代理变量，采用每个季度的季度余额数据。（2）产出指标（y）。以名义季度 GDP 为基础，以 1995 年 1 月为基期的环比价格指数，得到实际季度 GDP，然后去季节趋势，然后取对数。（3）利率指标（r）。采用 7 天银行间拆借市场利率来表示，根据月度 7 天全国银行间同业拆借利率（Chibor）取平均数得到季度数据，然后取对数。（4）货币化指标（fd）。采用季度 M2 与季度 GDP 比值来表示，然后取对数。（5）股票收益率指标（sp）。以上海证券交易所每个季度末收盘指数得到季度收益率指数。样本的时间跨度为 1996～2017 年，共计 84 个样本数据。

　　表 4-3 反映了货币需求函数的估计结果。可以看出，实际货币余额 M1 和 M2 与收入、利率、货币化程度、股票收益率之间存在长期稳定的协整关系。从产出变量来看，除列（5）的产出弹性系数略小于 1，其余 5 个回归结果的产出弹性系数均大于 1，且列（1）至列（6）产出变量（y）均在 1% 统计水平上是显著的。从利率变量来看，货币需求函数的利率弹性系数均为负值，除列（5）之外，其余 5 个回归结果均为 -0.03 左右，且在 1% 统计水平上是显著的，这说明中国货币需求利率弹性值明显偏小，货币需求数量对利率变化敏感程度不足，意味着经济主体对资金成本价格变化不敏感。从货币化程度系数来看，M2 货币需求函数列（2）和列（4）对货币化程度变量（fd）在均在 1% 水平上是显著为正的，列（6）在 5% 水平上是显著为正的。与 M2 明显不同，M1 的回归结果列（1）和列（5）对货币化程度变量（fd）均不显著，且系数符号不一致，这说明从整个样本期来看 M2 货币需求函数能够较好地反映经济货币化程度的变化。从股票收益率变量看，列（1）至列（6）货币需求函数 sp 变量的系数均在 0 值附近，除列（3）和列（6）之外，sp 变量系数均不显著。这说明股票市场收益率不是影响中国货币需求的重要因素。一方面表明中国股票市场规模小，另一方面表明很长一段时间实体经济是影响货币需求的主要原因。

表 4 – 3 货币需求函数的估计结果

变量	（1）	（2）	（3）	（4）	（5）	（6）
	M1	M2	M1	M2	M1	M2
y	1.070 *** (64.965)	1.178 *** (104.932)	1.124 *** (40.017)	1.162 *** (57.559)	0.997 *** (21.361)	1.297 *** (56.991)
r	− 0.036 *** (− 10.959)	− 0.031 *** (− 13.449)	− 0.026 *** (− 6.079)	− 0.032 *** (− 10.658)	− 0.084 *** (− 6.998)	− 0.037 *** (− 6.332)
fd	0.041 (0.681)	0.195 *** (4.719)	0.137 * (1.915)	0.179 *** (3.476)	− 0.074 (− 0.825)	0.117 ** (2.673)
sp	− 0.000 (− 1.402)	0.000 (0.422)	− 0.001 ** (− 2.314)	− 0.000 (− 1.102)	− 0.000 (− 0.936)	0.001 *** (2.868)
常数项	0.037 (0.331)	− 0.346 *** (− 4.559)	− 0.698 ** (− 2.648)	− 0.148 (− 0.784)	1.199 ** (2.634)	− 1.502 *** (− 6.766)
N	96	96	56	56	40	40
调整 R^2	0.996	0.999	0.992	0.997	0.973	0.996

注：1. 列（1）和列（2）使用的是全样本（1994～2017 年），列（3）和列（4）使用的是时段一样本（1994～2007 年），列（5）和列（6）使用的是时段二样本（2008～2017 年）；2. * 、** 、*** 分别表示在 10%、5%、1% 水平上是显著的，括号内为 t 统计量。

从时段一（1994～2007 年）来看，M1 和 M2 货币需求函数产出弹性系数都大于 1，且在 1% 水平上是统计显著的。从货币化程度系数来看，M1 和 M2 货币需求函数对货币化程度变量（fd）分别在 5% 和 1% 水平上是统计显著的，这说明与全样本时期（1994～2017 年）相比，时段一（1994～2007 年）狭义货币需求函数和广义货币需求函数均能够较好地反映经济货币化程度的变化，说明 20 世纪 90 年代以来的货币化进程对货币需求产生了重要的影响。同时，货币化弹性系数值较全样本时段（1994～2017 年）都得到了提高，这说明时段一（1994～2007 年）货币化进程对货币需求的影响较时段二（2008～2017 年）更加明显。从股票收益率变量看，M1 和 M2 货币需求函数股票收益率弹性值为负，符合经济理论。可以发现，M1 货币需求函数对股票收益率变量（sp）均在 5% 水平上是统计显著的，而 M2 货币需求函数是不显著的。时段一（1994～2007 年）狭义货币需求受股票收益率开始显著表明经济货币化进程推动了资本市场的发展，对 M1 需求变动产生了重要的影响。尽管股票收益率弹性系数很小，但是可以说明股票开始成为投资多元化的一个重要渠道，股票市场的作用开始显现。

与时段一相比，时段二（2008～2017 年）M1 利率弹性绝对值明显增大，而 M2 利率弹性未发生明显改变，这可能反映了居民投资行为更加理性，对利率变化的敏锐性提升了。但是，利率弹性值仍然偏小反映了经济主体的利率敏感性仍然不足。从货币化程度变量（fd）来看，时段二 M2 货币需求函数 fd 变量在 5% 水平上是统计显著的，而 M1 是不显著的。与时段一 M1 和 M2 货币需求函数 fd 变量相比，时段二货币化程度（fd）变量的显著性和系数值都出现了明显下降，这可能反映了 2008 年以后中国货币化程度推进相对缓慢，M2/GDP 存量已经达到峰值。从股票收益率变量（sp）看，M2 货币需求函数变量系数为正且在 1% 统计水平上是显著的，而 M1 货币需求函数 sp 不显著。与时段一相比，时段二货币需求函数 M2 较 M1 表现更好。

在三个时段，M1 和 M2 货币需求函数调整 R^2 均在 0.9 以上，这说明货币需求方程整体方程拟合很好。残差单位根检验结果显示，货币需求函数是稳定的，从货币需求方程残差值来看，全样本时段（1994～2017 年）M1 和 M2 估计结果中残差均值是最大的，其次是时段一（1994～2007 年），时段二（2008～2017 年）残差均值最小。与时段一相比，时段二 M2 估计结果残差均值和标准差都得到了明显的变小，而此时 M1 的估计结果却未明显发生改变。总体而言，时段一 M1 和 M2 货币需求函数估计结果相差不大，时段二 M2 货币需求函数明显优于 M1 的结果。因此，从全样本来看，M2 货币需求函数整体上优于 M1 的结果。

4.2.3　转轨深化与货币流通速度下降之谜

根据货币数量方程和货币需求方程，可以得到货币流通速度表达式：

$$v = y - (\alpha + \phi_y \cdot y + \phi_r \cdot r + \varepsilon) = (1 - \phi_y) \cdot y - \phi_r \cdot r - (\alpha + \varepsilon)$$

$$(4-3)$$

其中，$\phi_r > 0$，$\phi_r < 0$。可以发现，货币流通速度 v 与货币需求函数具有内在的联系。与货币需求函数类似，收入和利率是影响货币流通速度的重要因素，货币需求的收入弹性和利率弹性均对货币流通速度的变动产生很大的影响。改革开放以来，中国货币流通速度总体上呈现持续下降的趋势（见图 4-5）。可以看出，M1 和 M1 的流通速度 v1 和 v2 自 20 世纪 70 年代末期至 90 年代中期快速下降，之后货币流通速度趋于稳定。v2 的离差值绝大部分在 0 以下，鲜有大于 0 的时段，而 v1 的离差值存在多个明显大于 0 的时段，如 1984~1985 年、1988~1989 年、1994~1995 年、2006~2008 年等。尽管 v1 和 v2 呈现趋势性下降，但是 v2 曲线更为平滑，v1 曲线的波动性更大。因此，从 v1 和 v2 曲线的变动来看，与 20 世纪 90 年代中期以前比较而言，v1 和 v2 曲线反映了 M1 和 M2 货币需求函数在 90 年代中期以后更加稳定，而 M2 的货币需求函数较 M1 货币需求函数更加稳定。

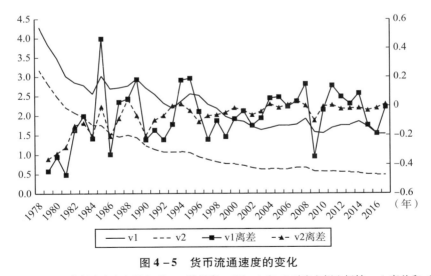

图 4-5　货币流通速度的变化

注：（1）数据来自东方财富 Choice 数据库；（2）v1 和 v2 对应左侧坐标轴，v1 离差和 v2 离差对应右侧坐标轴。

中国转轨过程中货币流通速度下降及其波动的特征，可以从以下几个方面来理解。

1. 从收入影响来看

从式（4-3）可知，货币需求的收入弹性影响着货币流通速度。如果 $0 < \phi_y < 1$，那么 $\partial v / \partial y = (1 - \phi_y) > 0$，表明货币流通速度与实际收入水平呈正向关系；如果 $\phi_y = 1$，那么 $\partial v / \partial y = 0$，表明货币流通速度与实际收入水平无关；如果 $\phi_y > 1$，那么 $\partial v / \partial y < 0$，表明货币流通速度与实际收入水平呈负向关系。从前面估计得到的货币需求函数来看，无论是全样本时段还是时段一（1994～2007 年）、时段二（2008～2017 年）货币需求的收入弹性 ϕ_y 均大于 1，且在 1% 水平上是统计显著的。这表明货币流通速度与实际收入呈负向关系，即随着中国经济保持高速增长和实际国民收入持续增长，货币流通速度总体上趋于下降。从货币需求函数的角度看，中国货币需求收入弹性 ϕ_y 大于 1 反映了货币增长速度超过了经济增长速度的特征事实，从而导致货币流通速度不断下降（王建国，2006）。改革开放以来中国经济总量和国民收入实现了高速增长，以不变价计算 2017 年的国民收入是 1978 年国民收入的 35 倍有余，年均实际国民收入增长率超过 9.5%，而同期 M1 和 M2 实际余额增长率分别为 12.5% 和 14.9%，分别超过收入增长率 3 个百分点和 5 个百分点。

另外，投资驱动的经济增长模式和资金使用效率不高是导致货币需求收入弹性 ϕ_y 大于 1 的重要原因。在转轨过程中，政府长期主导经济，政府干预经济广泛且直接，大量的货币供给沉淀在落后产能和"僵尸企业"，造成资金使用效率非常低，从而形成货币投入—货币沉淀—更多的货币投入的循环，导致银行信贷持续扩张和"货币超发"。同时，经济改革过程的不确定性改变了计划经济时期住房、医疗等领域的国家包办，这些领域逐步走向市场化，进一步增加了居民在住房、教育、医疗、就业等方面的储蓄需求，边际储蓄倾向的提高加剧了货币流通速度下降。

2. 从市场利率变动影响来看

由于 $\phi_r < 0$，那么 $-\phi_r > 0$，表明利率水平对货币流通速度具有正向影响。给定其他因素不变时，市场利率的提高将加快货币流通速度，反之，当市场利率下降时，货币资产的机会成本下降，居民、企业等经济主体增加货币现金需求，降低货币流通速度。从前文估计得到的货币需求函数来看，利率在 1% 水平上是统计显著的，因此它是影响货币需求的因素。但是，与世界其他国家货币需求利率弹性相比，中国货币需求的利率弹性值明显较小，这反映了中国转轨过程中企业"投资过热"和政府主导经济发展的特征。从图 4 – 6 可以看出，货币流通速度 v1 和 v2 与存款利率变动具有明显的趋势一致性。v1 与存款利率、拆借利率的相关系数分别为 0.79 和 0.87，高于 v2 与存款利率、拆借利率的相关系数 0.57 和 0.69，这说明货币供应量 M1 的变动对利率的变动更加敏感，与利率的关联性强于货币供应量 M2。这也说明随着中国利率市场化进程推进，利率将更具灵活性和波动特征，相对于 M2 而言，M1 表现出更大的不稳定性。

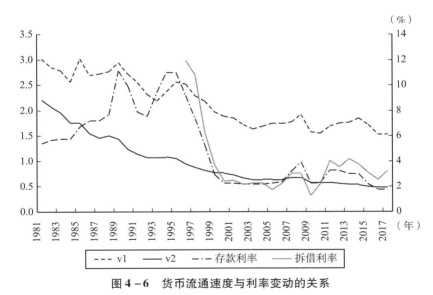

图 4 – 6　货币流通速度与利率变动的关系

注：（1）数据来自东方财富 Choice 数据库；（2）v1 和 v2 对应左侧坐标轴，存款利率和拆借利率对应右侧坐标轴。

3. 从经济货币化和金融化过程来看

货币供应量作为中介目标并不要求货币流通速度是恒常不变的，也从未有任何国家的货币流通速度长期保持不变，货币流通速度不稳

105

定并不必然导致货币量目标无效（谢平，2002；范从来，2004）。理论上讲，货币流通速度是通过货币数量方程倒挤的方式得到的，并不是可以直接观测和获取的一个经济变量。由于名义产出和货币供应量的变化并不完全同步，而且二者时刻都处于不断变动中，因此，在实践中要求货币流通速度不变不可能。因此，结合货币数量方程和货币需求方程来看，收入和利率是引起货币流通速度下降的基本因素，而更深层次的原因是计划经济向市场经济转变的市场化过程和信贷—投资驱动的经济增长方式。从实际情况看，货币流通速度下降既存在货币需求的收入弹性大于 1 的原因，且 20 世纪 90 年代以后存贷款名义利率和实际利率的持续下降也是货币流通速度下降的重要因素。

4.3　中国货币供给的特征：可控性与可测性及其变化

4.3.1　基础货币供给机制及其特征事实

基础货币是货币当局的负债，是货币供给的重要组成部分，具有派生功能。基础货币主要包括"准备金"和"货币发行"这两大部分，中央银行既可以通过调整资产业务对基础货币进行调整，也可以通过负债业务来调整基础货币。自 1999 年以来，金融机构准备金存款占中国基础货币的比重持续上升，从 42.24% 上升至 2017 年的75.75%，而货币发行的比重从 1999 年的 44.82% 下降至 2017 年的23.95%，这反映了现金发行和现金流通在基础货币扩张机制中的地位有所下降，银行货币创造成为基础货币扩张的主要方式。

从资产负债渠道来看，金融机构准备金主要来源于商业银行自主存放在中央银行的资产（如外汇占款）和被动存放在中央银行的资产（如法定存款准备金、再贷款）。2000 年以前，中国人民银行资产负债表中外汇科目余额不足 2000 亿元，低于同期对其他存款性公司债权余额，这意味着再贷款、再贴现等是中央银行投放基础货币的主要渠道（刘生福和韩雍，2019）。2000 年以来，对其他存款性公司债权余额保持基本稳定，作为基础货币投放渠道的地位持续下降，而此时外汇储备和外汇占款快速增长导致外汇占款对基础货币的贡献不断提升，外汇占款构成了基础货币增长的主要来源。同时，货币当局通过频繁提高法定存款准备金率和发行央行票据来回笼过剩的流动性。受国际金融危机影响，经常项目顺差逐步缩窄，出现逆差的可能性也不断增大，各种因素交织导致"双顺差"规模缩小甚至可能发生逆转，外汇储备和外汇占款也见顶回落，货币当局由过去被动投放基础货币转为主动增加对金融机构的债权，对其他存款性公司债权余额占比快速上升，对其他存款性公司债权作为基础货币投放，其地位重新上升。外汇占款和对其他存款性公司债权两种渠道此消彼长的特征反映出中国基础货币投放方式和货币政策调控方式的两次重要转变。基础货币投放渠道的转变反映了中国经济发展阶段和经济发展模式的特征，同时也反映了人民银行适应国内外环境变化创新货币调控方式的结果。

根据央行资产负债表结构，可以将影响基础货币变动的主要因素表示为：

$$\Delta B = \Delta FX + \Delta FI + \Delta CG + \Delta NB - \Delta CB \qquad (4-4)$$

其中，FX 代表外汇占款，FI 代表对其他存款性公司债权，CG 代表对政府部门债权，NB 代表对其他机构债权，CB 代表中央银行债券，B 代表基础货币。表 4 - 4 反映了影响基础货币变动各因素之间及其与基础货币之间的格兰杰因果检验的结果。可以看出，在 1% 的显著性水平上可以拒绝 FX 不是 B 变动的格兰杰原因、拒绝 FX 不是 CB 变动的格兰杰原因，在 5% 的显著性水平下可以拒绝 FX 不是 FI 变动的格兰杰原因，这说明外汇占款的变动会引起中央银行对央行票据规模和对金融机构债权的变动，外汇占款的波动对基础货币的调整起到了显著性的作用。2003 ~ 2014 年人民银行资产负债表中外汇科目余额从不到 3 万亿元快速增长至 27 万亿元，"双顺差"和强制结售汇制度以及实行盯住汇率制度，使得人民银行被迫买进大量的外汇资产，尤其是加入 WTO 之后，外汇储备和外汇占款快速增加，外汇占款一度成为基础货币扩张的主要渠道。因此，由外汇占款导致的基础货币快速扩张使得对其他存款性公司债权作为基础货币投放渠道的地位持续下降，人民银行通过主动发行央票来冲销回收部分过剩的流动性，实现了基础货币投放机制的调整。

表 4 – 4 FX、CB、FI、CG 和基础货币之间的格兰杰因果检验结果

原假设	F 统计量	P 值	结论
FX 不是 B 的格兰杰原因	6.558	0.0022	拒绝
B 不是 FX 的格兰杰原因	2.158	0.122	接受
FX 不是 CB 的格兰杰原因	15.115	0.000	拒绝
CB 不是 FX 的格兰杰原因	1.432	0.247	接受
FX 不是 FI 的格兰杰原因	3.497	0.035	拒绝
FI 不是 FX 的格兰杰原因	0.528	0.591	接受
CB 不是 B 的格兰杰原因	1.254	0.293	接受
B 不是 CB 的格兰杰原因	0.810	0.450	接受
FI 不是 B 的格兰杰原因	0.489	0.615	接受
B 不是 FI 的格兰杰原因	2.439	0.093	接受
CG 不是 B 的格兰杰原因	2.116	0.127	接受
B 不是 CG 的格兰杰原因	0.467	0.629	接受
FI 不是 CB 的格兰杰原因	6.492	0.003	拒绝
CB 不是 FI 的格兰杰原因	0.587	0.559	接受

资料来源：东方财富 Choice 数据库。

在 5% 的显著性水平上均可以接受 FI、CB 和 CG 不是 B 变动的格兰杰原因，这说明对其他存款性公司债权、对政府债权和央票均不能显著改变基础货币的变动。在 1% 显著性水平上可以拒绝 FI 不是 CB 变动的格兰杰原因（见表 4 – 4），说明央票规模的调整适应了对其他存款性公司债权项的变动，中央银行有意识地通过增加或减少央票发行来应对商业银行债权规模的变动。虽然央票的发行能够对外汇占款导致的基础货币投放起到一定的调节对冲作用，但是，由于央票和对其他存款性公司债权对基础货币的变动并不显著，央票和对存款货币银行债权的调整不能有效抵消外汇占款导致基础货币持续扩张的趋势。

根据前述分析，可以计算各个部分对基础货币变动的贡献度，从而进一步衡量各个部分对基础货币变动的影响程度，5 个部分对基础货币调整的贡献率分别为 $\Delta FX/\Delta B$、$\Delta FI/\Delta B$、$\Delta NB/\Delta B$、$\Delta CG/\Delta B$、$-\Delta CB/\Delta B$。表 4 – 5 反映了 5 个组成部分对基础货币变动的贡献度。可以看出，1995 ~ 2015 年，外汇占款对基础货币增长的贡献率均为正值，且在绝大部分时期贡献率都超过 60%，自加入 WTO 至国际金融危机之前外汇占款的贡献率均值为 158.08%。国际金融危机之后，特别经济发展新常态之后，外汇占款对基础货币增长的贡献率呈现逆转的趋势，贡献率逐渐减小并由正值转变为负值。尽管不同年份贡献率有所波动甚至近几年来出现明显的逆转趋势，但是外汇占款的平均贡献率仍然达到 91%，在影响基础货币变动的各因素中外汇占款的贡献率是最大的，这表明自 20 世纪 90 年代中期以来外汇占款是中国基础货币变动的主要渠道，外汇储备和外汇占款高速增长是中国基础货币投放的主要动力。与外汇占款贡献度具有明显差异的是，对其他存款性公司债权、对其他金融机构债权和央票的贡献率在大部分年份为负值或者呈现递减的趋势，其中对其他存款性公司债权和央票的贡献率变动与外汇占款贡献率的波动形成强烈的反差，这表明人民银行适时地调整央行资产（如对其他存款性公司债权）和负债（如央票）规模，从而实现对外汇占款形成的基础货币扩张进行冲销。

表 4 – 5　　　FX、FI、NB、CB、CG 对基础货币变动的贡献率　　　单位：%

时间	FX	FI	NB	CB	CG
1995	63.45	29.91	– 3.85	– 5.54	– 2.96
1996	45.99	49.08	– 0.95	0.00	0.00
1997	88.65	– 4.29	38.46	2.09	0.00
1998	62.43	– 185.04	117.20	0.00	0.00
1999	42.61	101.37	37.99	0.00	0.00
2000	26.23	– 64.59	166.33	0.00	0.00
2001	120.10	– 65.70	0.96	0.00	36.86

续表

时间	FX	FI	NB	CB	CG
2002	61.61	18.46	− 24.51	− 25.89	0.80
2003	100.41	− 3.96	0.20	− 20.04	0.48
2004	267.65	− 25.91	25.59	− 133.80	1.14
2005	295.25	− 41.13	160.67	− 167.98	− 1.41
2006	165.64	− 12.31	31.30	− 70.40	− 0.27
2007	129.51	5.66	− 37.75	− 19.88	56.59
2008	124.49	2.06	− 4.12	− 40.87	− 0.44
2009	172.94	− 8.61	− 2.19	25.17	− 3.62
2010	76.49	5.62	− 0.54	3.79	− 0.58
2011	65.15	1.94	− 1.73	43.63	− 0.05
2012	15.45	23.30	− 2.19	34.14	− 0.31
2013	147.77	− 19.02	− 6.06	32.76	0.00
2014	27.79	51.31	− 4.65	5.37	0.00
2015	125.00	− 9.26	6.39	0.28	0.00
2016	− 89.30	178.25	− 0.99	18.62	− 0.12
2017	− 35.97	135.68	− 2.46	3.88	0.00
平均	91.28	7.08	21.44	− 13.68	3.74

资料来源：东方财富 Choice 数据库。

央票对基础货币的平均贡献率只有 − 13.68%，即使在外汇占款贡献率保持较高且上升较快的 2001~2008 年央票的平均贡献率也仅为 − 59.86%，而同期外汇占款平均贡献率为 158.08%，这表明央票的发行对冲销外汇占款增引起基础货币扩张的作用非常有限。在出口导向政策和外汇占款快速增长的背景下，中央银行对基础货币的投放很容易受到进出口贸易波动的干扰，对基础货币的变动缺乏有效的控制权，基础货币的投放处于一种被动的状态。随着中国经济步入新常态阶段，外汇占款和对其他存款性公司债权对基础货币变动的贡献率与 2000~2015 年相比发生了明显的逆转，反映了人民银行创新了金融调控工具，如短期流动性调节工具（SLO）、中期借贷便利（MLF）、常备借贷便利（SLF）、抵押补充贷款（PSL）等开始作为新的政策工具发挥补充外汇占款下降的作用。这些货币政策新工具在近年来呈现迅速增长的态势，使得基础货币供给方式随之改变，从而货币政策调控方式也会发生相应的调整。

4.3.2   中国货币供给的可控性与内生性

影响货币供应量的因素是多元的，货币供给方程通常可以表示为 $M = B \cdot m$，其中 B 代表基础货币，m 表示货币乘数，M 表示货币供给数量。根据货币供给方程，中央银行及其实施的货币政策可以通过变动基础来影响货币供应量，也可以通过对货币乘数的调控来影响货币供应量。[①] 诚然，中央银行对货币供应有很强的控制能力，但是，中央银行对货币供应的可控性能力源于货币供应过程中的可控制因素，货币供应量也会受到中央银行无法控制的因素影响。在不同的经济体制下中央银行对货币乘数的影响力度并不相同，在货币乘数中，r_d 和 r_t 是由中央银行直接控制，而 k、t 和 e 等因素是由公众和商业银行决定的，受中央银行直接或间接的影响。

从基础货币的角度看，结合中央银行和商业银行资产负债表结构，货币供给同样有两部分来源：一是国内银行体系的总信贷，即国内净资产；二是对外净资产，即中央银行的外汇占款。在开放经济的条件下，对外净资产的增加是货币供给的重要来源，中央银行可以通过利率政策、准备金政策甚至信贷额度管理等手段对国内总信贷进行直接管理或间接调控。因此，就国内净资产和对外净资产而言，最可控制的部分是国内银行体系的总信贷，对外净资产受到经济发展模式、国际经贸关系和进出口形势的影响。在盯住汇率制度和强制结售汇体制

---

① 狭义货币 M1 的乘数 m_1 可以表示为 $m_1 = (1 + k)/(k + r_d + r_t \times t + e)$，广义货币 M2 的乘数 m_2 可以表示为 $m_2 = (1 + k + t)/(k + r_d + r_t \times t + e)$，其中 k 为现金与活期存款的比率，t 为定期存款与活期存款的比率，r_d 为活期存款的法定准备金率，r_t 为定期存款的法定准备金率，e 为超额准备金和活期存款的比率。

下，中央银行对外汇储备和外汇占款的干预冲销能力非常有限。在货币供给量的影响上，中央银行对各部分因素的控制能力也会发生变化，对不同层次货币供给的可控性可能也存在差异。

表4-6反映了基础货币和货币乘数对M1和M2变动的贡献率结果。可以看出，1993～2017年基础货币对M1和M2变动的贡献率分别为51.08%和90.92%，货币乘数K1和K2对M1和M2变动的贡献率分别为50.27%和15.50%，这表明基础货币对M2变动的贡献明显超过对M1变动的贡献，而货币乘数K1对M1变动的贡献超过货币乘数K2对M2变动的贡献。因此，从货币供给方程来看，基础货币因素和货币乘数因素货币供应量M1和M2的影响存在显著的差异。从不同阶段来看，1993～2007年基础货币对M1和M2变动的贡献率分别为72.39%和89.95%，货币乘数K1和K2对M1和M2变动的贡献率为29.45%和18.57%，表明这一阶段（1993～2007年）基础货币均对M1和M2的变动起到了主导的影响，而货币乘数的影响非常小，货币乘数K1对M1的变动效应和货币乘数K2对M2变动的效应相差无几。自2008年至2017年基础货币对M1和M2变动的贡献率分别为24.13%和92.33%，K1和K2对M1和M2变动的贡献率为76.75%和11.06%，表明这一时期（2008～2017年）基础货币和货币乘数对M1和M2变动的贡献出现了明显的分化。基础货币仍然是M2变动的主要因素，贡献率从前一阶段（1993～2007年）的89.95%上升到后一阶段（2008～2017年）的92.33%，贡献率有所提升，而货币乘数K1成为M1变动的主要来源，从前一阶段（1993～2007年）的29.45%上升到后一阶段（2008～2017年）的76.75%，基础货币对M1变动的效应大大削弱了。

表4-6　　　　基础货币和货币乘数对M1和M2变动的贡献率　　　单位：%

时间	M1			M2		
	基础货币	货币乘数（K1）	合计	基础货币	货币乘数（K2）	合计
1993-06	53.09	45.75	98.84	54.46	44.41	98.88

续表

时间	M1			M2		
	基础货币	货币乘数（K1）	合计	基础货币	货币乘数（K2）	合计
1993 – 09	– 514.54	560.01	45.47	306.77	– 188.42	118.35
1993 – 12	155.03	– 45.87	109.16	205.96	– 88.32	117.63
1994 – 03	255.86	– 152.11	103.74	38.23	60.29	98.52
1994 – 06	51.25	46.94	98.19	47.99	50.07	98.07
1994 – 09	98.99	0.94	99.93	88.47	10.73	99.20
1994 – 12	165.38	– 57.69	107.69	167.46	– 59.53	107.93
⋮	⋮	⋮	⋮	⋮	⋮	⋮
⋮	⋮	⋮	⋮	⋮	⋮	⋮
2016 – 03	95.54	4.35	99.89	65.39	33.75	99.15
2016 – 06	25.79	72.74	98.54	65.61	33.71	99.32
2016 – 09	23.47	76.10	99.57	32.61	67.01	99.62
2016 – 12	88.64	10.68	99.33	282.78	– 171.97	110.81
2017 – 03	– 469.12	581.53	112.41	– 66.75	170.39	103.64
2017 – 06	4.09	95.73	99.83	9.08	90.76	99.84
2017 – 09	48.80	50.83	99.63	48.86	50.77	99.63
2017 – 12	102.94	– 2.80	100.14	403.85	– 288.95	114.90
平均值	51.08	50.27	101.34	90.92	15.50	106.43

注：（1）数据来自东方财富 Choice 数据库；（2）剔除了 M1 和 M2 贡献率中的异常值，界定为异常值的标准为贡献率超过 1000% 的季度，具体季度为 M1 中的 1996Q1、2001Q1 和 2012Q3，M2 中的 2001Q4；（3）由于不是时间连续数据，基础货币和货币乘数的贡献率之和不完全等于 1；（4）限于篇幅，表中未列示 1995～2015 年期间基础货币和货币乘数对 M1 和 M2 的贡献率。

表 4 – 7 反映了货币供给内生性格兰杰因果检验的结果。可以看出，在 1% 水平上可以拒绝基础货币不是 M1 和 M2 的格兰杰原因的假设，这表明基础货币对货币供应量 M1 和 M2 的变动具有显著影响的。在 1% 的水平上可以拒绝 K1 不是 M1 的格兰杰原因的假设，在 5% 水平上可以拒绝 K2 不是 M2 的格兰杰原因的假设，表明货币乘数 K1 和 K2

均对货币供应量 M1 和 M2 的变动产生显著的影响。在 10% 的水平上无法拒绝 M1 不是导致基础货币变化的格兰杰原因的假设，表明基础货币受货币供应量 M1 变动的影响不显著。在 10% 的水平上可以拒绝 M2 不是导致基础货币变化的格兰杰原因的假设表明货币供应量 M2 的变动显著影响了基础货币的调整。同时，在 5% 的水平上无法拒绝 M2 不是导致基础货币变化的格兰杰原因的假设，进一步表明尽管基础货币的变动显著受到了货币供应量 M2 的影响，但是这种影响程度非常较小。因此，中国货币供给具有较强的内生性特征。

表 4-7　　　　　　　　货币供给内生性格兰杰因果检验结果

原假设	样本量	F 统计量	P 值	结论
H 不是 M1 的格兰杰原因	97	5.36635	0.0062	拒绝
M1 不是 H 的格兰杰原因	97	1.06661	0.3484	接受
H 不是 M2 的格兰杰原因	97	4.13670	0.0190	拒绝
M2 不是 H 的格兰杰原因	97	2.69504	0.0729	接受
K1 不是 M1 的格兰杰原因	97	4.46824	0.0141	拒绝
K2 不是 M2 的格兰杰原因	97	5.07959	0.0081	拒绝

资料来源：东方财富 Choice 数据库。

由此可见，外汇占款长期以来是中国基础货币变动的主要渠道。针对外汇储备和外汇占款高速增长的态势，人民银行对基础货币进行冲销干预的调节力度仍然不足，因此，从基础货币供给渠道和基础货币—货币供给关系看，人民银行对货币供应量 M1 和 M2 的控制能力有限。但是，就 M1 和 M2 相比较而言，M2 的可控性要强于 M1 的可控性。从货币供给和货币乘数的波动情况来看，K1、K2 的均值分别为 1.41 和 4.0，变异系数分别为 0.145 和 0.186（见表 4-8），因此，广义货币 M2 的乘数的波动性大于狭义货币 M1 的乘数，K1 更加稳定。尽管 K1 较 K2 更加稳定，但是由于基础货币的规模都是万亿级别以上的超规模体量，从基础货币因素和货币乘数因素对货币供给数量的影响来看，最终 M2 较 M1 更加稳定。由于基础货币作为高能货币，中央银行既可以通过运用三大货币政策工具，在特殊时期也可以使用新的非传统工具对货币发行规模和金融机构的准备金存款（含超额准备金规模）产生很强的制约作用，因而，中央银行对基础货币的变动可以起到很大的作用，甚至可以直接控制。但是，影响货币乘数的因素非常多，除了中央银行的法定准备金率政策，现金存款比率、超额准备金率等因素均由居民（企业）决定或者由居民（企业）与金融机构共同影响，这些因素很难被中央银行有效控制，中央银行对基础货币的控制能力强于对货币乘数的影响。因此，从可控性原则来看，M2 的可控性要优于 M1。

表 4 – 8   货币供给和货币乘数的波动比较

统计量	M1	M2	K1	K2
平均值	161266.700	502553.650	1.410	4.000
标准差	145392.421	495158.562	0.204	0.742
变异系数	1.109	1.015	0.145	0.186

资料来源：东方财富 Choice 数据库。

在 20 世纪 90 年代，M1 与 M2 的可控性相差不大，但是，就第二阶段（2008 ~ 2017 年）和全部样本时间段（1993 ~ 2017 年）而言，M2 的可控性保持较为稳定，而 M1 的可控性大大削弱。从历年政府部门公布的 M1 和 M2 的年度目标值与实际值来看，货币供应量 M1 实际增长率与计划目标值的偏差更大，在部分年份出现严重背离的现象（刘明志，2006），这在一定程度上反映了狭义货币供应量 M1 指标的缺陷。与 M2 相比较而言，M1 具有更强的流动性，更容易受到经济金融形势变化的冲击，M1 的波动性特征更加明显、可控性较差。因此，从基础货币到货币总量的传导过程来看，M2 较 M1 更适合作为货币政策中介目标。尽管如此，正如我们发现，M2 的可控性与稳定性也呈现出明显的下降趋势。由于货币供给 M2 具有较弱的外生性或较强的内生性特征，中央银行对外汇占款导致基础货币扩张的冲销力度也非常有限，因此，借由控制基础货币来调控 M2 的力度也是非常有限的。2018年中央政府部门不再公布 M2 具体的增长目标，可能反映了货币供应量 M2 的实际值与目标值屡屡严重偏离的问题。货币供应量 M2 作为中间目标的可控性削弱、相关性变差，反映了国际金融危机之后国内外金融市场的深度调整与发展，特别是大量新型金融工具的普遍使用给货币内涵和信用流通体系带来了深刻变化。

4.3.3 货币供给的可测性：流动性统计的困境

货币供给的可测性特征要求货币的内涵和外延有较为清晰的规定，从而可以被观测和加以计量（统计）汇总，确保货币当局能够迅速而准确地收集、分析货币数量。货币供给数量的统计与对货币内涵和货币形态的认识密切相关。货币形态经历从商品货币到信用货币的过程，银行券、支票存款、电子货币构成了信用货币的主要形式。通常来说在一国国内经济中国家（或政府）信用是全社会最高级别的信用，因此，法定货币（fiat money）是信用货币最普遍的实现形式，在信用高度发达的现代市场经济中，政府发行的法定货币或现金是"一般的、具有代表性的记账单位"。除了现金作为正式货币之外，现代市场经济逐步发展成中央银行—商业银行二级银行体系，银行信用成为国家信用之外被广泛认可的信用形式，银行货币被法律或者政府授权认可具有和现金同等的地位。因此，银行货币和国家货币共同构成了表征货币或者流通货币，并成为流通货币的主要内容。

全社会拥有不同标的的资产，不同资产转换成现金的能力并不相同，即不同标的资产的流动性存在差异。在金融受到严格管制、金融创新尚未普遍化的阶段，资产的实物性特征或者使用价值特征更加明显，全社会资产的货币化和金融化水平也处于很低的水平，最普遍的货币形式是现金和银行存款（支票），此时货币具有较为清晰的界限。因此，在经济发展水平和金融化水平较低的阶段，货币供应层次简单、划分界限较为清晰，根据货币的流动性特征可以对货币供给量进行方便地观测和统计，因此货币供应量具有很好的可测性。

20 世纪 70 年代以来，随着布雷顿森林体系的解体，席卷全球的金融创新活动更是对货币定义产生了很大的影响，极大地模糊了货币的内涵与外延，丰富的金融资产和经常变化的流动性工具造成对不同货币层次划分、统计的困难，从而降低了货币的可测性。金融管制的放松和金融市场的创新发展导致大量的金融工具（产品）涌现，极大地改变了作为交换媒介的资产（即货币）和具有高度流动性的资产的结构。毫无疑问，金融创新创造了一系列新的交换手段，扩大了社会信用规模，增加了新的货币资产和货币供给量。新的信用形式和高度流动性工具的出现，缩小了传统货币与其他金融工具在信用等级和流动性上的差异。由于对流动性的划分是货币供给统计和控制的基础，大量的新兴的金融工具流动性不一，而且种类繁多、变化复杂，这使得对流动性进行分类和对货币层次进行划分，进而准确测算一段时期或一定时点的货币供应量变得更加困难，因而大大降低了货币数量的可测性。唯其如此，20 世纪 50 年代后期英国提出了著名的《拉德克利夫报告》（以下简称《报告》），《报告》认为"流动性"或"总的流动性状况"是最重要的，而货币供给是不重要的。金融发展和金融创新带来的具有高度流动性的资产可以在很大范围上被认可接受为新的货币，从而传统的货币概念和既有的货币监测控制方式已经过时了。

同时，随着电子技术和金融创新的融合，新的交换媒介和电子货币的出现极大地加快了金融结算、资金清算的速度，不同层次货币形态的转换更加便捷迅速，货币供应口径的不稳定造成了货币数量监测的滞后。很多时候，货币数量统计甚至存在很大的遗漏，最终导致货币供给测算非常不准确，这产生了很大的问题。正是因为金融创新造成了货币供给量可测性的下降，所以 1980 年以来美国曾多次重新定义各种货币总量，试图弥补新兴金融工具导致的货币供应口径滞后的缺陷。尽管美联储做出了多番的努力，但是仍然无法改变货币供应量可测性和统计监测下降的趋势，并最终逐步放弃对 M1 和 M2 的监测和控制。

货币层次的划分和货币供应量统计的准确度与经济发展的阶段是密切相关的，尤其是金融发育水平和金融体系的规模与结构。在市场经济发展水平的较低阶段，国家货币和银行货币是货币供给的绝大部分，因而对国家货币和银行货币的统计较为容易，政府（或者货币当局）可以有效地监测货币数量规模并加以控制。尽管中国实现了持续的经济高速增长，但是整体的市场化水平仍显不成熟，金融市场化和金融国际化竞争力仍然较小。国际金融危机之前，存款货币仍然是货币的主要形式，其他新兴的金融工具和非银行类金融机构发展相对缓慢，货币供应量具有很强的可监测性。国际金融危机之后，中国也面临着发达市场经济国家类似的问题，货币内生性更加明显、货币数量统计的效果不断下降。随着中国金融改革和金融科技的发展，电子货币对传统通货的替代使得货币的界定（特别是基础货币的定义）受到挑战，大大削弱了基础货币的作用，使得对货币供应量的估算和控制难度加大，这对调节货币政策和管理货币供应量提出了严峻的挑战。总之，金融发展和电子技术的普遍使用，不仅对货币的定义及不同层次货币归属的划分带来了严重的干扰，而且给监测货币供应规模并加以有效控制带来了异常的挑战。

4.4　数量型与价格型中介目标传导效果的比较

4.4.1　数量型与价格型中介目标相关性原则的比较

表 4-9 反映了数量型中介目标（M2 和 AFRE）、价格型中介目标（4 种利率）与主要宏观经济变量之间的相关性特征。可以看出，无论是管制的贷款利率（L_rate）还是市场化的 3 种利率（Chr07、Rep07、B_rate），价格型中介目标与 GDP、CPI、投资等宏观经济变量均呈现负相关关系，且相关系数值更高，这表明实际利率的降低与经济增长、价格上涨相联系，这与经济理论一致。从相关系数绝对值来看，3 种市场化利率相关性明显高于数量型中介目标，表明市场化的利率能够较好地反映国民经济运行，与宏观经济的联系超过数量型中介目标，这与第 4.2 节得到的数量型中介目标与宏观经济变量的相关系数呈现下降趋势的结论相吻合。

表4-9 数量型、价格型中介目标与主要宏观经济变量的相关性特征

中介目标	GDP	CPI	工业	消费	投资
L_rate	-0.102	-0.922	-0.154	-0.520	-0.066
Chr07	-0.507	-0.897	-0.528	-0.749	-0.483
B_rate	-0.455	-0.948	-0.477	-0.722	-0.402
Rep07	-0.485	-0.889	-0.485	-0.758	-0.473
M2	0.488	-0.248	0.494	0.323	0.677
AFRE	0.386	-0.056	0.436	0.373	0.604

注：（1）数据来自东方财富 Choice 数据库；（2）L_rate 表示一年期贷款基准利率，Chr07、Rep07、B_rate 分别表示全国银行间拆借市场 7 天利率、全国银行间债券回购市场 7 天利率和 1 年期国债到期收益率。

从价格型中介目标内部看，Chr07、Rep07 和 B_rate 三种市场化的利率中介目标具有很强的相关性特征，相关性表现具有一致性，而受到严格行政管制的贷款利率（L_rate）却表现较差，这反映了贷款利率由于受到行政管制缺乏灵活性，与市场经济的变化联系不紧密，与产出、投资、价格等宏观经济变量缺乏持续的、显著的相关性。从数量型中介目标内部看，AFRE 和 M2 与 5 个宏观经济变量之间的相关系数相差不大，这与第 4.1 节阐述的 AFRE 和 M2 均以银行信贷规模为主要组成部分，从而二者具有明显的统一性的结论相吻合。值得注意的是，数量型中介目标与物价水平的相关系数为负值，且绝对值明显低于价格型中介目标，表明数量型的 M2 和 AFRE 难以反映物价水平波动信息，体现了数量型中介目标的一个重要缺陷。总体上看，数量型和价格型中介目标与产出、价格、投资、消费、工业等货币政策重点关注的宏观经济变量均具有很强的联系，市场化的利率中介目标表现更加稳健。

图 4-7 和图 4-8 分别反映了数量型中介目标（M2、AFRE）和价格型中介目标（Chr07）对产出和价格方差分解的结果。可以看出，AFRE 对产出的方差贡献最大（平均值为 2.75），其次是 Chr07（平均值为 2.40），M2 最低（平均值为 1.56），这表明 Chr07、M2 和 AFRE

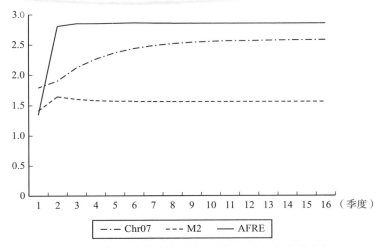

图 4 - 7　数量型和价格型中介目标对产出的方差分解

资料来源：东方财富 Choice 数据库。

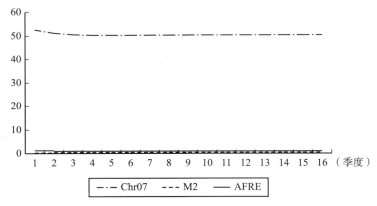

图 4 - 8　数量型和价格型中介目标对价格的方差分解

资料来源：东方财富 Choice 数据库。

对产出波动的解释差异并不明显，与前面得到数量型和价格型中介目标与 GDP、投资、工业等宏观经济变量具有较一致的相关性相吻合。从物价波动的方差分解来看，Chr07 对物价变动的方差贡献最大（平均值为 50.59），其次是 AFRE（平均值为 1.02），M2 最低（平均值为 0.45），表明 Chr07、M2 和 AFRE 对物价波动的解释差异非常明显，

Chr07 利率变动对物价波动的解释显著高于 AFRE 和 M2。然而，数量型中介目标（AFRE 和 M2）对物价波动的解释非常微弱，这与第 4.2 节和第 4.3 节得到的结论相一致。可以发现，数量型中介目标（AFRE 和 M2）和价格型中介目标（Chr07）对产出和物价的波动具有明显的非对称性特征，即价格型中介目标对物价波动的解释更加显著，而价格型和数量型中介目标对产出波动的解释较为一致。

4.4.2 数量型与价格型中介目标可控性原则的比较

表 4 – 10 反映了操作目标（工具）对数量型和价格型中介目标的格兰杰因果检验。可以看出，在 1% 水平上可以拒绝贷款利率（L_rate）和基础货币（Base）不是 M2 的格兰杰原因的假设，在 10% 水平上可以拒绝存款准备金率（Reserve）不是 M2 的格兰杰原因的假设，表明贷款利率、存款准备金率和基础货币对货币数量 M2 变动具有很强的影响。在 1% 水平上可以拒绝 L_rate 不是 AFRE 的格兰杰原因的假设，在 5% 水平上可以拒绝 Base 和 Reserve 不是 AFRE 的格兰杰原因的假设，表明贷款利率、存款准备金率和基础货币对社会融资规模 AFRE 变动具有很强的影响。在 1% 水平上可以拒绝 L_rate 和 Reserve 不是 Chr07 的格兰杰原因的假设，在 10% 水平上无法拒绝 Base 不是 Chr07 的格兰杰原因的假设，表明贷款利率和存款准备金率对银行间拆借市场利率 Chr07 具有很强的影响，而基础货币对 Chr07 变动的解释不足。从数量型与价格型中介目标比较而言，贷款利率对数量型和价格型中介目标的影响均非常显著；存款准备金率对拆借市场利率的影响非常显著，明显强于对 M2 和 AFRE 的影响；基础货币对 M2 和 AFRE 的影响非常显著，而对银行间市场利率影响缺乏有效的影响力。

表 4 – 10   操作目标对中介目标影响的格兰杰因果检验结果

原假设	F 统计量	概率值	结论
L_rate 不是 Chr07 的格兰杰原因	16.821	0.000	拒绝
Reserve 不是 Chr07 的格兰杰原因	12.467	0.001	拒绝

续表

原假设	F 统计量	概率值	结论
Base 不是 Chr07 的格兰杰原因	0.290	0.593	接受
L_rate 不是 M2 的格兰杰原因	11.873	0.001	拒绝
Reserve 不是 M2 的格兰杰原因	3.809	0.056	拒绝
Base 不是 M2 的格兰杰原因	8.493	0.005	拒绝
L_rate 不是 AFRE 的格兰杰原因	7.447	0.008	拒绝
Reserve 不是 AFRE 的格兰杰原因	5.161	0.027	拒绝
Base 不是 AFRE 的格兰杰原因	4.439	0.039	拒绝

资料来源：东方财富 Choice 数据库。

整体而言，三种操作目标（工具）对数量型中介目标（M2 和 AFRE）和价格型中介目标（Chr07）均具有很强的控制力和影响力，这表明人民银行对中介目标的调节和控制具有充足的货币政策工具（手段）。通过公开市场业务、调整存贷款利率和存款准备金率的调整变化，人民银行可以很好地控制货币数量和社会信用规模的"总闸门"，很好地控制转轨过程的总需求。值得注意的是，贷款利率（L_rate）对数量型和价格型中介目标的影响明显强于其他两种操作目标（Base 和 Reserve），拆借市场利率（Chr07）对基础货币（Base）的变动也不显著，一方面反映了贷款利率的重要性——贷款利率的变动调整可以较好地反馈和传导至金融市场和实际经济，另一方面也反映了中国利率传导机制的不畅通，一定程度上反映了中国转轨经济的特征。在利率形成机制市场化改革过程中，资金零售市场（存贷款市场）利率很大程度上决定了资金批发市场（银行间）利率的变动，这与成熟市场经济体利率传导机制完全颠倒。很显然，存贷款市场上的管制利率调整变动具有滞后性，难以及时充分地反映市场供求和经济运行的实际情况，必然导致利率传导机制受阻。更重要的是，长期实施金融约束政策造成银行体系缺乏有效的市场竞争，容易造成资金在银行体系内部循环和周转，形成资金套利的空间，从而导致基础货币扩张与市场利率下降的量价"镜像"关系非常微弱，引发"脱实向虚"和"融资难、融资贵"等一系列问题。

4.4.3 数量型与价格型中介目标可测性原则的比较

正如前文所述货币数量的相关性特征逐渐削弱,货币需求函数的稳定性也不如转轨初期,这反映了市场经济和金融发展的基本趋势。货币需求函数的稳定性变差,货币供应量实际值与预期值的偏差越来越大,削弱了货币数量中介目标的优势。更重要的是,随着经济货币化和金融市场化,货币与信用的界限日渐模糊,现代信息结算技术和现代信用制度相结合使得充当流通手段和支付手段的(金融)工具种类繁多。在金融创新浪潮迭起、国际金融一体化迅速发展的条件下,货币数量流动性统计面临巨大的困境。以美国为例,20世纪70年代以来附息支票账户(NOW账户)、自动转账制度(ATS账户)等金融业务创新极大地丰富了金融资产和金融工具,改变了以货币作为主要金融资产的资产结构,各类融资工具逐渐构成金融资产的主体。相对固定口径(层次)的货币数量规模统计难以有效应对日新月异的金融创新,货币供给量M1和M2经常处于大幅波动状态,以致美联储相继放弃对M1和M2等货币数量规模的过度关注。2010年,中国人民银行创设了社会融资规模AFRE指标,可以较好地弥补货币数量规模可测性方面的劣势。一方面,AFRE不仅具有总量型的特征,而且兼具结构性的特征,能够反映信用流向、融资工具结构和区域融资结构等特征。另一方面,AFRE并不局限于"银行货币"的狭义口径,它将非银行性金融机构提供的信用和直接融资提供的信用囊括在内,更加全面地反映了实体经济从金融体系获得的信用总额,类似于对"一般流动性"的统计,这在很大程度上弥补了以货币层次划分为基础的货币供应量规模统计制度的缺陷。

相对于M2和AFRE等具有数量特征的中介目标,利率中介目标具有明显的可测性优势,尤其是银行间市场利率指标数据的获取更加及时准确。不仅如此,市场化利率作为资金供给和资金需求竞争的结果,反映了市场经济条件下竞争性经济主体对成本(收益)的硬约束,能够较好地发挥价值规律的调节作用。利率作为资金的价格,渗透于日常的经济金融交易和经济系统的各个角落，与产出、价格等变量具有很强的联系，能够很好地反馈货币当局予以重点关注的目标信息。同时，不断完善的金融体系促进了市场利率期限结构的形成，提高了各种期限和不同品种利率数据的准确性，有利于中央银行及时获取各种利率数据。毋庸置疑，名义利率也具有高度的可测性，当通货膨胀率较为稳定或者经济运行处于较为稳定的时期，实际利率的预期也较为稳定、可靠。尽管存贷款利率指标相对更加分散、获取更加困难，但是，在良好的利率传导机制和期限结构作用之下，这些利率通常也具有良好的可预测性。

利率特别是市场化之后利率具有很好的可测性特征，这是以金融市场体系发展较为充分和经济运行相对平稳成熟为基础的。目前，中国市场化利率形成机制的基础设施不健全，利率双轨制特征仍然非常显见。受制于市场化发育程度、经济主体决策行为和传统观念等因素，中国货币政策的利率传导机制并不畅通，不同金融市场上的资产存在明显的市场分割和套利空间。虽然伴随转轨经济持续发展，金融资产更加丰富、利率品种更加多样化，但是这些（基准）利率通常只在有限的市场范围内发挥作用，金融市场分割较为严重，各种基准利率使用混乱造成金融市场上信息的混杂，成为干扰正常决策的"噪音"，大大降低了利率传导的效率。总体而言，中国金融体系缺乏处于基础地位、起着统率的决定性作用的有效的基准利率，这成为提高利率中介目标可测性的一个现实困境。

4.5　本章小结

本章根据货币政策中介目标的相关性、可控性和可测性三个基本特征，系统考察了中国货币政策中介目标演变的脉络，以及数量型与价格型中介目标传导效果的变迁。首先，中国货币政策具有数量型特征的历史传统，这是由转轨经济导入于传统计划经济模式决定的。随着市场经济发育日渐成熟，一方面价格型中介目标的作用日渐凸显，利率调控方式受到越来越多的重视；另一方面数量型中介目标的也在不断变化，先后从银行信贷规模、货币供应量到社会融资规模（AFRE）。在间接融资为主的金融体系下，货币供应量（特别是 M2）和 AFRE 均以银行信贷规模为主体，二者具有很强的一致性。国际金融危机之后货币政策非常重视 AFRE 指标的意义，这反映了人民银行为了应对金融创新和金融全球化的变化主动创新调控思路的结果。

接着，本章重点从货币需求特征和货币供给特征两个方面系统考察了货币供应量（M0、M1 和 M2）在相关性、可控性和可测性三个方面的特征及其变化趋势。相关性特征检验发现，时段二（2008～2017年）货币供应量（M0、M1 和 M2）的相关性明显弱于时段一（1994～2007 年），货币供应量相关性特征总体上呈现下降的趋势。总体而言，M1 和 M2 货币需求函数具有稳定性，但是，这种稳定性呈现下降的趋势。从 M1 和 M2 的比较来看，时段二（2008～2017 年）M2 货币需求函数均明显优于 M1，相对于 M1 而言，M2 更适宜作为中介目标。从货币供给的角度来看，1995～2017 年外汇占款对基础变动的贡献率达到 91.28%，而对其他存款性公司债权和中央银行债券对基础变动的贡献率分别仅占 7.08% 和 -13.68%，中央银行债券和对其他存款性公司债权对基础货币变动的效应不显著，中央银行缺乏对基础货币的有效控制，基础货币投放长期处于一种被动的状态，基础货币具有较强的内生性。同时，基础货币和货币乘数对 M1 和 M2 的变动存在显著的差异，基础货币对 M2 变动影响较大，而货币乘数对 M1 影响较大。在货币乘数 K1 和 K2 波动相近时，M2 的可控性强于 M1。货币数量的可测性分析表明，随着中国特色社会主义市场经济体制更加成熟，高度发达的信用制度和电子货币形态的发展使得流通手段更具多样性和普遍化，其他信用形式与货币的区分更加模糊，这极大地干扰了对货币层次的划分并增加了对货币总量统计的难度，从而导致货币总量统计值偏差很大、更加不可靠。

最后，本章对数量型（M2 和 AFRE）与价格型中介目标（贷款利率、拆借利率、回购利率、国债收益率）在相关性、可控性和可测性特征上进行了比较。结果发现，数量型和价格型中介目标与产出、价格、投资、消费、工业等均具有较强的相关性，数量型和价格型中介目标与产出变量（如 GDP、投资、消费）具有较为一致的相关性。然而，在衡量价格信息的变量（如 CPI）的相关性上，数量型与价格型中介目标呈现出明显的差异。四种利率指标与价格的相关性明显强于数量型的 M2 和 AFRE，特别是 M2 和 AFRE 与物价水平的关系由正值转为负值，表明数量型中介目标与物价波动传统的正向关系遭到削弱，数量型中介目标难以反映整体物价的波动信息。可控性特征表明，货币政策工具（操作目标）对数量型与价格型中介目标均具有很强的引导性，人民银行对中介目标的调节和控制具有充足的货币政策工具（手段）。可测性特征表明，尽管货币数量 M2 随着金融市场发展存在内在的缺陷，在衡量全社会信用规模上存在明显的不足，但是，利率的可测性特征是以金融市场体系发展较为充分和经济运行相对稳定为基础的，利率中介目标的优势发挥尚待建立有效的市场化利率形成机制和社会主义市场经济体制更加成熟完善，中国现实经济尚不具备这个条件。在持续转轨过程中，将非银行性金融机构提供的信用和直接融资提供的信用囊括在内的 AFRE 指标，更加全面地反映了实体经济从金融体系获得的信用总额，在很大程度上弥补了货币层次划分面临的困境。

第5章

货币政策中介目标选择的逻辑：
基于产出稳定和价格稳定福利约束的比较

第4章重点考察了数量型与价格型货币政策中介在相关性、可控性和可测性三个基本特征上的差异及效果变迁，为比较两类中介目标的优劣提供了一个基本的参考。作为货币政策传导机制过程设立的中介目标，合适的中介目标需要满足货币当局设定的福利约束目标，即满足福利函数的要求。对一项政策选择的福利约束进行量化和对比分析，是宏观经济决策的重要依据。通常，货币当局的福利目标是丰富多元的，在不同发展阶段宏观政策的目标也不尽相同。毫无疑问，经济增长是货币当局福利目标的重要内容，是宏观经济政策最终目标之一，张衔（2004）和赵磊（2007）等的文献基于普尔（Poole）模型单一经济增长（产出）福利约束的视角研究了两种类型中介目标的优劣和中介目标选择的逻辑。普尔模型单一的产出福利约束与中国转轨时期追求经济高速增长和"GDP崇拜"的目标非常契合，但是，中国经济增长追求的目标是"平稳增长"，经济增长速度并不是经济增长和货币当局目标的全部内容，"平稳增长"目标要求经济增长以维持整个社会稳定为前提的，避免破坏社会安定和政治稳定（高帆，2001），例如价格稳定和通货膨胀问题。20世纪70年代"滞胀"危机以来，许多欧美等成熟市场经济国家纷纷采取"货币数量目标法"或者"通货膨胀目标制"，强调了货币政策对维护价格稳定福利约束的重要性。

中国的货币政策长期以经济增长福利约束为导向和实施数量型调

控方式，那么，数量型中介目标的优势如何体现以及变化如何？这是我们在第 5 章主要分析的问题。在前一章的基础上，我们进一步考察和对比数量型中介目标与价格型中介目标带来的社会福利损失，为理解产出稳定和价格稳定福利约束权重变化以及金融创新因素对中介目标选择的影响提供可能，从而进一步丰富了货币政策中介目标选择的逻辑理解。同时，也能够考察和了解中国微观经济结构的特征，特别是渐进转轨方式之下实体部门与金融部门两部门的不稳定特征对中介目标选择和货币政策调控方式的影响机制。

5.1　两部门波动性比较与中介目标的选择

5.1.1　两部门波动性的比较：普尔理论

普尔（1970）对货币当局在随机波动因素情况下货币政策中介目标（或货币政策工具）的选择问题进行了理论研究，这种研究范式后来被称为"普尔模型"或"普尔规则"。普尔模型的基本思想是根据带有随机扰动项的 IS – LM 方程，通过计算和比较以货币数量和利率为中介目标造成实际产出与期望产出之差的平方期望，即产出波动的福利损失大小，进而判断这两种类型货币政策中介目标的优劣。普尔（1970）认为，造成国民经济波动的原因可以分为两类：一类来自有形的领域，主要由实体生产部门反映；另一类来自货币金融领域，主要由货币金融部门反映。实体与金融两部门的不确定性或波动程度将最终决定总产出波动的情况，从而制约了致力于稳定经济增长和实际产出与潜在产出波动最小化的货币政策对中介目标的选择与使用。

以 IS-LM 图形反映实物领域（实体部门）和货币领域（货币金融部门）的不稳定情况为例。图 5 – 1 反映了 IS 曲线相对于 LM 曲线处于不稳定的情况下货币数量和利率两种中介目标策略的结果。如果中央银行采取以利率为中介目标，那么相对不稳定的 IS 曲线将在 IS′ 和 IS″

之间随机波动，从而造成总产出在 Y_i' 和 Y_i'' 之间波动。如果中央银行采取以货币数量为中介目标，相对不稳定的 IS 曲线将造成总产出 Y_M' 在 Y_M'' 和之间波动。可以看出，货币数量中介目标对总产出造成的波动（从 Y_M' 到 Y_M''）小于利率中介目标对总产出造成的波动（从 Y_i' 到 Y_i''）。因此，当 IS 曲线相对于 LM 曲线更加不稳定时，最优的策略是选择货币数量中介目标和采取数量型调控方式。

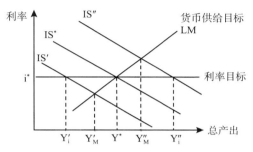

图 5 - 1   IS 曲线不稳定情况下不同中介目标选择的产出损失结果

图 5 - 2 反映了 LM 曲线相对于 IS 曲线不稳定的情况下货币数量和利率两种中介目标策略的结果。如果中央银行采取以货币数量为中介目标，那么货币供给数量是中央银行既定的可控变量，此时 LM 曲线仍然可以通过总产出与利率之间的映射关系进行变动，即 LM 曲线在 LM′和 LM″之间进行波动。此时，货币数量中介目标对总产出造成的波动为 Y_M' 到 Y_M''。如果中央银行采取以利率为中介目标，那么此时利率是中央银行可以控制的既定变量。由于 IS 曲线相对 LM 曲线更加稳定，那么总产出可以根据 IS 曲线得以确定。此时，货币供给就会自动适应利率和总产出的变化，即货币供应是内生的、自发调整的。可以发现，总产出将不会发生任何的波动，也就意味着总产出是既定的，不存在总产出的福利损失。因此，当 LM 曲线相对于 IS 曲线更加不稳定时，最优的策略是选择利率中介目标和采取利率（价格）型调控方式（赵磊，2007）。

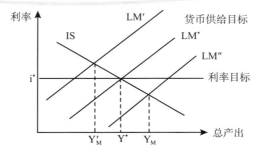

图 5 - 2　LM 曲线不稳定情况下不同中介目标选择的产出损失结果

5.1.2　中介目标的选择：基本普尔模型

一个简单的线性随机形式的 IS-LM 基本普尔模型可以表示为：

$$Y = a_0 + a_1 r_t + u_t \tag{5-1}$$

$$M = b_0 + b_1 Y_t + b_2 r_t + v_t \tag{5-2}$$

其中 $E(u) = 0$，$E(v) = 0$，$E(u^2) = \sigma_u^2$，$E(v^2) = \sigma_v^2$，$E(uv) = \sigma_{uv}$。

普尔模型假设货币当局面对的福利损失函数是产出的二次型损失函数，记为 L。货币政策主要致力于实现福利损失函数 L 最小化，令 $L = E[Y_t - Y^*]^2$，其中 Y_t 为实际产出，Y^* 为潜在产出。

根据 IS-LM 模型设定的式（5-1）和式（5-2）：

当 $r_t = r^*$ 可以得到

$$Y = Y^* + u_t \tag{5-3}$$

当 $M_t = M^*$ 时，可以得到

$$Y = (a_1 b_1 + b_2)^{-1} [a_0 b_2 + a_1 (M - b_0) + b_2 u_t - a_1 v_t] \tag{5-4}$$

其中 r^* 代表中央银行设定的利率中介目标值，M^* 代表中央银行设定的货币数量中介目标值。

如果以利率为中介目标，即 $r_t = r^*$，此时福利损失值为 $L_r = \sigma_u^2$；

如果以货币数量为中介目标，即 $M_t = M^*$，此时福利损失值为 $L_M = (a_1 b_1 + b_2)^{-2} (a_1^2 \sigma_v^2 + b_2^2 \sigma_u^2 - 2a_1 b_2 \sigma_{uv})$。

根据产出波动二次损失最小化规则，如果 $L_r < L_M$，表明以利率为中介目标造成的福利损失值小于以货币数量为中介目标的结果，那么选择前者为最佳的；如果 $L_r > L_M$，表明以利率为中介目标造成的福利

损失值大于以货币数量为中介目标的结果，那么选择后者为最佳的；如果 $L_r = L_M$，表明以利率为中介目标造成的福利损失值等于以货币数量为中介目标的结果，那么可以认为选择利率还是货币数量二者并无明显的差异。

5.2 中介目标的选择：纳入价格稳定和金融创新因素的分析

5.2.1 中介目标的选择：考虑产出稳定和价格稳定的普尔模型

原始的普尔模型存在一个明显的缺陷：它将产出波动作为唯一的福利约束内容，而没有考虑价格稳定福利约束以及价格稳定与产出波动福利约束权重变化对中介目标选择的影响。实际上，经济增长和价格稳定的目标并不完全一致，并且常常存在冲突，尤其是自 20 世纪 70 年代"滞胀"危机以来，通货膨胀问题成为货币政策非常重要的目标指向，甚至许多国家采用了通货膨胀目标制。另外，作为转型经济体或发展中经济体，经济内部长期面临着"投资冲动"，货币政策管理通货膨胀的压力更大。转轨初期的很长一段时间，严重的通货膨胀和价格波动问题成为制约中国经济增长和社会稳定的突出问题。可以看出，维护价格稳定、严防恶性通货膨胀已经成为货币政策的重要目标。为了考察产出（或者经济增长）稳定和价格稳定福利约束权重变化对总福利损失变化的影响，以及货币当局不同的福利约束目标定位对中介目标选择的影响，可以在 IS-LM 分析框架基础上引入菲利普斯曲线（PC）。

菲利普斯曲线的基本形式可以表示为：

$$\pi_t = c_0 + c_1 Y_t + c_2 M_t + w_t \tag{5-5}$$

其中 $E(w) = 0$，$E(w^2) = \sigma_w^2$。在原先单一的产出波动福利约束基础上，考虑价格稳定福利约束和产出波动（经济增长）福利约束之后，新的福利约束函数可以表示为：

$$L = E[Y_t - Y^*]^2 + \lambda E[\pi_t - \pi^*]^2 \qquad (5-6)$$

其中 π^* 为货币当局设定的目标通货膨胀率，参数 λ 体现了货币当局对产出波动和价格波动福利约束的重视程度，λ 值提升表示相对于产出波动福利约束，货币当局提高了对价格波动福利约束的重视，或者提高了对价格波动的厌恶系数，$\lambda \geq 0$。

由式（5-1）、式（5-2）和式（5-5）可得：

$$\pi_t = c_0 + a_0 c_1 + b_0 c_2 + a_0 b_1 c_2 + (a_1 c_1 + b_2 c_2 + a_1 b_1 c_2) r_t$$
$$+ (c_1 + b_1 c_2) u_t + c_2 v_t + w_t$$

令 $L_r^{\pi} = E[\pi_t - \pi^*]^2$，则 L_r^{π} 表示以利率为中介目标对价格波动造成的福利损失值，可得：

$$L_r^{\pi} = E[\pi^t - \pi^*]^2 = (c_1 + b_1 c_2)^2 \sigma_u^2 + c_2^2 \sigma_v^2 + \sigma_w^2$$
$$+ 2(c_1 + b_1 c_2)(c_2 \sigma_{uv} + \sigma_{uw}) + 2c_2 \sigma_{vw}$$

令 $L_r^y = E[Y_t - Y^*]^2$，则 L_r^y 表示以利率为中介目标对产出造成的福利损失值。

因此：

$$L_r = L_r^y + \lambda L_r^{\pi} = \sigma_u^2 + \lambda \times \left[\begin{array}{c} (c_1 + b_1 c_2)^2 \sigma_u^2 + c_2^2 \sigma_v^2 + \\ \sigma_w^2 + 2(c_1 + b_1 c_2)(c_2 \sigma_{uv} + \sigma_{uw}) + 2c_2 \sigma_{vw} \end{array} \right]$$

令 $L_M^{\pi} = E[\pi_t - \pi^*]^2$，则 L_M^{π} 表示以货币供应量为中介目标对通货膨胀造成的福利损失值，可得：

$$L_M^{\pi} = E[\pi_t - \pi^*]^2$$
$$= \frac{c_1^2(b_2^2 \sigma_u^2 + a_1^2 \sigma_v^2 - 2a_1 b_2 \sigma_{uv})}{(a_1 b_1 + b_2)^2} + \frac{2c_1(b_2 \sigma_{uw} - a_1 \sigma_{vw})}{a_1 b_1 + b_2} + \sigma_w^2$$

令 $L_M^y = E[Y_t - Y^*]^2$，则 L_M^y 表示以货币供应量为中介目标对产出波动造成的福利损失值。因此：

$$L_M = L_M^y + \lambda L_M^{\pi} = \frac{b_2^2 \sigma_u^2 + a_1^2 \sigma_v^2 - 2a_1 b_2 \sigma_{uv}}{(a_1 b_1 + b_2)^2}$$
$$+ \lambda \times \left[\frac{c_1^2(b_2^2 \sigma_u^2 + a_1^2 \sigma_v^2 - 2a_1 b_2 \sigma_{uv})}{(a_1 b_1 + b_2)^2} + \frac{2c_1(b_2 \sigma_{uw} - a_1 \sigma_{vw})}{a_1 b_1 + b_2} + \sigma_w^2 \right]$$

结合式（5-1）、式（5-2）、式（5-5）和式（5-6），考虑产出波动和价格波动福利约束的普尔模型（差异化福利约束模型）可以表示为：

$$\min \quad L = E[Y_t - Y^*]^2 + \lambda E[\pi_t - \pi^*]^2 \quad \lambda \geqslant 0$$

$$s.t. \begin{cases} Y_t = a_0 + a_1 r_t + u_t \\ M_t = b_0 + b_1 Y_t + b_2 r_t + v_t \\ \pi_t = c_0 + c_1 Y_t + c_2 M_t + w_t \end{cases}$$

当 $\lambda = 0$ 时，差异化福利约束模型转换为单一产出福利约束的原始普尔模型。当 $\lambda = 1$ 时，差异化福利约束模型转换为产出波动福利与价格波动福利约束同等重要的普尔模型。当 $\lambda \to \infty$ 时，差异化福利约束模型转换为单一价格波动的福利约束普尔模型。

5.2.2　中介目标的选择：考虑金融创新因素的普尔模型

考虑金融创新（或金融深化）因素对模型参数的影响，新的普尔模型的基本形式可以表示为：

$$Y_t = a_0 + \beta(A) r_t + u_t \tag{5-7}$$

$$M_t = b_0 + k(A) Y_t + h(A) r_t + v_t \tag{5-8}$$

$$\pi_t = c_0 + p(A) Y_t + q(A) M_t + w_t \tag{5-9}$$

此时，货币数量目标的总福利损失值为：

$$L_M = L_M^y + \lambda L_M^\pi = \frac{h^2(A)\sigma_u^2 + \beta^2(A)\sigma_v^2 - 2\beta(A)h(A)\sigma_{uv}}{(\beta(A)k(A) + h(A))^2}$$

$$+ \lambda \times \left[\frac{p^2(A)(h^2(A)\sigma_u^2 + \beta^2(A)\sigma_v^2 - 2\beta(A)h(A)\sigma_{uv})}{(\beta(A)k(A) + h(A))^2} \right.$$

$$\left. + \frac{2p(A)(h(A)\sigma_{uw} - \beta(A)\sigma_{vw})}{\beta(A)k(A) + h(A)} + \sigma_w^2 \right]$$

利率目标总福利损失值为：

$$L_r = L_r^y + \lambda L_r^\pi = \sigma_u^2$$

$$+ \lambda \times \left[\begin{matrix} (p(A) + k(A)q(A))^2\sigma_u^2 + q^2(A)\sigma_v^2 \\ + 2(p(A) + k(A)q(A))(\sigma_{uw} + q(A)\sigma_{vw}) + 2q(A)\sigma_{vw} + \sigma_w^2 \end{matrix} \right]$$

由于 $L_M \geqslant 0$ 和 $L_r \geqslant 0$，不妨令 $Q = L_r/L_M$，Q 为阈值变量。如果 $Q <$

133

1，表明利率中介目标造成的总福利损失值小于货币数量中介目标的结果，那么利率中介目标更有优势；如果 $Q > 1$，表明利率中介目标造成的总福利损失值大于货币数量中介目标的结果，那么货币数量中介目标更具优势；如果 $Q = 1$，那么利率中介目标造成的总福利损失值等于货币数量中介目标的结果，那么选择货币数量中介目标与选择利率中介目标并无二致。

5.3 中介目标的选择：基于产出稳定和价格稳定的实证比较

5.3.1 模型设定与数据处理

模型 1：结合式（5 - 1）、式（5 - 2）和式（5 - 3），原始的普尔模型为：

$$\min \quad L = E[Y_t - Y^*]^2$$

$$\text{s. t.} \quad \begin{cases} Y_t = a_0 + a_1 r_t + u_t \\ M_t = b_0 + b_1 Y_t + b_2 r_t + v_t \end{cases}$$

模型 2：结合式（5 - 1）、式（5 - 2）、式（5 - 4）和式（5 - 5），考虑产出稳定与价格稳定的普尔模型为：

$$\min \quad L = E[Y_t - Y^*]^2 + \lambda E[\pi_t - \pi^*]^2 \quad \lambda \geqslant 0$$

$$\text{s. t.} \quad \begin{cases} Y_t = a_0 + a_1 r_t + u_t \\ M_t = b_0 + b_1 Y_t + b_2 r_t + v_t \\ \pi_t = c_0 + c_1 Y_t + c_2 M_t + w_t \end{cases}$$

模型 3：结合式（5 - 6）、式（5 - 7）、式（5 - 8）和式（5 - 9），考虑产出稳定与价格稳定的基础上，引入金融创新（金融深化）的普尔模型为：

$$\min \quad L = E[Y_t - Y^*]^2 + \lambda E[\pi_t - \pi^*]^2 \quad \lambda \geqslant 0$$

$$\text{s.t.} \begin{cases} Y_t = a_0 + \beta(A)r_t + u_t \\ M_t = b_0 + k(A)Y_t + h(A)r_t + v_t \\ \pi_t = c_0 + p(A)Y_t + q(A)M_t + w_t \end{cases}$$

模型 1 是以单一产出波动为福利约束目标的原始普尔模型。模型 2 是考虑了产出波动福利约束和价格波动福利约束的普尔模型。模型 3 在模型 2 的基础上考虑了金融创新（金融深化）对参数的影响。借鉴索彦峰（2006）、任杰和尚友芳（2013）考察金融创新带来的非线性影响，这种非线性特征可以表示为 $\beta(A) = a_{11} + a_{12}A + a_{13}A^2$，$k(A) = b_{11} + b_{12}A + b_{13}A^2$，$h(A) = b_{21} + b_{22}A + b_{23}A^2$，$p(A) = c_{11} + c_{12}A + c_{13}A^2$，$q(A) = c_{21} + c_{22}A + c_{23}A^2$。根据模型 1、模型 2 和模型 3，需要选取的变量主要有产出变量、通货膨胀变量、货币数量变量和利率变量等。有关变量指标的选取和数据处理过程，主要基于以下几个方面的考虑。

（1）样本选择及阶段划分。1996 年中国银行间市场较早地实现了市场化利率定价，根据市场利率数据的可得性，选取的样本期为 1996～2017 年。为了考虑不同阶段数量型与价格型中介目标优劣的比较，需要结合中国转轨阶段特征将总样本划分为若干阶段，考虑中国货币需求函数 LM 方程的阶段特征，参考张勇和范从来（2006）、汪红驹（2002）的研究，以 2002 年为一个时间节点，与此同时，受国际金融危机爆发蔓延的影响，特别是 2010 年左右新一轮经济刺激计划推动了影子银行和新兴金融业态的迅速发展，新常态阶段也开启了全面深化改革，本书选择以 2010 年为的第二个时间节点。

（2）利率指标。以全国银行间市场同业拆借利率（7 天利率，记为 Chr07）和一年期定期存款利率（记为 Dpr）作为代理指标。第一，银行间拆借市场上的利率形成机制运行较早，Chr07 利率品种在全部拆借规模中占有很大份额，对拆借市场上其他期限利率品种具有很强的导向作用。与 Chr07 相区别，Dpr 是管制利率，是金融机构存款基准利率，对存贷款市场交易定价和理财产品、衍生品等金融产品定价具有很强的基准性作用。第二，渐进转轨是中国转轨经济的显著特征。金融约束政策在金融领域体现为利率"双轨制"，考察以市场化机制的

Chr07 利率和行政管制的 Dpr 利率为中介目标造成的福利损失值，有助于更好地比较数量型与价格型中介目标的优劣。对 Chr07 利率指标去除季节趋势、取对数。根据存贷款基准利率的历次调整得到一年期存款利率[①]数据，然后加权平均、价格调整为季度实际利率，最后去季节趋势、取对数。

（3）通货膨胀率和货币数量指标。通货膨胀率指标以月度同比 CPI 物价指数为基础，调整为季度同比得到季度通货膨胀率指标。[②] 货币数量指标以广义货币供应量（M2）为代理变量，将季度名义 M2 值调整为实际值，然后去季节趋势、取对数。

（4）产出和金融创新指标。产出指标以季度名义 GDP 为基础，以 1996 年第一季度为基期调整为季度实际 GDP，然后去季节趋势、取对数。考虑到中国金融体系长期以银行业为主导，长期以来间接融资比例高于 85%，借鉴陈涤非（2006）的做法，采用 M2/M0 作为衡量金融创新的代理变量程度。以上数据均来自中国人民银行和中经网统计数据库。

5.3.2 实证结果与分析

表 5 – 1 反映了模型 1 得到的估计结果及阈值变量 Q 值。可以看出，LM 方程产出变量在时段 0（1996～2017 年）、时段 1（1996～2002 年）、时段 2（2003～2017 年）和时段 3（2010～2017 年）均在 1% 统计水平上显著，利率变量在四个时段均在 10% 统计水平上显著；IS 方程利率变量在时段 0 和时段 1 在 1% 统计水平上显著，而在时段 2 和时段 3 均缺乏足够的统计显著性。这表明 LM 方程整体拟合地较好，产出对货币需求具有很强的影响，而 IS 方程拟合得较差，利率对产出的影

---

① 假设调整之前的一年期存款利率为 i_{t-1}，在 j 日人民银行调整金融机构存贷款利率，调整后的一年期存款利率为 i_t，则该月的平均利率表示为 $i = j \times i_{t-1} + (30 - j) \times i_t$。如果一个月出现多次调整存贷利率基准利率的情况，则同理可计算。

② 季度物价的调整过程可以表示为 $P_{j,t} = (\prod_{i=0}^{2} P_{j,3t-i})^{1/3}$，其中 $P_{j,t}$ 表示 j 年第 t（$1 \leqslant t \leqslant 4$）季度物价同比变化，$P_{j,3t-i}$ 表示 j 年第 3t – i 月物价同比变化。

响较小。四个时段 IS 方程的残差平方期望值（σ_u^2）明显大于 LM 方程的残差平方期望值（σ_v^2），这表明相对于 IS 曲线而言，四个时段的 LM 曲线具有更好的稳定性。因此，货币需求部门代表的金融部门的冲击小于实体经济部门，实体部门的冲击和波动成为国民经济波动的主要来源。四个时段阈值变量 Q 值均大于 1，即表明以货币数量（M2）为中介目标的货币政策造成的产出波动小于以利率为中介目标带来的结果，数量型中介目标的货币政策造成的福利损失值相对更小。因此，相较于利率中介目标（Chr07）而言，货币数量中介目标（M2）是更优的选择。这一结果反映了中国过去几十年经济高速发展扩张的实体经济和"中国制造"的经验特征，也较好地解释了渐进转轨过程中金融领域改革发展相对滞后，以及货币政策长期强调实施数量型调控方式的逻辑。

表 5 – 1　　　　　　　　　　模型 1 的估计结果及 Q 值

变量	时段 0	时段 1	时段 2	时段 3
a_1	− 0. 648 *** (− 6. 040)	− 0. 245 *** (− 14. 084)	0. 269 (1. 384)	− 0. 084 (− 0. 703)
b_1	1. 461 *** (122. 482)	1. 476 *** (14. 725)	1. 508 *** (74. 925)	1. 767 *** (69. 766)
b_2	− 0. 029 ** (− 2. 039)	− 0. 049 * (− 1. 861)	− 0. 054 * (− 1. 797)	− 0. 076 *** (− 4. 554)
σ_u^2	0. 319	0. 004	0. 192	0. 026
σ_v^2	0. 004	0. 001	0. 004	0. 001
L_r	0. 319	0. 004	0. 192	0. 026
L_M	0. 002	0. 000	0. 007	0. 003
Q 值	160. 987	9. 649	26. 650	8. 506

注：*、**、*** 分别表示在 10%、5%、1% 水平上是显著的，括号内为 t 统计量。

表 5 – 2 反映了当 $\lambda = 1$ 时以利率和 M2 为中介目标的福利损失值及阈值变量 Q 值。可以看出，利率中介目标（Chr07）带来的福利损失值

均明显大于货币数量中介目标（M2）的结果，四个时段的 Q 值均明显大于 1，这表明考虑价格稳定福利约束目标之后，将价格稳定福利约束和产出稳定福利约束以相等的权重置入货币当局的福利损失函数中，货币数量中介目标（M2）仍然更具优势。尽管如此，通过与表 5-1 对比可以发现，表 5-2 在同一时段同一中介目标得到的阈值变量 Q 值均小于表 5-1 所得到结果，这说明如果货币当局将价格稳定和产出稳定福利约束同等对待，将削弱货币数量中介目标的优势而提升利率中介目标的优势。

表 5-2　　　　模型 2 分阶段福利损失值及 Q 值（当 λ=1 时）

变量	时段 0	时段 1	时段 2	时段 3
L_r	0.319	0.004	0.192	0.026
L_M	0.003	0.001	0.008	0.003
Q 值	121.936	4.749	24.497	7.724

表 5-3 反映了单一的价格稳定福利约束（λ→∞）的情况下不同时段阈值变量 Q 值的变化结果。可以看出，此时得到的 Q 值均小于同一时段条件 λ=0（见表 5-1）和 λ=1（见表 5-2）的 Q 值，而且除时段 1 的 Q 值略大于 1 之外，时段 0、时段 2 和时段 3 的 Q 值均明显小于 1。这表明以价格稳定作为唯一的福利约束，不仅利率中介目标的相对优势提升了，而且在部分时段绝对优势也可以超过了货币数量中介目标（M2）。从纵向来看，Q 值总体呈现递减的趋势，表明随着时间的推移，适宜利率作为中介目标的条件逐步具备。如果中国货币政策采取单一的价格稳定福利约束目标，忽视产出增长福利约束的不利影响，那么采取盯住利率的中介目标和实施价格型（利率）调控方式是最优的选择。然而，正如前文阐述中国货币政策具有明显的产出导向型福利约束目标，以利率为中介目标造成的结果将与转轨发展的阶段目标背道而驰。很显然，利率中介目标的条件在转轨初期的很长一段时间并不非常成熟。

表5-3   不同时段模型2单一价格稳定福利约束的Q值变化 (当λ→∞时)

变量	时段0	时段1	时段2	时段3
Q值	0.940	1.064	0.504	0.432
最优中介目标	利率	货币供应量	利率	利率

图5-3反映了在模型2价格稳定福利约束权重的变化对阈值变量Q值产生的结果。可以看出,随着权重的增大,时段0、时段1、时段2和时段3的Q值呈现出递减的趋势,表明如果货币当局提高对物价稳定的重视程度和对通货膨胀波动的厌恶程度,而降低对产出波动的重视程度,那么以利率为中介目标的政策造成的福利损失值将相对减少,即Q值不断下降,此时货币数量中介目标(M2)的优势在下降而利率中介目标(Chr07)的优势得到提高。与之相反,如果货币当局更加看重产出增长目标,不顾社会生产条件盲目追求经济增长,即如果权重越小,那么Q值就会上升得越快,此时货币数量中介目标(M2)的优势在上升而利率中介目标(Chr07)的优势在下降。

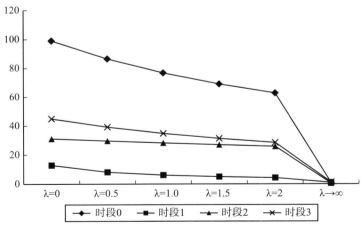

图5-3   模型2权重λ的变化对Q值产生影响的结果

表5-4反映了模型2和模型3在利率中介目标为最优选择时价格

稳定福利约束权重需要满足的条件。可以看出，无论是否考虑金融深化因素，只要价格稳定福利约束的权重 λ 满足 $\lambda > 0$ 的要求，那么模型 2 和模型 3 在时段 1 得到的 Q 值总是小于 1（见表 5 - 4），这表明在时段 1（1996 ~ 2002 年）选择货币数量中介目标（M2）带来的总福利损失值恒小于利率中介目标（Chr07）的结果，因而采取以 M2 为中介目标并实施数量型调控方式是最优的选择。在模型 2，时段 0、时段 2 和时段 3 以利率为中介目标（Chr07）带来的总福利损失值小于货币数量中介目标（M2）带来的总福利损失值的条件分别是 $\lambda > 8309.51$、$\lambda > 577.27$ 和 $\lambda > 123.08$（见表 5 - 4）。这表明如果货币当局选择以利率为中介目标（Chr07），那么货币当局需要将价格稳定福利约束的地位提升至一个非常高的地位，甚至趋近于实施通货膨胀目标制。

表 5 - 4　　　　　　　　利率中介目标最优时 λ 需要满足的条件

时段	模型 2	模型 3
时段 0	$\lambda \geqslant 8309.51$	$\lambda \leqslant -137.37$
时段 1	$\lambda \leqslant -101.26$	$\lambda \leqslant -670.45$
时段 2	$\lambda \geqslant 577.27$	$\lambda \leqslant -76.34$
时段 3	$\lambda \geqslant 123.08$	$\lambda \geqslant 209.67$

考虑金融深化因素之后，模型 3 在时段 0、时段 1 和时段 2 利率中介目标占优的条件只需满足 $\lambda > 0$（见表 5 - 4），这表明数量型中介目标在实践中仍然具有很强的优势。即使在模型 3 的时段 3，价格稳定福利约束的权重 λ 仍然需要保持很高的份额，这对于具有很明确的转轨目标和阶段发展目标的中国而言可能需要付出很大的福利损失代价，这在实践中往往困难重重。从利率作为中介目标的优势超过数量型而言，模型 2 和模型 3 价格稳定福利权重 λ 的值总体呈现下降的趋势，λ 取值条件变得更加宽松（见表 5 - 4），这表明随着中国转轨经济持续深化，以利率为中介目标的货币政策带来的福利损失相对更小了，利率中介目标和价格型（利率）调控方式的条件日趋成熟，而以货币数

量（M2）为中介目标的货币政策缺乏足够的吸引力。

5.3.3　稳健性检验

本部分主要采用一年期存款基准利率（Dpr）进行稳健性分析。表 5－5反映了模型 1 以利率（Dpr）和货币数量（M2）为中介目标的估计结果。可以看出，LM 方程的产出变量和利率变量在时段 0、时段 1、时段 2 和时段 3 均在 1% 统计水平上是显著的，IS 方程的利率变量在四个时段也均在 1% 统计水平上是显著的，表明产出和利率（Dpr）对货币需求函数均具有显著的影响，利率变量（Dpr）的变动对产出也具有显著的影响。IS 方程的 σ_u^2 和 LM 方程的 σ_v^2 均明显小于表 5－1 相应的 σ_u^2 和 σ_v^2，这表明以 Dpr 衡量的利率估计结果优于以 Chr07 衡量的利率估计结果。从 IS 曲线和 LM 曲线的波动情况来看，四个时段 IS 方程的 σ_u^2 均明显大于 LM 方程的 σ_v^2，表明相对于 IS 曲线而言，四个时段的 LM 曲线具有更好的稳定性，这与表 5－1 得到的结论相同。因此，金融部门的冲击小于实体部门，实体经济的冲击和波动成为国民经济波动的主要原因。四个时段阈值变量 Q 值均明显大于 1，即表明以货币数量（M2）为中介目标的货币政策造成的产出波动小于利率中介目标（Dpr）的结果，数量型中介目标的货币政策造成的福利损失值更小。因此，相较于利率中介目标（Dpr）而言，货币数量中介目标（M2）是更优的选择，这与表 5－1 反映的以市场化利率（Chr07）得出的结论相一致。

表 5－5　　模型 1 的估计结果：以 Dpr 和 M2 为中介目标的比较

变量	时段 0	时段 1	时段 2	时段 3
a_1	－ 0.953 *** （－ 8.933）	－ 0.283 *** （－ 11.838）	－ 0.749 *** （－ 3.969）	－ 0.399 *** （－ 5.555）
b_1	1.420 *** （124.219）	1.452 *** （17.892）	1.440 *** （98.696）	1.698 *** （40.971）
b_2	－ 0.107 *** （－ 6.809）	－ 0.067 ** （－ 2.674）	－ 0.217 *** （－ 9.173）	－ 0.066 *** （－ 2.843）

续表

变量	时段 0	时段 1	时段 2	时段 3
σ_u^2	0.236	0.005	0.156	0.013
σ_v^2	0.003	0.001	0.002	0.001
Q 值	99.071	12.928	31.163	44.984
最优中介目标	货币供应量	货币供应量	货币供应量	货币供应量

注：* 、** 、*** 分别表示在 10%、5%、1% 水平上是显著的，括号内为 t 统计量。

表 5－6 反映了当 $\lambda = 0$、$\lambda = 1$ 和 $\lambda \to \infty$ 时模型 2 和模型 3 以 Dpr 和 M2 为中介目标得到的阈值变量 Q 值的结果。可以看出，列（1）、列（2）、列（4）和列（5）的 Q 值均明显大于 1，这表明当考虑产出稳定福利约束时，无论是否考虑金融创新因素，时段 0、时段 1、时段 2 和时段 3 以利率（Dpr）为中介目标带来的福利损失值均明显大于以货币数量（M2）为中介目标的结果。此时，选择货币数量（M2）中介目标更加合适，这一发现与采用市场化（Chr07）得出的结论相吻合。当趋向时，列（3）和列（6）得到的 Q 值明显小于模型 2 和模型 3 相应的前两列，许多时段的 Q 值都非常接近 1，甚至出现四个时段（模型 2 的时段 0 和时段 2 以及模型 3 的时段 0 和时段 3）的 Q 值小于 1。这说明如果货币当局以价格稳定作为唯一的福利约束，那么相对于货币数量 M2 中介目标而言，Dpr 利率中介目标造成的福利损失值的优势相对提升了，而且在部分时段（模型 2 的时段 0 和时段 2 以及模型 3 的时段 0 和时段 3）Dpr 利率中介目标的损失值要小于以 M2 为中介目标的结果，毫无疑问，此时选择利率中介目标更具（绝对）优势。

表 5－6　λ 不同取值情况下模型 2 和模型 3 的 Q 值变化结果（Dpr）

时段	模型 2			模型 3		
	（1）	（2）	（3）	（4）	（5）	（6）
	$\lambda = 0$	$\lambda = 1$	$\lambda \to \infty$	$\lambda = 0$	$\lambda = 1$	$\lambda \to \infty$
时段 0	99.071	76.865	0.804	2.749	2.469	0.323

续表

时段	模型 2			模型 3		
	（1）	（2）	（3）	（4）	（5）	（6）
	$\lambda = 0$	$\lambda = 1$	$\lambda \to \infty$	$\lambda = 0$	$\lambda = 1$	$\lambda \to \infty$
时段 1	12.930	6.124	1.002	18.235	9.632	1.017
时段 2	31.163	28.239	0.502	31.410	23.868	1.296
时段 3	44.984	34.819	1.254	13.228	11.443	0.935

5.4 本章小结

本章从福利约束的视角探讨了数量型与价格型中介目标的优势与不足，为理解长期以来中国货币政策采取数量型中介目标和选择数量型调控方式的逻辑提供了实证支持。首先，本章阐述了普尔理论的基本思想，考察了以 IS 曲线代表的实体部门和 LM 曲线代表的货币金融部门的波动对货币政策中介目标选择影响的理论机制。可以发现，当实体部门更加不稳定时（即曲线更加不稳定），最优的策略是选择货币数量中介目标，而当金融部门更加不稳定时（即曲线更加不稳定），最优的策略是选择利率中介目标。原始的普尔理论（模型）是以产出波动作为单一的福利约束目标，这种目标诉求很显然忽视了价格稳定因素的重要作用。

接着，本章在原始的普尔模型基础上进行了适度的扩展。经过改进的普尔模型综合考虑了产出稳定和价格稳定福利约束权重变化对中介目标选择的影响，较好地克服了原始的普尔模型产出稳定单一福利目标的不足。同时，考虑了金融创新因素对整个普尔模型结果的分析，克服了传统的普尔模型没有考虑金融创新对模型参数影响的不足，使普尔模型更加适应金融全球化、自由化背景下金融创新对货币政策影响的现实需要，具有一定的针对性和现实性。

最后，通过原始的普尔模型和扩展的普尔模型的实证分析，检验了数量型中介目标（M2）与价格型中介目标（Chr07）的优劣。实证发现，在产出稳定或者经济增长导向福利约束下，相对于价格型中介目标（Chr07）而言，以数量型（M2）为中介目标带来的总福利损失更小。因而，中国货币政策在转轨的很长时期选择数量型中介目标和数量型调控方式具有客观必然性。如果货币当局将价格稳定福利约束纳入总福利损失函数，那么随着价格稳定福利约束权重的提高，阈值变量 Q 将不断下降，表明数量型中介目标的优势相对下降。尽管此时货币数量中介目标（M2）仍然居于绝对优势，但是利率中介目标（Chr07）的相对优势会有所提升。如果货币当局将价格稳定福利约束权重 λ 提升至一个极高的地位，甚至采取通货膨胀目标制（λ 趋于无穷大），那么以利率为中介目标带来的福利损失值将低于以货币数量（M2）为中介目标的结果，此时选择利率中介目标更具优势。以 Dpr 为稳健性检验的结果进一步验证了两类中介目标福利损失变动的特征和最佳中介目标选择的结果。

第6章

转轨深化背景下货币政策的困境：
一个微观经验分析

第 5 章中介目标选择的研究表明，经济增长福利约束导向使得选择数量型中介目标（M2）带来的福利损失小于价格型中介目标，因而，数量型中介目标（M2）是更好的选择。然而，以经济增长福利约束为导向的货币政策也带来了一系列的问题，例如长期形成的粗放型经济增长方式和金融要素错配的问题。本章重点考察了转轨过程中的经济发展模式、企业投资行为与货币政策之间的关系，对上市公司合理投资规模进行了实证度量，具体考察企业产权性质、区域特征、（市场）制度环境特征与企业投资结果的联系。在此基础上，进一步考察企业投资行为对货币数量变动和利率调整的反馈效果，为更好地把握和理解货币政策遇到的挑战提供经验支持。

6.1　中国转轨进程中经济发展模式的特征

6.1.1　中国经济增长的特征事实：高投资

高投资是中国经济高速增长的基本特征，总体表现为粗放型经济增长方式或者传统经济发展模式。从总供给角度来看，快速增长的资本投入和劳动力投入是推动中国经济持续高速增长的主要动力，长期以来物质资本投资对经济增长的贡献率超过 50%，技术进步对经济增长贡献率明显偏低，全要素生产率（TFP）增长缓慢，总体表现为经济增长的质量和效率较低。在追求高增长目标过程中，我国在资源、环境和社会等领域付出了巨大的代价。从总需求角度来看，净出口是推动经济高速增长"三驾马车"的主要方面，长期以来净出口—投资之间的强化机制保证了经济规模的快速扩张，而国内最终消费需求特别是居民消费需求不足严重制约了民生福利的提高，经济增长的内生动力明显不足，加大了国民经济的脆弱程度。改革开放以来，消费占总产出的比重持续下降，最终消费率从 1979 年的 63.2% 下降到 2017 年的 53%，金融危机期间甚至低于 50%；居民消费率从 49.38% 下降到 39%，政府消费率长期维持在 13%～15%，30 多年居民消费率没有得到提高反而出现下降，居民消费与政府消费形成明显的对比；投资率和固定资产投资率分别从 1979 年的 37% 和 29% 上升到 2017 年的 45% 和 43%，年平均增长率分别为 15.78% 和 16.43%（见图 6-1）。与成熟市场经济体和新兴经济体相比较，中国投资与消费关系存在明显的失衡现象，经济增长表现出过度依赖净出口和投资的倾向，经济增长结构和质量有待优化提高。

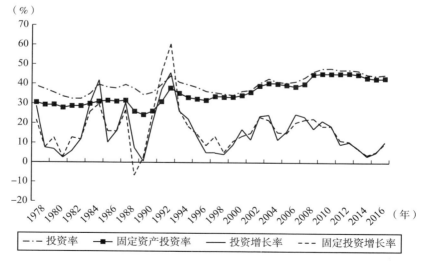

图 6-1　投资率及固定资产投资率的变化

资料来源：历年《中国统计年鉴》。

从世界历史实践来看，高投资是加速工业化进程的重要方式，也是快速实现经济总量扩张和完成赶超目标的重要途径。高投资和出口导向型发展战略有利于弥补经济起飞时期国内需求不足的缺陷，有利于促进低成本资源优势和人口红利释放，为快速实现赶超目标发挥了重要的作用（刘伟，2017）。转轨初期，中国经济起点比较低，为了构建快速健康发展的经济基础和实现赶超目标，必须要有一个较快的经济增速，从而需要通过吸引和增加投资来获得一个较长的高速增长时期，因此形成了投资驱动的经济增长模式。改革开放 40 多年来以高投资为特征的传统经济发展模式创造了"中国奇迹"，随着中国经济总量的快速积累和经济体制的日渐完善，特别是全面深化改革和新一轮继续扩大开放，传统经济发展模式的弊端日渐显现。进入 21 世纪，增量资本产出率（ICOR）持续上升（见图 6－2），表明增加单位产出需要更多的投资规模，投资的边际产出效果不断下降，投资效率总体下降。在政府主导的投融资环境下，企业特别是国有投资主体（平台）的投资行为普遍存在"预算软约束"，低利率为特征的金融约束宏观政策进一步刺激了投资需求的过度膨胀，地方政府"GDP 锦标赛"竞争也导致普遍存在过度投资和重复投资的问题（周黎安，1999）。

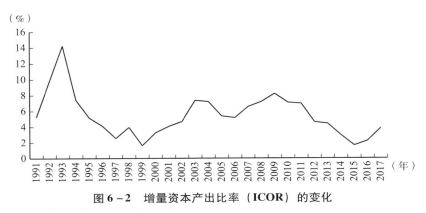

图 6－2　增量资本产出比率（ICOR）的变化

资料来源：历年《中国统计年鉴》。

另外，与西方成熟市场经济体以私人投资为主导的工业化进程相比，中国经济高速增长过程中的高投资具有明显的结构缺陷：产业结构类同、经济结构畸形、资源浪费、地方保护主义和市场分割严重。这些结构缺陷最终造成投资总量超过最优投资规模，导致产能过剩和资源错配问题更加严重。高投资导致的高积累及其对消费基金的挤压，导致政府对 GDP 的过度追逐而忽视民生服务，导致社会保障体系不健全、居民消费和民生福利发展相对迟缓、经济内生增长动力不足；对外依存度较高导致国民经济受外部经济冲击较大，国民经济脆弱性明显，容易导致国际经贸关系的摩擦增多。投资驱动的粗放型经济发展方式导致杠杆率不断提升，影响银行体系和金融体系的安全与稳定，制约了金融制度改革发展的步伐。

过去粗放型经济发展方式在我国发挥了很大的作用，但是，如果继续按照过去的粗放型发展方式来做，不仅国内条件不支持，国际条件也不支持，推动高质量发展是保持经济持续健康发展的必由之路。如今，我国一年的经济增量就相当于一个中等发达国家的经济规模，由于体量和基数变大，每增长一个百分点，在保就业、惠民生方面的效应明显增大。同时，每增长一个百分点对资源环境的消耗也成倍增加，中国经济既"做不到"也"受不了"像过去那样的高速增长。长期以来依靠政府过度干预和经济刺激政策，过分倚重要素投入和经济总量扩张，导致对经济增长质量和效率重视不足，全要素生产率增长缓慢。经过几十年发展方式的推进和强化，粗放型经济发展模式具有明显的固化和路径依赖特征，严重影响了发展方式的转型。国际金融危机之后，国外需求增长乏力，新一轮经济刺激政策边际效果显著下降，粗放型经济增长方式难以为继，固守传统经济发展模式没有出路，中国经济处于"三期叠加"和经济发展速度换挡的阶段，中国经济进入新常态。实践证明，固守传统经济发展模式没有出路，借鉴东亚模式的经验与教训，中国经济发展亟须转变传统经济发展模式，走集约型内涵式的经济发展道路（现代经济发展模式），实现高质量发展目标（吴敬琏，2016）。经济高质量发展，需要坚持"创新、协调、绿色、开放、共享"的新发展理念，不断完善政策体系、绩效评价体系、政绩考核体系等，落实全面深化改革，实现经济发展动力由投资驱动转型创新驱动转变，实现经济发展与环境、资源的协调发展，提高经济增长的效率和质量，更好地满足人民日益增长的美好生活需要。

6.1.2　中国经济增长的特征事实：政府主导经济与过度干预

尽管在不同时期政府干预的效果不尽一致，但是，改革开放以来中国经济高速增长与政府的作用是密不可分的。与欧美等成熟市场经济体以私人投资为主导的经济增长路径不同，很长时期中国的投资主体是以政府尤其是地方政府为主导的，地方政府竞争及其增长模式很大程度决定了中国经济增长的速度和质量。与"休克疗法"不同，中国的改革一直遵循着政府主导的制度变迁路径，政府是主要制度的供给者，在转轨过程中表现为制度变迁的推动者，政府的偏好在很大程度上决定着中国制度变迁的模式、速度和顺序。由于采取渐进式转轨的方略，中国政府具有计划经济模式遗留下来的强大的公共权力，各级地方政府对各种战略性经济资源具有控制或重要影响力，并承接了从计划经济遗留下来的大量的国有企业的生产能力，这使得各级政府对经济运行具有很强的渗透能力，政府主导经济和过度干预成为可能。在经济发展起点非常低的时期，投资或者物质资本投资对经济增长发挥着极其重要的作用，能否动员分散的社会资源形成较快的资本形成率成为经济增长速度的关键。因此，在中国转轨经济初期，政府主导的制度变迁路径保证了政府主导投资规模、投资方向和经济增长模式。

在转轨初期，完全由市场来配置资源无法达到帕累托有效的状态，固守传统"守夜人"的角色也难以保证经济增长的速度和建立工业化强国的赶超目标顺利实现。在这种情况下，不仅需要政府作为社会规则的制定者和维护者而存在，更要积极发挥其作为市场经济参与者角色的作用，充分发挥其在培育市场、壮大市场中的积极作用。经济分权和"晋升锦标赛"有利于在各级地方政府之间展开竞争，弥补市场不完全的体制机制缺陷，部分解决了中国公共品供给市场失灵的问题，激励地方政府发展效率高的企业和维护本地区的市场机制，从而推动市场机制发育发展，发挥政府投资和产业引领的积极作用，加快建立完善社会主义市场经济制度并快速壮大社会主义市场经济（周黎安，

1999）。同时，在市场经济起步阶段，由于长期实行计划经济和历史传统等原因，社会信用体系发展不足，政府和具有政府隐性担保的组织（单位）拥有更有利的融资地位，可以更好地动员和调配各种资源（要素）进行投资生产。相较于个人投资者而言，政府通常对世界先进技术和技术前沿趋势更具有信息优势，政府适度参与和引领投资和产业技术变迁更具吸引力。中国转轨经济过程中的赶超目标、市场缺陷和政府优势等特征，使得政府主导经济的发展模式显得很有必要。

政府主导经济和过度干预在中国经济发展过程中具有显著的外在表现。在金融领域，中国金融市场化改革进程迟缓。金融约束的宏观政策限制了非国有银行和资本市场的发展，增强了政府对金融资源的支配控制权。尽管经历 A 股上市或者境外上市，国有独资银行或者国有专业银行长期保持垄断地位，改制上市后的四大国有商业银行最终实际控制人均为政府。股份制银行、城市商业银行等主要金融机构也基本属于国有控股，地方政府部门对其拥有较强的影响力和话语权。在经济运行过程中，政府对商业银行信贷业务的规模、对象、领域等具有很强的影响力，国有金融体系在支持国有企业以及政府大型项目融资等方面发挥了重要作用，使得商业银行的经营管理更加符合地方经济增长的目标，从而支撑和维持了投资驱动型经济增长模式。与之形成鲜明对比的是，民营企业特别是中小民营企业主要依靠内源性融资方式，在信贷市场上金融机构存在明显的所有制歧视和信贷配给。在国有银行垄断的基础上，以存贷款利率为核心的利率管制以低成本支持大量国有企业，甚至在部分年份通货膨胀较高时期出现负利率也没有进行大幅度的调整。在外汇市场上，同样存在明显的政府干预，汇率市场化改革迟迟不到位，在"双顺差"贸易环境本币具有升值压力的情况下，中央银行采取多种措施积极干预外汇市场，维持固定且较低的人民币汇率，避免汇率大幅升值给经济增长带来的压力。

经济上的分权使得地方政府担当起发展经济和组织投资活动的重任（张军和周黎安，2008），地方政府竞相通过制定税收优惠政策来吸引包括外资在内的资金进行投资。由于城镇土地实行国有制，各级地方政府紧紧抓住土地这一重要战略资源大做文章，利用城镇土地支配权，在招商引资、园区开发、产业引导上具有很强的自主性。同时，地方政府通过土地批租积极发展房地产业，"土地财政"也成为地方政府的重要支撑，历经"房地产热"和"开发区热"等现象。为了满足加快地方经济增长目标的需要，各级地方政府积极组建融资平台，绝大部分地方融资平台的经营和人事安排都受到当地政府的控制和干预，地方融资平台（城投公司）已然成为政府参与经济活动和实施干预的重要中介。地方政府以融资平台公司的途径为各种基础设施和其他大型投资项目融资，形成了巨额的城投债。在2008年经济刺激政策大背景下，全国各地的融资平台公司如雨后春笋般出现了，在经济增速下行情况下，融资平台杠杆率急剧上升，面临严重的偿债压力，为之提供隐性担保的地方政府也面临连锁的债务和信用风险，地方政府债务岌岌可危。此外，地方政府还通过户籍限制人口自由流动，影响劳动力要素在不同区域之间的流动，制约了劳动力资源的合理配置。总之，政府支配经济增长及其过度干预行为与中国经济高速增长相伴而生。

虽然政府主导经济的模式在实现经济高速增长方面发挥了重要的作用，但是，长期的政府过度干预经济也带来了深刻的问题。伴随着政府主导经济，中国经济波动具有明显的政治周期特征，经济波动与党政换届选举具有很强的关联。在 GDP 单维度的标尺竞争和"晋升锦标赛"考核激励下，地方政府热衷于大型项目投资，盲目追求 GDP 和经济增速等容易被观察的指标，忽视资源消耗、环境污染代价，教育、卫生保健等民生福利改进缓慢，政府长期"缺位"和"越位"问题严重。在财政包干和经济分权体系下，地方政府恶性竞争、相互拆台，地方保护主义和市场分割现象盛行，产业同构化问题严重，形成了典型的"诸侯经济"，制约了大国统一大市场的形成及其规模优势的发挥，降低了资源配置效率，最终导致过度投资、重复投资和产能过剩等诸多问题（张军，2005）。同时，政府直接参与经济和干预投资，造成大量的国有企业参与到竞争性行业，不仅自身投资效率低下，而且争夺和排挤了民营资本的资源利用，设置行业壁垒阻碍民营资本进入有关竞争性行业领域，导致国有企业"双重效率损失"的现象（刘瑞明和石磊，2010）。政府控制重要经济资源并主导经济，扩大了寻租的经济基础和寻租空间，针对违法违规案件时，地方政府出于保护本地企业和地方经济增长的目的，倾向干预司法审判，往往导致对违法违规案件不予处罚或者从轻处罚，司法不公正和司法腐败频发，严重影响党和政府的形象。经过粗放型经济增长方式的长期强化，经济社会积累了深刻的矛盾和问题，最终体现为经济增速下行的不可逆转趋势，资源错配导致的产能过剩和金融风险压力增大，综合经济表现为"大而不强"的局面。如果继续沿用粗放型经济增长方式，中国经济就很难实现持续增长，甚至改革开放的成果都可能会受到严重的影响。

中国经济经过 40 多年的高速发展，已经离世界的技术前沿越来越近，从发展阶段上来说，已经从基于投资的发展阶段转变为基于创新的发展阶段。在创新引领的高质量发展阶段，动员和组织投资已经不是经济发展的首要任务，政府主导经济的模式和早期促进投资的政策（如压低职工工资）很可能阻碍技术创新，而此时更加分散化和市场化的资源配置方式可能更有利于集成大众的智慧，激发技术创新潜力。随着经济追赶阶段基本完成，人力资本相对于物质资本投资变得越来越重要，高质量发展要求纠正现有的资源错位现象，提高和优化资源配置，管住"闲不住的手"，让市场在资源配置中真正起到决定性的作用，同时更好地定位政府的作用和职能，实现市场与政府协调互补运作。

6.1.3　投资驱动发展模式下货币金融运行特征

排斥商品交换和货币关系的实物型计划经济是转轨经济的初始条件，改革开放确立的转轨目标决定了转轨过程是一个经济货币化和金融深化的过程。在市场化改革进程中，渐进式改革路径决定了由计划命令配置资源向市场配置资源转变是一个缓慢的过程。中国经济体制改革起步于微观经营体制，肇始于计划经济最明显的缺乏经济效率的具体生产单位——国有企业和人民公社转变经营体制机制，而计划经济模式缺乏效率的深层次的宏观政策环境并没有发生同步的变化，尤其是以金融资源价格为典型特征的要素价格管制（扭曲）使得宏观政策环境改革相对滞后（林毅夫等，1994），其中包括对政府货币发行和金融体系的控制。传统计划经济遗留下来的国有企业承担着国家战略性任务和社会性政策负担，而且在完全的市场经济环境中不具自生能力，① 因此，国有企业需要国家政策（如金融约束政策）倾斜和适度干预才能得以存续，并有利于减少改革的阻力和保证改革方案的顺利实施。金融约束政策使得政府牢牢掌握了对金融体系和金融资源的控制权，从而表现为政府对社会经济的直接参与和过度干预，形成了政府主导经济的发展模式。政府主导资源配置和经济发展模式不断强化，造成了政府特别是地方政府对金融约束政策和粗放型增长方式的路径依赖，长期以来导致金融改革缓慢，产业结构长期处于"中低端"链条，经济结构难以优化和提升。同时，在经济货币化和价格市场化改革过程中，货币内部的结构和货币供给机制也发生了明显的变化。在不同转轨阶段，由于市场发育水平不同，货币注入方式和货币数量扩张机制也呈现出明显的差异。

图6-3反映了1978～2017年各层次货币供应量M0、M1、M2增长速度的变化。可以看出，1994年以前货币供应量M0的同比增速普遍高于M1，说明现金发行是中央银行扩张货币、增加货币供给的主要方式，意味着这一阶段全社会交易（流通）的主要媒介是现钞而不是银行存款（转账），反映了全社会活期存款较少、储蓄能力不足的问题。由于私人信用（含商业信用）体系薄弱，金融体系也处于从"大一统"的计划金融体系向以中央银行为核心、商业银行为主导的现代银行体系转变，在转轨初期中央银行长期依赖国家信用（政府信用）大量发行现金，M0/M1比值从1978年的24.67%上升到1993年36.02%，最高时期达到40.20%。货币扩张的现金发行，一方面反映了传统计划经济遗留下来的行政计划色彩，另一方面更重要的是，中央银行借助国家信用弥补私人信用（含商业信用）不发达状况的不足，从而有利于支撑从实物型计划经济向商品经济、市场经济发展，逐步实现经济货币化。

---

① 不具有自生能力是指在开放的、竞争性的市场经济中，企业无法获得社会可接受的利润水平，甚至发生大量的亏损。因而，企业的存续需要政府进行干预，通常以财政的方式给予直接或者间接的补贴。

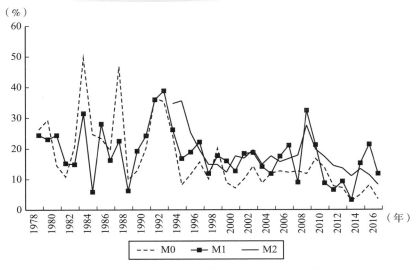

图 6 - 3　各层次货币供应量 M0、M1、M2 增长速度

资料来源：东方财富 Choice 数据库。

　　值得注意的现象是，从 1994 年开始货币供应量 M1 同比增速明显高于 M0，这反映了货币供应量 M1 的构成中企业活期存款增速超过 M1 构成中的流通中的现金的增长速度。在这一阶段，M0/M1 和 M0/M2 比例迅速下降，截至 2017 年底分别为 12.99% 和 4.21% （见图 6 - 3），这表明中央银行发行现钞的比例已经非常有限，货币扩张逐渐从中央银行印发现金的方式向依靠商业银行货币创造的方式转变。经过 40 多年来的改革开放，特别是近 20 年社会主义市场经济快速发展和经济体制的完善，增强了居民和企业的储蓄能力，银行体系的改革和私人信用的发展也促进了银行和其他金融体系的发展，加快了资金的流通，提高了资金配置的效率。货币扩张机制的转变，见证了商业信用的发育和商业银行在货币创造中的强大作用。

　　伴随中国经济高速增长，长期形成的政府主导经济和投资驱动的发展模式导致货币存量畸高，使得宏观政策长期面临抑制通货膨胀和资产泡沫风险的压力，显著增加了经济的脆弱性。中国转轨经济过程中过高的货币存量（见图 6 - 4）和"迷失的货币"（Gang，1991；易

纲，1996；李扬，1998）与经济发展模式是密不可分的。政府对经济
发展的主导控制和粗放型经济增长方式不断强化了物质资本投资，在
资本边际效率不断降低、粗放型增长方式得不到扭转的情况下，为了
追求经济速度和规模不得不依靠追加投资来弥补资本投资效率下降的
不足，从而不断强化粗放型经济增长发展方式。与以美国为代表的市
场导向型和德国为代表的银行主导型的金融体系相比，中国经济货币
化率（M2/GDP）明显偏高，从 2007 年的 150% 上升到 2015 年的
200% 左右，并持续在徘徊 200% 左右。与新兴经济体和发展中大国印
度相比，中国经济货币化率也明显高于印度（见图 6 - 4）。

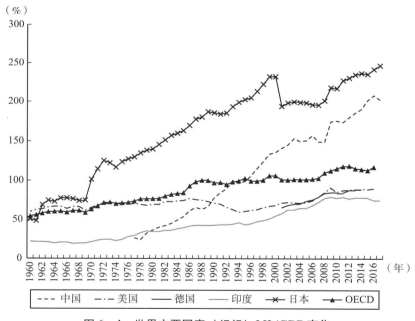

图 6 - 4　世界主要国家（组织）M2/GDP 变化

资料来源：世界银行数据库。

从金融资产结构来看，中国金融资产单一化明显，金融资产长期
以银行资产（如 M2）为主导，股票资产、债券资产等资本市场资产发
展缓慢，这反映了中国金融体系过度依赖银行部门，多层次资本市场

存在明显的滞后。在以直接融资为主导的金融体系下，投资—信贷驱动的增长模式导致信用货币的大量增发和宏观杠杆率急剧抬升，加大了系统性金融风险的威胁。在经济高速增长阶段，过高的货币存量导致宏观政策长期疲于应对通胀和资产泡沫风险，制约了金融市场化改革的步伐。借鉴东亚模式的前车之鉴，依赖政府过度干预和高投资的经济增长方式难以持续，信贷驱动投资酿成泡沫经济的后果为中国经济发展方式转变提供了某种警示作用。

图 6 - 5 反映了投资比重与贷款利率的变化趋势。可以看出，投资比重（投资与 GDP 的比值）从 2000 年的 33.3% 上升至 2009 年的 45.3%，新常态阶段以后，投资比重虽然略有下降却仍然保持在 40% 以上。这说明在 GDP 构成中投资的份额不断上升，经济增长依赖投资驱动的趋势仍然非常明显。同时，金融机构贷款加权平均利率和实际贷款利率也呈现出明显的上行态势，投资与利率并未表现出一种反向的"镜像"关系，甚至出现投资与利率同向变动的"异常"现象，反

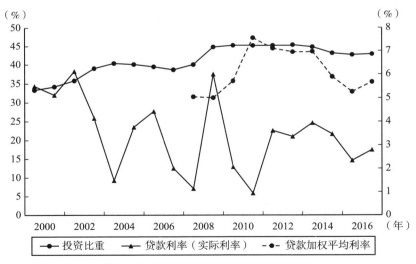

图 6 - 5 贷款利率与投资率的变动趋势

注：数据来自《中国统计年鉴》和中国人民银行；投资比重对应左坐标轴，取余的对应右轴。

映了企业投资对资金使用成本（利率）不敏感以及利率决定的非市场化特征。投资驱动的发展模式增强了企业对货币扩张的依赖，低成本资金导致企业忽视科技研发和创新能力培养，导致全要素生产率增长缓慢，严重制约了中国经济结构的升级优化和高质量发展。

此外，金融约束政策限制了金融业的市场竞争，导致利率市场化基础设施建设进程缓慢。国有金融体系主导和信贷领域存在明显的信贷配给，导致出现大量的影子银行和一些大型国有企业利用自身便利的融资优势成为"二银行"，拉长了资金使用的链条，提高了资金使用的成本，也导致金融风险的积累。随着转轨经济持续发展，经济体制不匹配形成的体制缺陷已经严重制约了中国经济的持续稳定健康发展，唯有全面深化改革，积极推进利率市场化改革，扭转金融资源错配问题，提高金融资源配置效率，才能促进经济结构优化和提高全要素生产率，才能实现高质量发展的目标。

6.2　企业投资行为与过度投资：一个经验分析

6.2.1　过度投资水平：一个经验分析

过度投资是相对于企业的合理投资水平而言的，反映和衡量了企业投资行为扭曲的特征。我们可以定义实际投资水平偏离合理投资水平的部分为非效率投资，非效率投资既可以是投资不足，也可以是过度投资。因此，衡量过度投资的前置性要求是合理度量企业的正常的投资水平。借鉴理查森（Richardson，2006）的基本思路，并结合中国经济实际构建如下模型：

$$I_{i,t} = \alpha + \beta X + \rho I_{i,t-1} + \sum Year + \sum Industry + \varepsilon_{i,t} \quad (6-1)$$

其中 X 表示影响企业投资的协变量，一般包括投资机会、财务杠杆率等，ε 表示残差，各变量定义具体说明见表 6 - 1。本书以沪深两市 A 股上市公司为研究样本，样本区间为 2001～2017 年。在样本选取过程中，本书剔除了以下公司：（1）发行 B 股和 H 股的上市公司；（2）金融行业上市公司；（3）ST 等特殊处理的上市公司；（4）数据存在缺漏值的样本公司。经过样本筛选之后，共得到 18074 个样本观测值，样本上市公司数据均来自国泰安数据库（CSMAR）。为消除异常值的影响，对连续变量进行首尾 1% 缩尾处理。

表 6－1   变量的定义和说明

变量符号	变量名称	变量说明
I	新增投资	（总投资－维持性投资）/年初总资产。总投资为现金流量表中"购建固定资产、无形资产和其他长期资产支付的现金""投资支付的现金""取得子公司及其他营业单位支出的现金净额"减去"处置固定资产、无形资产和其他长期资产收回的现金净额""处置子公司及其他营业单位收到的现金净额"。维持性投资为现金流量表中"固定资产折旧、油气资产折耗、生产性生物资产折旧""无形资产摊销""长期待摊费用摊销"之和
Growth	成长机会	Tobin Q 值
leverage	杠杆率	财务杠杆率，总负债/总资产
Cash	现金流	（货币资金＋交易性金融资产＋短期投资净额）/年初总资产
Age	公司年龄	当年年份减去上市年份，取自然对数
Size	公司规模	年初总资产取自然对数
Return	股份收益率	考虑现金红利再投的个股回报率
Year	年份虚拟变量	共 17 期，年度虚拟变量共 16 个
Industry	行业虚拟变量	共 18 个行业，行业虚拟变量共 17 个

表 6－2 反映了上市公司效率投资的估计结果。可以发现，企业效率投资模型估计结果整体较为显著，解释变量中除了股份收益率变量（Return）的系数不显著外，其余变量均在 1% 统计水平上是显著的，且系数的符号与预期的一致，而且控制的年份虚拟变量和行业虚拟变量都非常显著。成长机会、现金流和公司规模变量较好地反映了上市公司合理投资的水平，成长机会的提升、现金流的改善和公司规模的扩大有利于鼓励上市公司扩大投资规模；财务杠杆率的提高、上市年

限的增加有利于抑制上市公司投资。这说明随着企业上市年限的增加，企业投资理念和公司治理结构更加成熟化，从而对公司规模起到制衡的作用。股份收益率系数不显著，这说明中国上市公司个股回报率与公司投资规模的关联性不显著，这可能是上市公司尤其是在资本市场中处于发展初期的上市公司股权过于集中和公司治理不成熟，造成股份收益率与上市公司合理投资规模不相匹配。

表 6 – 2 效率投资水平估计结果

变量	预期符号	系数	Z 统计量
I_{t-1}	+	0. 348 ***	（163. 783）
Growth	+	0. 004 ***	（28. 555）
Leverage	–	– 0. 022 ***	（– 7. 299）
Cash	+	0. 099 ***	（24. 339）
Age	–	– 0. 007 ***	（– 5. 636）
Size	+	0. 002 ***	（3. 172）
Return	+	– 0. 000	（0. 355）
Year	/	YES	/
Industry	/	YES	/
N	/	13802	

注：* 、** 、*** 分别表示在 10% 、5% 、1% 水平上是显著的。

根据实际投资水平和合理投资水平的差异，即模型得到的残差值，结果发现自 2002 ~ 2017 年存在过度投资的样本观测值共计 7457 个，占总样本观测总数比例超过 45% ，年均过度投资比例达到 52.1% ，这反映了中国上市公司存在普遍过度投资的现象，这一结果与一些学者（唐雪松等，2007；张洪辉和王宗军，2010）的研究具有一致性。上市公司普遍存在较高的过度投资水平，与中国转轨经济的阶段特征是紧密联系的。在转轨经济时期，高质量的产品和服务供给不足，消费者权益意识和法律保护不足，企业可供投资盈利的机会较多，此时资本处于边际收益递增的阶段。同时，中国资本市场发展较晚，法制环境、金融约束不强，上市公司投资行为机制发育不成熟等因素也容易造成企业存在过度投资。从纵向来看，中国上市公司发生过度投资的比例总体上是趋于下降的，上市公司过度投资比例从 2002 年的 70%下降到 2017 年的 32.18%，这表明中国上市公司在转轨经济过程中投资行为机制发育更加成熟和理性。值得注意的是在 2012 年以后，我国上市公司过度投资比例下降非常迅速，这可能反映了全面深化经济体制改革以后，转变过去依赖"高投资"拉动的经济增长模式，实施供给侧结构性改革增强了国有企业"硬约束"，上市公司自我约束机制得到增强，"三去一降一补"的供给侧结构性改革效果较为显著。

6.2.2 产权性质与企业过度投资

在经济转轨时期，一方面，由于社会信用体系不健全和金融市场不发达，企业融资渠道以银行信贷为主导，融资方式相对单一化；另一方面，在企业的投融资决策上表现出明显的政府干预特征。这种情况不仅出现在由地方政府主导的公共项目与基础设施建设中，还体现在辖区内各类企业的投融资活动中。因为政府实际控制着中国证券市场上大约 2/3 的上市公司（唐雪松等，2010），所以地方政府对辖区上市公司有着较强的影响力。值得一提的是，中国许多大型商业银行也是国有控股的，国有商业银行除了一般的经营管理目标，往往有着特殊的目标，从而在放贷行为上有着特殊的偏好，例如金融机构对不同贷款对象的股权性质存在不同的偏好，国有企业或者具有特殊政府背景的企业在各类资源获取上具有天然的优势，因此这类企业扩张投资的资源保障更加充足。同时，国有企业由于产权不明晰形成的所有者缺位问题，以及"预算软约束"导致的奖惩不对称性，委托代理问题更为严重，国有上市公司管理层具备更强烈的动机不断扩大投资规模，企业的过度投资问题也更加严重（叶生明，2006；杨华军和胡奕明，2007）。总之，在过去相当长一段时间内各级政府追求经济增长等目标的体制下，我国企业（尤其是国有企业）往往表现出高涨的投资热情和强烈的融资愿望，从而容易引发盲目投资、过度投资等问题。

在投资效率模型估计结果基础上，可以得到不同产权性质的上市

公司发生过度投资的比重（见图 6 - 6）。结果发现，2002 ~ 2017 年发
生过度投资的样本总数共计 7428 个，其中国有产权和非国有产权性质
样本总数分别为 4339 个和 3089 个。16 年间，最高过度投资比例为
2002 年的 70%，最低过度投资比例为 2017 年的 32.18%，年度平均过
度投资发生比例为 52.13%，这表明中国上市公司普遍存在过度投资的
倾向。国有上市公司和非国有上市公司年均值过度投资发生比例分别
为 58.4% 和 41.6%，前者比后者高出近 18 个百分点，这说明中国上市
公司投资行为存在明显的产权异质性特征，相较于非国有产权上市公
司而言，国有产权上市公司更容易发生过度投资。同时，在同一产权
内部，即中央控制的国有上市公司和地方控制的国有上市公司，前者
发生过度投资的年均值为 43.25%，而后者为 57.35%，地方国有产权
上市公司发生过度投资的比例高出中央控制国有产权上市公司约 15%
（见图 6 - 6），这表明中央与地方归属层次不同的上市公司投资行为也
存在明显的差异。相较于中央控制的上市公司，省级及省级以下地方
政府控制的国有上市公司更倾向发生过度投资行为，这可能与地方政
府对地区经济增长偏好和过度干预经济存在一定的联系。

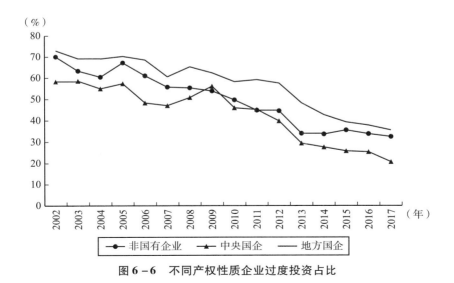

图 6 - 6　不同产权性质企业过度投资占比

表 6-3 显示了产权特征与上市公司过度投资水平的结果。列（1）和列（2）反映了上市公司国有产权与非国有产权对企业过度投资水平的回归结果，可以看出国有产权（Soe2）系数在 10% 显著性水平上为正，在控制相关变量后国有产权性质变量的系数分别为 0.008 和 0.009，表明实际控制人为中央或地方政府的上市公司较实际控制人为其他类型的上市公司过度投资规模至少高出 0.8%。列（3）和列（4）列反映了地方性国有上市公司与非地方性上市公司（包括非国有和中央国有企业）产权性质差异对企业过度投资水平的影响。结果发现，地方国有产权变量（Soe3）的系数在 1% 显著性水平上为正，且系数值明显大于国有产权变量（Soe2），说明地方国有产权显著地增加了上市公司过度投资水平，这与图 6-6 得出的结果相一致，进一步证实了上市公司归属于地方政府国有产权性质增加了过度投资的水平。从产权性质类别看待企业投资行为，可以发现不仅国有上市公司发生过度投资的比例高于非国有上市公司，而且过度投资水平也明显高于非国有上市公司，企业行为存在明显的所有权异质性特点，国有产权特别是地方国有性质产权显著增加了上市公司过度投资比例和过度投资水平，这与前面的理论分析相吻合。

表 6-3　　　　　　　产权异质性与企业过度投资水平估计结果

变量	（1）	（2）	（3）	（4）
Soe2	0.008 * (1.878)	0.009 * (1.706)		
Soe3			0.013 *** (2.833)	0.016 *** (2.800)
Cash		0.015 ** (2.315)		0.016 ** (2.348)
Leverage		− 0.093 *** (− 10.837)		− 0.095 *** (− 11.008)
常数项	0.019 (1.392)	0.063 *** (3.916)	0.018 (1.337)	0.062 *** (3.862)
年份	YES	YES	YES	YES

变量	（1）	（2）	（3）	（4）
行业	YES	YES	YES	YES
N	15782	11839	15854	11883

注：1. 列（1）和列（2）表示国有与非国有经济产权性质比较，列（3）和列（4）表示地方性国有企业与非地方性国有企业的比较；2. ＊、＊＊、＊＊＊分别表示在10%、5%、1%水平上是显著的，括号内为 t 统计量。

6.2.3 区域结构、制度环境与企业过度投资

中国渐进式改革发展道路和非均衡发展策略是中国改革开放以来实现经济总量快速增长的重要原因，中国市场化进程已经取得举世瞩目的成就。非均衡发展战略导致各地市场化改革进程不一，各地区经济增长速度不同和率先改革发展地区"先发优势"更加明显，再加上历史、地理等因素，各地区经济发展不平衡问题更加突出，成为新时代社会主要矛盾的主要方面。在同一时期同一宏观政策环境下，由于不同地区经济增长形势、经济金融水平、法治环境等不同，各地区往往处于不同的经济社会发展阶段，有的地区可能处于投资高速增长的阶段，有的地区可能增长相对缓慢甚至出现负增长。例如，东部地区部分省份已经开始进入工业化后期和信息化阶段，而中西部地区的大部分省份正处于加快推进工业化、承接东部产业转移的阶段。不同发展阶段及其表现出来的各种经济社会特征，最终都会影响到辖区内企业的生产经营成果并会对企业持续的投融资行为产生积极或消极的影响，因而不同区域企业的投资行为也存在明显的差异。尽管政府对经济干预是中国经济社会生活中的普遍现象，但是，地方政府干预的方式和程度的不同也会带来不同的后果。例如，国有银行更愿意为国有企业提供贷款和融资服务，但是在政府干预程度不同的地区，国有银行的差别贷款行为可能存在着差别，政府干预程度比较低的地区，国有银行的差别贷款行为会有所减弱（江伟和李斌，2006）。因此，不同区域企业的投资行为与区域发展阶段和政府行为存在千丝万缕的联系。

表6-4反映了上市公司分区域过度投资发生的比例和过度投资水

平。可以看出，中部地区过度投资比例最高（48.2%），其次为东部地区（47.7%），西部地区比例最低（46.4%），东部、中部、西部地区企业存在明显的过度投资倾向，在发生过度投资比例上不相上下；从企业过度投资水平来看，东部地区过度投资水平最高，为0.116，中部和西部地区分别为0.097和0.094，中部地区和西部地区上市公司过度投资水平较为接近，东部地区上市公司过度投资水平明显高于中西部地区。北京、上海、江苏、广东等东部省份的过度投资水平均超过0.11，而四川、广西、云南等大部分西部省份的过度投资水平不超过0.1，这说明东部地区上市公司企业投资规模偏离其最优投资规模最大，在呈现出普遍过度投资现象的基础上，过度投资规模问题也更加突出。各省份和分区域企业投资行为存在较大的差异，可能与地区金融发展水平、政府干预和地区法治环境等因素密切相关。因此，东部地区较好的产权保护、法治环境以及对经济前景的乐观预期，都倾向于激励东部地区企业扩大投资和吸引外部资金投资，在经济高速增长和区域非平衡发展道路上，更容易造成东部地区企业过高的过度投资水平。

表6-4　　　　　　　　省级层面企业投资效率比例：过度投资

东部地区	过度投资比例	过度投资水平	中部地区	过度投资比例	过度投资水平	西部地区	过度投资比例	过度投资水平
广东	0.435	0.115	湖南	0.473	0.114	四川	0.521	0.085
北京	0.395	0.122	山西	0.324	0.049	新疆	0.489	0.068
河北	0.439	0.085	江西	0.512	0.130	青海	0.475	0.060
江苏	0.437	0.112	安徽	0.458	0.092	重庆	0.517	0.147
山东	0.451	0.106	吉林	0.582	0.073	陕西	0.451	0.109
辽宁	0.480	0.109	湖北	0.598	0.096	广西	0.426	0.083
浙江	0.449	0.118	河南	0.482	0.114	云南	0.527	0.096
福建	0.526	0.124	黑龙江	0.431	0.104	贵州	0.450	0.072

东部地区	过度投资比例	过度投资水平	中部地区	过度投资比例	过度投资水平	西部地区	过度投资比例	过度投资水平
海南	0.614	0.129				甘肃	0.413	0.081
天津	0.418	0.122				内蒙古	0.365	0.120
上海	0.610	0.129				宁夏	0.515	0.100
						西藏	0.422	0.108
均值	0.477	0.116	均值	0.482	0.097	均值	0.464	0.094

注：表中的数据根据表6–2实证结果计算得到。

　　表6–5反映了区域制度环境与企业过度投资的估计结果。与列（3）至列（6）明显不同的是，列（1）和列（2）结果中市场化指数变量（Market）在5%统计水平上是显著的，且符号为负值，这表明降低东部地区政府干预程度和提升东部地区市场化程度有利于降低辖区内上市公司的过度投资水平，使得企业投资水平趋于合理化，这一结果与理论预期相一致。在列（3）和列（4）回归结果中，市场化指数变量（Market）在10%统计水平上是显著的，而且系数为正值，这说明中部地区提高市场化程度可能反而增加了上市公司过度投资水平，西部地区亦是如此，尽管列（3）和列（4）市场化指数变量（Market）在统计意义上是不显著的。东部地区和中西部地区市场化程度变化对上市公司过度投资水平的差异性结果可能反映了中西部地区正处于高速投资高速增长的阶段，而东部地区在稳定经济增速的过程中更加重视经济结构的优化和产业结构的升级，进一步反映了中国区域间经济发展不平衡的问题。自改革开放以来，东中西部改革次序和发展速度存在明显的差别，各省份和各地区处于不同的经济发展水平和阶段，同一时期区域间经济增长的结构不同，发展的理念以及经济发展目标存在明显的异质性，因而可能造成东部和中西部地区企业投融资行为上存在明显的不同。

表 6 – 5　　　　　制度环境、区域结构与企业过度投资估计结果

变量	(1)	(2)	(3)	(4)	(5)	(6)
	东部	东部	中部	中部	西部	西部
Market	-0.006 ** (-2.351)	-0.006 ** (-2.129)	0.011 * (1.772)	0.012 * (1.795)	0.005 (1.391)	0.006 (1.398)
Cash		0.001 (0.089)		-0.005 (-0.209)		0.028 *** (2.929)
Leverage		-0.122 *** (-8.157)		-0.115 *** (-5.614)		-0.035 * (-1.731)
Size		-0.005 (-1.352)		-0.009 * (-1.700)		-0.007 (-1.453)
常数项	0.081 ** (2.308)	0.281 *** (3.180)	-0.082 (-1.602)	0.100 (0.788)	0.027 (0.938)	0.187 * (1.759)
年份	YES	YES	YES	YES	YES	YES
行业	YES	YES	YES	YES	YES	YES
N	10424	7671	2920	2266	2479	1920

注：* 、** 、*** 分别表示在 10% 、5% 、1% 水平上是显著的，括号内为 t 统计量。

6.3　转轨进程中的企业投资行为与货币政策的困境

6.3.1　货币扩张与企业投资

企业的投资和再生产活动离不开信用或融资扩张。在现代市场经济中，货币扩张是全社会信用扩张的重要形式，企业投资行为在很大程度上依赖于融资规模和融资效率。在加速推进工业化的阶段，中国投资驱动的经济发展模式强化了对物质资本投资尤其是固定资产投资增长的依赖，企业信用扩张的规模和速度成为制约企业资本形成、扩大生产规模，进而迅速占领市场的重要制约因素。在转轨经济中，私人信用和商业信用不甚发达，除了内源性融资之外，具有政府背景的融资中介（如银行）往往成为企业获取资金的重要渠道。与成熟市场

经济体相比，我国资本市场不发达且金融结构以银行为主导，企业直接发债或者增发股票的要求非常严苛，信贷融资成为大部分企业扩大投资的主要融资方式，在投资驱动的经济发展模式下企业投融资活动表现出来的货币需求与货币供给和货币创造具有更紧密的联系。投资驱动和高投资发展模式表现出高货币存量和高债务率的特征，2007 ~ 2013 年货币供给 M2 增长了 173%，货币数量扩张很可能是构成企业过度投资的重要诱因。货币政策一般会通过信贷和货币渠道对企业投资行为产生影响，货币扩张体现了货币政策和国家宏观调控的意图，毫无疑问会对市场主体行为产生复杂的影响，货币政策也通过影响银行可贷资金规模和企业的资产负债表质量，进而影响企业的投融资决策（Bernanke and Gertler，1995）。在转型时期的经济分割环境下，资本形成与货币扩张之间也存在长期稳定的互动关系和正循环过程，即企业过度投资受到信贷扩张的显著影响（李治国等，2010）。

表 6-6 反映了企业投资与货币数量扩张之间的回归结果。可以看出，投资水平结果中货币数量变量（Mtotal）系数均为正，且过度投资企业样本列（2）结果中 Mtotal 变量在 1% 统计水平上是显著的。这表明与非过度投资企业样本和全体企业样本相比，货币数量的扩张更容易导致过度投资企业样本增加投资水平。货币数量扩张对总体样本企业投资增加的效应不显著，可能反映了影响企业投资因素的多样性，货币数量扩张并不必然导致企业增加投资。在列（4）至列（6）的估计结果中，Mtotal 变量的系数均在 10% 统计水平以上显著为正，其中过度投资企业和全部企业样本在 5% 统计水平上是显著的，而非过度投资企业在 10% 统计水平上是显著的。与列（1）至列（3）相比，货币数量 M2 对过度投资水平的影响更加显著，列（4）Mtotal 变量的系数显著为正值，表明上市公司过度投资水平随着 M2 的扩张而增加，与列（1）反映的货币扩张与全部企业投资水平并无显著性正向关系明显不同，这表明虽然货币扩张不能显著增加企业投资，但是货币扩张是上市公司过度投资水平增加的一个重要原因。无论是从投资水平还是过度投资水平看，过度投资企业 Mtotal 变量的系数至少都在 5% 水平上是显著的，且系数值都明显大于非过度投资企业和总

体样本，这表明货币政策扩张对不同投资效率公司具有较为明显的差异，货币数量扩张明显地提高了过度投资企业的投资水平，更倾向于导致过度投资企业继续增加投资。

表 6 - 6   货币数量与企业投资的回归结果

变量	（1）	（2）	（3）	（4）	（5）	（6）
Mtotal	0.017 （1.210）	0.103 *** （3.657）	0.003 （0.459）	0.020 ** （2.034）	0.053 ** （2.457）	0.010 * （1.878）
Cash	0.128 *** （9.746）	0.246 *** （12.386）	0.034 *** （5.626）	0.077 *** （9.084）	0.145 *** （9.579）	0.035 *** （6.907）
Size	0.003 （1.472）	− 0.011 *** （− 3.558）	0.004 *** （4.798）	− 0.005 *** （− 3.580）	− 0.011 *** （− 4.967）	− 0.005 *** （− 6.795）
Leverage	− 0.183 *** （− 18.552）	− 0.225 *** （− 15.198）	− 0.069 *** （− 15.585）	− 0.079 *** （− 12.643）	− 0.111 *** （− 10.019）	− 0.033 *** （− 8.887）
行业	YES	YES	YES	YES	YES	YES
年份	YES	YES	YES	YES	YES	YES
常数项	0.198 *** （3.041）	0.914 *** （8.440）	− 0.004 （− 0.157）	0.288 *** （7.147）	0.583 *** （7.175）	− 0.211 *** （− 9.780）
N	13802	6626	7176	13802	6626	7176

注：1. 列（1）至列（3）的因变量是投资水平，列（4）至列（6）的因变量是过度投资水平；2. *、**、*** 分别表示在 10%、5%、1% 水平上是显著的，括号内为 t 统计量。

表 6 - 7 反映了异质性产权企业投资与货币扩张的估计结果。可以看出，列（1）至列（3）非国有企业货币数量变量（Mtotal）显著性水平在 10% 以上，其中全部企业和过度投资企业在 5% 水平上显著为正，这表明货币扩张显著地增加了非国有上市公司和发生过度投资的非国有上市公司的投资水平，非国有上市公司对货币扩张反应较为敏感。尽管列（4）和列（5）Mtotal 变量系数均为正，但是均不显著，这表明货币数量扩张不能显著增加国有上市的投资水平，国有上市公司对货币扩张不敏感。非国有上市公司 Mtotal 系数（绝对值）

均明显大于国有上市公司，进一步表明非国有上市公司对货币数量扩张更加敏感，这可能反映了非国有上市公司与国有上市公司在融资环境方面的差异。相较于国有公司，非国有公司面临更强的金融约束，从而表现出对宏观环境尤其是货币扩张政策反应更加及时和更加敏感，而国有企业由于自身处于较为有利的融资优势地位，以及经营机制的"预算软约束"，国有企业的投资行为（扩张或收缩）表现出较强的路径依赖（惯性），对市场环境变化反应迟缓甚至敏感程度不足。

表 6-7　　　　　异质性产权企业投资与货币扩张的估计结果

变量	（1）	（2）	（3）	（4）	（5）	（6）
Mtotal	0.029 ** (2.119)	0.083 ** (2.551)	-0.012 * (-1.709)	0.002 (0.141)	0.007 (0.241)	0.007 (0.972)
Cash	0.080 *** (6.004)	0.132 *** (5.166)	-0.039 *** (-5.321)	0.083 *** (7.899)	0.163 *** (9.118)	0.040 *** (5.825)
Size	-0.003 (-1.513)	-0.010 ** (-2.544)	0.007 *** (6.546)	-0.004 ** (-2.573)	-0.009 *** (-3.766)	-0.000 (-0.450)
Leverage	-0.093 *** (-9.132)	-0.148 *** (-7.486)	0.033 *** (6.122)	-0.048 *** (-6.517)	-0.059 *** (-4.775)	-0.020 *** (-4.152)
行业	YES	YES	YES	YES	YES	YES
年份	YES	YES	YES	YES	YES	YES
常数项	0.299 *** (4.622)	0.675 *** (4.985)	-0.275 *** (-8.461)	0.188 *** (3.746)	0.357 *** (3.590)	-0.094 *** (-3.272)
N	6196	2662	3534	7553	3943	3610

注：1. 列（1）使用非国有企业全体样本，列（2）使用非国有企业发生过度投资的样本，列（3）使用非国有企业没有发生过度投资的样本，列（4）使用国有企业全体样本，列（5）使用国有企业发生过度投资的样本，列（6）使用国有企业没有发生过度投资的样本；2. * 、** 、*** 分别表示在 10%、5%、1% 水平上是显著的，括号内为 t 统计量。

6.3.2　利率传导效率与企业投资

一般而言，资金成本是影响企业投资行为的重要因素，资本成本约束会抑制经营管理者的过度投资倾向，从而提高投资效率。但是，作为一个转轨经济体，"投资过热"现象在中国实际经济运行中是非常普遍的，中国企业的投资行为与其面临的资本成本约束的结论可能并非如此。一些研究发现中国上市公司对资本成本的敏感系数偏小，企业投资与利率存在正向作用的关系（赵玉成，2006；彭方平和王少平，2007；邹颖等，2016）。在渐进转轨和政府主导经济发展的模式下，存在大量的融资平台、国有企业等软预算约束部门，在市场化经营未完全到位的情况下逆向选择和道德风险问题不可避免，这些部门的投资行为对资金价格变化不敏感，对利率弹性系数偏小，私营和外资企业的投资对资本成本更加敏感（徐明东和陈学彬，2012；贺妍和罗正英，2017）。同时，信贷市场存在明显的所有制歧视和信贷配给现象（张扬，2016；顾研，2016），大部分信贷资源主要流入融资平台等部门，出现"脱实向虚"和"企业金融化"现象（彭俞超和黄志刚，2018），并造成非国有企业"融资难、融资贵"问题持续存在，严重影响了经济的持续健康增长和高质量发展。

表 6-8 反映了企业投资水平与贷款实际利率的回归结果。可以看出，对全体样本而言，上市公司投资水平与利率之间没有显著的关系，即上市公司投资对贷款利率资金成本变动不敏感，利率的降低（上升）对促进（降低）上市公司投资规模没有显著的影响，这与前面得出的结论相吻合。从分组回归看，列（2）和列（3）利率变量（Rate）系数均为正，前者在 1% 水平上是统计显著的，而后者缺乏足够的显著程度，过度投资企业系数值（0.02）也明显大于非过度投资企业（0.004）。这表明当贷款利率水平提升时，过度投资企业显著地增加了投资水平，而非过度投资企业并没有表现出明显的投资水平增加的结果。因此，相较于非过度投资企业，过度投资企业的投资规模与贷款利率具有显著的正向变动联系，过度投资企业对利率变动更加不敏感。同时，列（2）R^2 值为 0.161，明显大于全样本组和非过度投资样本组，这表明过度投资样本回归结果整体更加显著，过度投资企业的投资规模对利率变动的正向关系更加稳健可信。

表 6-8　　　　　　　　贷款利率与企业投资的估计结果

变量	(1)	(2)	(3)
	全体样本	过度投资样本	非过度投资样本
Rate	0.004 (1.616)	0.020 *** (3.756)	0.001 (0.510)
Cash	0.113 *** (9.099)	0.193 *** (9.889)	0.047 *** (7.830)
Leverage	− 0.163 *** (− 16.272)	− 0.175 *** (− 11.120)	− 0.053 *** (− 10.747)
Size	− 0.001 (− 0.459)	− 0.012 *** (− 3.035)	0.006 *** (5.272)
行业	YES	YES	YES
年份	YES	YES	YES
常数项	0.238 *** (4.226)	0.619 *** (6.770)	− 0.082 *** (− 2.956)
N	15854	7457	8397
R^2	0.066	0.161	0.073

注：*、**、*** 分别表示在 10%、5%、1% 水平上是显著的，括号内为 t 统计量。

在中国渐进式改革过程中，双轨制是一种非常普遍的现象，存在于多方面和多领域，除了经常被提及的"价格双轨制"主要针对商品领域的价格，事实上更广义的商品价格还包括生产要素尤其是资金成本价格的双轨制，即"利率双轨制"，"利率双轨制"是中国"价格双轨制"的重要内容。通常而言，"利率双轨制"指存贷款利率与银行间利率这两种利率的形成机制存在明显的不同，即后者是更加市场化的，而前者往往受到很强的行政管制。在实际经济运行中，"利率双轨制"的存在导致银行间拆借利率和存贷款利率缺乏显著的联系，二者经常变动不一致，造成从金融机构至企业（居民）之间的利率传导不畅通，甚至出现"资金空转"妨碍企业（居民）正常的融资活动，导致金融风险累积。此外，自 2008 年之后，人民银行发布的贷款加权平均利率已经成为反映企业融资成本和经济景气的重要指标。基于此，表 6-9 反映了企业投资水平与拆借利率、贷款加权平均利率的估计结果，作为前面得到的企业投资与实际贷款利率估计结果的稳健性分析。可以看出，列（1）至列（6）利率变量（Rate2）系数均为正，且列（2）和列（5）均在 1% 水平上是统计显著的，而其余 4 列利率变量（Rate2）均不显著，这说明当拆借利率和贷款加权平均利率提高时，过度投资企业倾向于与增加投资水平，而非过度投资企业和全部企业样本并不显著地增加投资水平。同时，在同一利率变量结果中，列（2）和列（5）利率变量（Rate2）系数都是最大的，且 R^2 值也是最大的，这表明过度投资企业样本整体估计结果更加显著，过度投资企业对拆借利率和贷款加权平均利率的变动更加不敏感。各组回归均控制了年份变量和行业变量，现金流、杠杆率等变量系数值和显著性水平没有发生明显的变化，这表明整体回归结果较为稳健。总体而言，企业投资水平与三种利率的回归结果表明中国上市公司对利率变动缺乏敏感性，过度投资企业的投资水平与利率变动呈现显著的正向作用，具有明显的"非理性"特征，在调节企业投资行为上利率传导机制不畅通，影响了货币政策效果的发挥。

表 6 – 9　　　　拆借利率、贷款加权利率与企业投资的估计结果

变量	（1）	（2）	（3）	（4）	（5）	（6）
Rate2	0.015 （1.616）	0.070 *** （3.756）	0.002 （0.510）	0.008 （1.339）	0.042 *** （3.187）	0.000 （0.163）
Cash	0.113 *** （9.099）	0.193 *** （9.889）	0.047 *** （7.830）	0.064 *** （3.826）	0.125 *** （4.010）	0.035 *** （4.665）
Leverage	− 0.163 *** （− 16.272）	− 0.175 *** （− 11.120）	− 0.053 *** （− 10.747）	− 0.183 *** （− 12.004）	− 0.211 *** （− 7.403）	− 0.058 *** （− 8.445）
Size	− 0.001 （− 0.459）	− 0.012 *** （− 3.035）	0.006 *** （5.272）	0.005 （1.151）	− 0.007 （− 0.946）	0.008 *** （4.696）
行业	YES	YES	YES	YES	YES	YES
年份	YES	YES	YES	YES	YES	YES
常数项	0.235 *** （4.175）	0.602 *** （6.609）	− 0.082 *** （− 2.983）	0.132 （1.392）	0.552 *** （3.009）	− 0.124 *** （− 2.784）

续表

变量	（1）	（2）	（3）	（4）	（5）	（6）
N	15854	7457	8397	11436	4657	6779
R^2	0.066	0.161	0.073	0.054	0.136	0.052

注：1. 列（1）至列（3）利率变量（Rate2）的代理变量为拆借利率，列（4）至列（6）利率变量（Rate2）的代理变量为金融机构贷款加权平均利率；2. 贷款加权平均利率数据从2008 年开始，故列（4）至列（6）的样本观测值均小于对应的列（1）至列（3）样本观测值；3. ＊、＊＊、＊＊＊分别表示在10%、5%、1% 水平上是显著的，括号内为 t 统计量。

6.3.3　结构扭曲与货币政策调控的困境

投资驱动的经济发展模式带来了银行信贷高速增长和货币存量（M2）持续攀升。2001 年以后，外汇占款逐渐成为中国基础货币扩张的主要来源，社会信用形式日益多样性复杂性，中央银行对货币数量的控制越发困难，货币供给从强外生性特征转向强内生性。在国际金融危机之后，中央政府及时采取宽松的货币政策和财政政策，在各级地方政府加码助推之下，宏观政策刺激效果下降，并带来了通货膨胀、资产泡沫等问题。伴随着中国经济增速的下行，区域性、系统性金融风险问题非常严峻。渐进式转轨方式尽管体现了灵活性和务实性等优点，但是随着中国的经济总量持续扩张并成为世界第二大经济体，它的弊端日益明显，尤其是长期实施金融约束政策和"利率双轨制"导致了严重的资源错配和结构扭曲问题：将贷款利率压低在均衡利率以下，长期刺激投资需求，引发企业过度投资，造成产能过剩；企业对资本使用成本变化不敏感，投资效率低。更重要的是，存在大量地方融资平台、国有企业和房地产部门，银行信贷资源大量流入这类部门，严重挤占了制造业尤其是中小民营企业可获取的资金，形成产业结构同质化和畸形化趋势，导致国民经济科研投入不足，严重制约了社会创新和全要素生产率的提高，这些部门构成了中国经济高速增长阶段典型的"扭曲部门"。尤其是国际金融危机爆发之后，地方政府融资平台等扭曲部门展开的持续扩张，资金过度涌入并追逐具有金融或投机特性的各类资产，实体经济"失血"和产业空心化的趋势与日俱增。

金融资源错配严重降低了全社会资源的配置的效率，金融约束政策和金融扭曲造成经济结构的持续扭曲并呈现扭曲强化的迹象，金融部门市场化改革迟缓已经成为妨碍市场在资源配置中起决定性作用的关键。

如果货币当局为了控制扭曲部门的扩张采取收缩性政策，如减少资金供给，虽然能遏制扭曲部门的扩张，但是实体部门获取的资金配置也相应地减少，这对实体部门来说无疑是"雪上加霜"，进一步加剧了"产业空心化"的趋势。如果货币当局出于保护实体经济的目的，通过增加货币供给或者降低利率为实体经济"输血"，虽然实体部门资金配置较政策宽松之前有所增加，但是在市场化改革未完全奏效的情况下，货币政策的宽松同样会刺激扭曲部门的扩张。更重要的是，从动态来讲，扭曲部门的扩张是持续的，只要扭曲部门和扭曲政策得不到实质性的改进，最终扩张性政策对实体经济部门"输血"的效应会被扭曲部门持续扩张的挤出效应所抵消（伍戈和李斌，2016）。

随着扭曲部门投资及资金需求不断扩张，经济金融泡沫进一步膨胀，导致金融风险不断积聚与暴露，引发市场恐慌情绪，容易导致资产泡沫破裂和大量"非理性"行为。在这种深层次结构扭曲的背景下，无论货币当局采取过度扩张还是实施紧缩的货币政策都无法奏效，具有总量特征的货币政策难以解决金融资源进一步向扭曲部门集中的问题，在货币政策工具使用和政策刺激力度上，货币当局面临进退维谷的困境。同时，经济新常态对中国货币政策提出了新要求，尤其是政策目标的再定位和政策调控经济关系的着力点的重新选择。因此，要在保持货币政策适度中性的基础上，把改善宏观调控同深化经济体制改革结合起来（庞明川，2009），既要防止出现经济泡沫积聚和"产业空心化"风险，更重要的积极推进"深水区"的改革，不断化解经济结构扭曲的难题，从源头遏制结构扭曲强化的趋势。

6.4　本章小结

本章基于企业投资行为的经验事实管窥中国经济的存在的结构扭

曲和资源错配问题，以及由此给货币政策调控带来的困境，为理解货币政策遇到的挑战、增强全面深化改革战略的共识提供了有益的参考。首先，本章指出了中国转轨经济形成了粗放型的经济增长模式，这种投资驱动的增长模式的三个重要的特征事实是高投资、政府主导经济和金融约束政策。政府对金融体系和金融资源的牢牢控制成为政府主导经济和实现政府过度干预经济运行的重要基础，货币供给的快速扩张和实施严格的金融约束政策，有力地扶持了国有企业的存续和壮大，支撑和保证了经济的高速增长，同时也不可避免地带来了结构扭曲和资源错配等问题。要素（特别是金融资源）价格扭曲，带来了持续的通货膨胀和资产价格泡沫风险，使得货币政策长期面临抑制通货膨胀和资产泡沫风险的压力。更重要的是，由于国有企业改革不到位产生的结构扭曲，投资率变动与利率变动呈同向变动的"异常"现象非常值得关注和思考，投资驱动的经济增长方式也带来了产能过剩和经济增长质量的下降，这对非国有经济造成了很大的挤出效应，也制约了经济效率提高。经济体制的不匹配和资源错配，成为新常态阶段实施供给侧结构性改革的重要动因。

接着，本章基于沪深上市公司 2002～2017 年 18074 个样本数据，对企业的合理投资水平和非效率投资进行实证分析。结果发现，其间发生过度投资的样本观测值占比超过 45%，年均比例达到 52.1%，反映了中国上市公司存在普遍的过度投资现象，而且国有上市公司发生过度投资的比例（58.4%）明显高于非国有上市公司（41.6%）。在国有产权性质内部，地方控股的国有上市公司发生过度投资的比例（57.35%）明显高于中央控股的国有上市公司（43.25%），进一步表明相对于中央控股的上市公司，地方控股的公司更倾向发生过度投资，这可能反映了转轨过程中地方政府行为特征及其对经济的过度干预。研究发现，政府干预程度的变化对东部、中部和西部地区企业过度投资水平的影响存在明显的差异，表明各地区区域市场化程度不一，东中西地区产业结构和经济发展阶段出现明显的差异，区域发展的不平衡已成为中国转轨经济快速发展过程中的重要特征。区域发展的不平衡和结构差异的明显化成为中国经济结构扭曲的重要特征，也成为总量型的货币政策调控效果下降的重要原因。

在考察了异质产权企业的投资行为和区域结构差异之后，本章进一步考察了这种结构扭曲对货币政策调控的影响。通过企业投资行为对货币数量和利率变动的反应分析，可以发现，货币数量的扩张显著地增加了上市公司过度投资水平和过度投资企业的投资水平，而且货币数量扩张显著地增加了非国有公司的投资水平而对国有公司不显著。上市公司过度投资水平和过度投资企业的投资水平对货币数量扩张较为敏感，而对利率资金成本变化不敏感，表明投资驱动的发展模式增强了企业对货币扩张的路径依赖和对资金成本变动的不敏感，正常的利率传导渠道受到严重的削弱。结合货币政策实施的实践可以发现，货币数量扩张一方面成为扩大总需求、刺激经济高速增长的重要杠杆，另一方面也加剧了通货膨胀压力和资源错配，成为经济结构进一步扭曲和金融风险不断累积的重要原因。因此，在面临"非理性"的企业行为、区域发展不平衡、金融资源错配等经济结构扭曲问题，总量型的货币政策在实现增长稳定福利约束、价格稳定福利约束和金融稳定福利约束上面临进退维谷的困境。

第7章

新常态阶段凸显的金融稳定福利约束
与货币政策的因应

正如前文阐述，转轨深化过程中金融约束宏观政策环境是导致市场功能缺失、资源扭曲错配，加剧金融风险的重要诱因。如果缺乏对金融风险状况的恰当评价和合理度量，那么防范和化解系统性金融风险就无从谈起。在新常态阶段，落实全面深化改革和实施高质量发展目标加剧了各种不确定因素的汇集，各种不确定因素将在金融领域表现得更全面、更集中，这对于防范和化解系统性金融风险提出了新的更高要求。因此，本章对中国金融体系的稳健状况进行了定量的评估和测度，构建了反映中国金融稳定状况的 CFSI 指数，并在此基础上进一步探讨了货币政策对金融风险压力状况的反馈效果。

7.1 经济新常态阶段凸显的金融稳定福利约束

7.1.1 全面深化改革中的金融不稳定与金融风险

全面深化改革是中国实施渐进式改革的内生结果，也是建设现代化经济体系和实现社会主义现代化强国目标的必由之路。在金融约束政策支持下，中国金融部门市场化改革明显滞后，利率和汇率长期受到严格的行政管制，金融资产和金融工具相对单一，金融体系集中度高、缺乏有效的市场竞争，与国际金融机构和中国整体经济实力相比，金融业国际竞争力和风险抵御能力相对薄弱。在转轨初期，由于国家公共财政汲取能力不足，金融约束政策使得国家通过垄断金融体系获得了大量的铸币税和其他经济租金，为支持经济改革与发展提供了重要收益来源，在转轨初期很长一段时间发挥了特殊的支持作用。可以说，金融约束是一种强制性制度变迁，是基于政府效用偏好选择的结果。因此，金融约束最终体现为金融体系对（实体）经济部门改革与发展的支撑，体现为"金融支持"。在金融约束政策支持下，一方面政府对金融体系的人、财、物等具有强有力的控制和调配能力；另一方面金融约束政策下的金融工具、金融资产、金融结构相对简单，金融市场交叉感染传导较弱。尽管此时也存在一定的金融压力与金融风险，但是金融风险整体处于隐性的、局部的和可控的状态。

中国渐进式改革得益于金融体系的相对稳定（世界银行，1997）。然而，随着渐进改革的持续推进，对传统体制简单的、显而易见的缺陷的改革已经基本完成，改革的边际红利逐渐渐退。为了实现建设现代化经济体系和社会主义现代化强国的目标，"摸着石头过河"终须从改革的"浅水区"逐步踏入改革的"深水区"，唯有敢啃"硬骨头"和全面深化改革才能担当此任。在全面深化改革阶段，过去长期发挥"金融支持"作用的金融约束政策的缺陷更加明显，中国金融体系的规模和结构与实体经济部门的规模和结构不匹配不协调的问题更加严重，金融优化资源配置的功能难以高效发挥，这已经成为制约中国建设现代化经济体系和实现高质量发展目标的"牛鼻子"。全面深化改革就是要把渐进转轨的改革方略持续纵深推进，重点推进金融供给侧结构性改革，实现金融深化改革与整体发展，提高金融资源配置的效率，带动人力资本资源和其他实物要素资源配置效率的优化，从而增强中国金融体系的国际竞争力和抵御风险的能力。在此过程中，金融机构混业经营趋势、金融市场交叉传导的特征更加明显，如果货币政策实施不当、金融监管出现严重的滞后或者缺位，那么过去金融约束政策下的累积的金融风险就很可能从隐性转向显性、从局部状态转向系统性状态。因此，系统性金融风险值得高度警惕并加以防范。

另外，全面深化改革阶段要求重构政府与市场之间的关系，改变过去长期依赖政府特别是以地方政府为市场主体直接参与和干预市场的体制机制，改变过去长期实施凯恩斯主义的经济刺激计划，着力发挥市场在资源配置过程中的决定性作用，落实新发展理念，提高经济增长的质量和效率，实现高质量发展。实施金融约束政策在实现"金融支持"功能，为缔造"中国奇迹"做出贡献的同时，长期造成市场结构扭曲和资源错配问题，也形成了该项政策特殊的受益（利益）集团。在转轨初期，改革开放采取渐进转轨的方式，通过增量改革的方式既促进了市场化改革，带来了经济效率的提升，又没有大范围触及或者破坏现有的利益格局，渐进转轨的改革是对传统计划经济模式深刻反思的帕累托改进过程。不似转轨初期的渐进转轨，全面深化改革不仅要求对经济体制的"深水区"进行大胆探索，而且要求在政治、文化、社会等诸多领域进行全面深入的改革，这一阶段面临着改革开放 40 多年来经济增长模式的路径依赖和粗放型经济增长模式下形成的利益集团刚性与博弈能力的较量，短期内难以取得像转轨初期那样广泛一致的共识。面临人口红利渐退和"中等收入陷阱"等系列难题，金融约束政策也难以在短期完全退出，金融市场的转型与发展必然影响金融机构不良资产业务的消化稀释和资产负债的深度调整，深刻的产业重组和利益重塑的过程可能导致巨大的金融震荡。因此，全面深化改革在当代中国是一场深刻的经济革命和社会革命，是一个长期的试验、探索的过程。全面深化改革下的金融市场化也更加困难重重。面对全面深化改革阶段多重目标的平衡，这无疑加大了金融风险暴露的可能性，成为制约中国金融稳定的一个重要缘由。

落实全面深化改革举措，要在推进金融市场化、优化金融资源配置效率的同时，防止经济过度泡沫化和金融脱离实体经济"自娱自乐"，力促金融体系与实体经济协调发展。此次全球金融危机的爆发和蔓延，既暴露了中国金融约束政策下粗放型经济增长方式的低效率和这种发展模式的不可持续性特征，也深刻诠释了放任金融自由化、忽视金融监管引致的严重危害，以及新自由主义的失败。美国次贷危机引发的全球金融危机的深刻教训，警醒我们在推进金融市场化的过程中必须清醒地认识金融自由化和经济过度金融化的危害，注重金融风险的防范，防止金融脱离实体经济"自娱自乐"，适宜发展金融事业，及时监测、评估非金融企业部门和居民杠杆率及其变动趋势，既要提高金融资源配置效率，使金融资源更好地支撑企业自主创新和提高全要素生产率，使金融回归服务实体经济的本质，调整优化经济结构，实现金融规模、结构与实体部门规模、结构相匹配，实现国民经济的良性循环，更要重视金融风险防范工作，防止房地产泡沫，强化金融有效监管。从国际实践上看，由于金融领域的特殊性，世界各国普遍对金融实施较为审慎严苛的监管并制定特殊的准则要求。因此，在全面深化改革阶段，在促进落后产能的顺利转换、优化经济结构、实现创新驱动的路径上，需要更好地发挥政府的作用，强化金融监管，防止出现金融资本投机的逻辑压倒产业资本生产的逻辑，在金融发展中防范和化解系统性金融风险。

7.1.2　高质量发展目标视角下的金融不稳定与金融风险

党的十九大报告明确了中国特色社会主义进入了新时代的历史方位，新时代经济方面具体表现为"新常态"，新常态背景下中国经济发展的主要特征是增长速度从高速转向中高速，发展方式从规模增速型转向质量效率型，经济结构调整从增量扩能型转向调整存量、做优增量并举，发展动力从依靠资源和低成本劳动力等要素投入转向创新驱动。经过改革开放40多年来的努力，中国告别了转轨初期的"短缺经济"，总体上实现了小康社会，成为世界第二大经济体，人民币国际化和国际金融影响力也有增无减，创造了"中国奇迹"。过去粗放型经济发展方式在我国发挥了主导的作用，助推了经济总量和发展步伐的突飞猛进。过去粗放型经济增长方式推动了中国经济高速增长，如今"走原来的路"继续实施这种以高投入、高消耗、高污染、高积累、低消费为主要特征的经济发展方式不仅国内条件不支持，而且国际经济政治环境也不允许，粗放型的经济增长模式已经难以为继。因此，走集约型高质量发展的道路、实现高质量的发展目标是保持中国经济持续发展、跨过"中等收入陷阱"的不二法门（任保平，2018）。高质量发展目标导向，意味着在发展理念和政绩考核理念上的革新，要求改变过去"唯 GDP 论"的发展理念和政府官员"晋升锦标赛"考核激励机制，更加重视经济结构的调整优化和经济发展效率的提升。高质量发展阶段是一场深刻的变革，是"改革的改革"（徐忠，2018），在经济发展的新阶段，影响中国金融稳定和金融安全的国际国内因素显著增多，而且经济金融领域内部各种不确定不稳定因素更加复杂多变。因此，相较于过去经济高速增长阶段和金融约束时期双重正向效应下的金融稳定而言，新常态高质量发展阶段经济增速调整和金融业双向开放带来的金融波动与金融压力与日俱增，而且这一转型阶段的长期性、复杂性警醒我们要倍加重视对金融风险的评估、防范，增强化解系统性金融风险的综合能力，打好"攻坚之战"。

中国经济发展从高速增长阶段转向高质量发展阶段，意味着宏观政策长期面临着稳增长、防风险、调结构和促改革之间平衡的压力。经过长期的经济高速增长，高质量发展阶段的增速换挡导致人们短期内难以接受和适应，也会引发经济预期和金融预期的急剧变化，而且这种预期调整的不一致将会使储蓄、投资、消费等产生更大的不确定性，从而放大了金融市场的波动，甚至引发金融恐慌和爆发系统性金融危机。同时，传统的发展理念和官员政绩考核标准导致地方政府部门普遍直接干预经济运行（周黎安，1999；张军和周黎安，1999），市场难以在资源配置中发挥基础性作用，更不必谈起决定性作用。为了满足政绩考核和晋升目标，地方政府深度干预经济、控制资源配置方向，以牺牲资源、生态环境和民生福利等（如基础教育、医疗服务投入不足等）为代价，最终导致经济结构畸形、资源配置效率低、经济增长质量差等问题。全球性金融危机期间和危机之后实施的经济刺激政策取得的成效大不如前，一方面表明这种经济发展理念和经济模式已经不可持续推进，另一方面也造成中国经济进入深度调整的阶段，经济刺激政策之下的地方政府（融资平台）债务率迅速抬升，导致产能过剩消化和转移等一系列问题。在经济高速增长转向高质量发展阶段，长期实施的过度刺激经济政策在银行体系积累了大规模的不良资产，企业债务问题发发可危。市场出清和结构调整直接涉及实体经济部门资本、劳动力等要素在时间和空间上的转换，也影响到银行体系和资本市场的稳定与安全。在这一过程中，高质量发展目标体系尚未完全建立起来，旧的产业产能和经济结构畸形的障碍也难以短期完全解除。

此外，改革开放 40 多年来中国经济高度增长的过程也是中国金融不断深化的过程，中国金融发展与经济发展总是相互促进相互制约的，尽管中国金融改革与发展的步伐滞后于实体经济改革与发展的步伐。伴随中国经济取得巨大的成就，中国金融深化程度已经达到一定的水平，适应市场需求的商品期货、股指期货等高级别衍生金融工具日渐丰富，全社会高级别金融资产日益多样化。因此，相较于改革初期以货币和银行储蓄为主体的金融资产结构，高质量发展阶段必将是金融持续深化的过程。同时，产业结构的调整优化，直接涉及实体经济部门资本、劳动力等要素的时间和空间转换，也影响到银行体系和资本市场的稳定与安全。高质量发展要推动实现创新驱动发展，就必须推动金融供给侧结构性改革，健全多层次资本市场，推动风险资本、天使投资等直接融资方式的多样化，形成适应高质量发展体系的金融体系，也必然会增加金融体系复杂程度和波动程度。这一时期是中国金融深化、金融体系优化的动态过程，也必将是金融波动与不稳定加剧的过程，是中国金融体系非常脆弱的阶段。

从全球视野来看，中国作为一个国力不断增强的世界大国，深度参与了全球产业分工，中国经济结构的调整和发展模式的转型必然引起世界分工体系和国际利益格局的深度调整，这将对世界经济与大国政治关系产生诸多微妙复杂的影响。在金融危机复苏时期，反全球化和贸易保护主义思潮有所抬头，中国对外经济贸易关系和人民币国际化问题成为危机之后讨论和围攻的焦点，世界大国经济和金融摩擦也日趋白热化（余淼杰和崔晓敏，2017；李雯轩，2019）。在全球经济复苏尚不完全明朗之际，跨国投资仍不稳定，国际资本大规模频繁转移流动，国际金融市场信心和预期恢复不稳定，这些因素对"双向开放"中的中国金融稳定造成了极为不利的冲击，深刻影响和威胁到中国系统性金融安全（Stiglitz，2010）。在全球金融危机的阴影下，欧美等发达国家实施了多轮的量化宽松政策甚至采取负利率政策，全球流动性过剩现象更加明显。同时，美国与包括中国在内的许多新兴市场国家的经济周期不同步，货币政策在短期内难以实现有效协调，美联储的利率政策变动往往对新兴市场国家造成很大的冲击，这将导致全球金融市场的动荡难以平复。因此，高质量发展目标推动下的新一轮高水平对外开放格局增强了中国金融市场与世界金融市场的联系，国际金融市场不确定不稳定因素和大国货币金融博弈必将深刻影响中国金融市场的波动和中国金融体系的安全。

7.2　中国金融稳定指数（CFSI）的测度与评估

7.2.1　金融稳健性评估：国际经验与中国实践

全球性金融危机的频发使得世界各国金融体系的平稳运行和经济发展受到了严重的威胁，这促使世界金融组织（机构）、各国货币当局和学者聚焦对金融风险状况进行定量评估方法的研究。对金融体系的定量评估可以很好地满足对全球或者各个国家金融稳定状况进行监控和评估的需要，并有利于金融管理当局及时发现风险并纠正存在的金融隐患，从而提高金融体系风险预防能力和金融风险应对能力，切实维护金融稳定与安全。1999年5月，国际货币基金组织（IMF）和世界银行（World Bank）一起提出了"金融部门评估规划"（financial sector assessment program，FSAP）的初步框架，构建了金融体系稳健性评估的雏形。FSAP主要协助接受评估的国家找出其金融体系的风险与弱点、金融部门绩效与总体经济（国民经济）之间的关系、金融部门发展需要以及协助这些国家拟定适当的政策措施。2001年6月，在FSAP评估框架基础上，IMF推出了金融稳健性指标（financial soundness indicator，FSI）的初步指标体系与评估方案，为各国货币当局进行金融监测和构建金融风险预警系统提供了有益的参考。2003年底，IMF对FSI初步指标体系修订后，正式发布了FSI指标体系，并在多个国家推广应用。2006 年，IMF 出版了《金融稳健指标编制指南》，为各国货币当局评估金融稳定状况提供了重要的参考来源（陈雨露和马勇，2013）。

世界上许多国家应用这一评估体系来监测、评估本国的金融风险情况，如法国、加拿大、比利时等，而更多的国家则是在金融稳健性指标的基础上结合实际国情建立自身的金融稳定评估体系（马勇，2011）。IMF 提出的 FSI 指标总共 39 项，按照指标重要性及资料获取难易程度可以划分为核心组（core set）和建议组（encouraged set）两类。其中，核心组指标共 12 项（见表 7-1），主要内容包括存款机构的各项财务比率，这些因素直接涉及金融体系的银行部门，直接影响金融体系的稳定；建议组指标共 27 项，包括存款机构、其他金融机构、非金融企业部门、家庭部门、市场流动性及不动产市场 6 类。2006 年，欧洲中央银行（ECB）在 FSI 指标体系基础上，构建了一个基于银行业数据的宏观审慎指标集（MPI$_s$），并于 2008 年进行了补充和完善。ECB 将 MPI$_s$指标分为三类：第一类是关于银行系统健全的系统性指标；第二类是影响银行系统的宏观经济因素；第三类是危机传染因素（ECB，2006）。

表 7-1　　　　　　　　　IMF 金融稳健指标核心组

类别	指标
资本充足性	监管资本/加权风险资产；一级监管资本/加权风险资产；不良贷款扣除拨备后的净额/资本
资产质量	贷款部门分布/贷款总额；不良贷款/贷款总额
收益与盈利水平	权益回报率；资产回报率；利差/总收入；非利息费用/总收入
流动性	流动资产/总资产；流动性资产/短期负债
市场风险敏感程度	外汇净头寸/资本 *

注：* 或与银行流动性最相关的其他市场，例如外汇市场。
资料来源：马勇. 金融稳定与宏观审慎：理论框架及在中国的应用 [M]. 北京：中国金融出版社，2016.

经过多年的探索与实践，美国也构建了一套覆盖面广、可操作性强的金融宏观监测指标体系,它通常包含两个部分:宏观经济指标和综合微观金融指标。具体而言,宏观经济指标主要用于测度宏观经济发展水平与金融体系稳健性之间的关联关系,可进一步细分为金融监管与货币政策两个方面,其核心指标包括商品与劳务产出、利率与汇率的波动、价格水平与波动、货币供给量、国际收支经常项目与资本项目的变化趋势等。综合微观金融指标主要用于测度金融机构的财务表现与运行状况。同时,美国联邦监管当局采用现场稽核的方式,即"统一进入机构评级系统"(CAMELS 系统)检测和评估金融机构经营状况。但是,CAMELS 系统的缺陷也非常显见:现场稽核耗费的周期较长,需要投入大量的、专业的人力资源,稽核成本很高,同时也容易增加被稽核银行的负担;现场稽核一般每年只进行一次,CAMELS 系统可监测频率较低,通常不适用于中长期预测。美联储使用"评估检查评级模型系统"(简称 SEER 模型),通过分析当前基础报表数据和过去倒闭银行的财务特征来评估银行在未来两年内倒闭的可能性。通过这个模型可以对银行风险进行分析,将满足"预警标准"的银行列入关注名单,按季进行复检(陈雨露和马勇,2013)。

中央政府历来重视维护金融稳定工作。在渐进转轨改革方式下,不仅实体部门存在诸多的问题,而且金融体系也面临着国家信贷规模限额管理失控、乱集资、乱拆借等金融混乱现象以及国有银行不良贷款比率偏高等问题,金融体系长期积累了严重的风险。面对金融乱象和亚洲金融危机的外部冲击,20 世纪 90 年代中后期中央决心对金融体制做出重大改革调整:成立中共中央金融工作委员会,加强党对金融工作的集中统一领导;改革人民银行管理体制改革,撤销人民银行按照行政区划设立分支机构的做法,开始设立跨省级区域的管理机构;取消人民银行分支行货币、信贷调控的权限,由总行统一实施货币政策调控;等等。

进入 21 世纪,设立银监会,进一步完善金融业分业监管体系。2003 年,设立了中国人民银行金融稳定局,其作为人民银行专门的部门分析和评估系统性金融风险,有利于提高金融风险预警和应对能力。2013 年,建立了由央行牵头的金融监管协调部际联席会议制度,进一步加强金融监管的协调。2016年，国务院办公厅将其经济局六处独立，设立金融事务局，进一步加强"一行三会"行政事务协调，同时，人民银行建立了宏观审慎评估体系（MPA）。2017年11月，国务院金融稳定发展委员会成立，在更高层面上强调和实施金融监管协调。毫无疑问，这些监管体制的改革调整对打击金融领域非法违规行为，严防金融监管真空和监管缺位，维护金融稳定发挥了非常重要的作用。同时，针对金融体系改革滞后、政府行政干预过多的现实，中国积极也积极推进金融市场化改革进程，强调"在发展中解决问题"，不断完善金融法律环境，积极推进利率市场化和金融深化，努力实现在发展中稀释积累的金融风险，实现在发展中维护金融稳定、促进金融安全。

虽然中央政府一直重视维护金融稳定和防范金融风险，但是总体而言，中国金融稳定评估的实践起步较晚、基础相对薄弱，缺乏对金融稳定状况的全面评估，更缺乏对金融体系风险的定量化衡量，金融稳定评估结果的政策透明度较低。2003年7月，由人民银行牵头，国家发改委等部门组成跨部门小组，首次进行金融稳定自评估。2005年11月，人民银行发布了首份《中国金融稳定报告》，该报告随后每年发布一次。2007年，中国开始正式参考IMF的FSAP框架和FSIs评价体系对中国金融体系中的各微观部分进行定量化的测度与评估，为定量评估金融风险与压力、合理预警系统性金融风险提供了较为科学、透明的依据。

但是，在应用IMF的FSIs评价体系时，定量评估中国金融体系的风险也存在一定的障碍。与成熟市场经济体相比，中国金融体系的开放程度较低，外部冲击对中国金融体系造成的影响相对较小。另外，中国金融体系仍然表现出明显的金融约束特征，行政主导和计划管理的思维仍然具有重要的地位，金融市场化发展程度不足，相关的经济金融指标难以反映市场竞争的实际状况，这些指标对未来金融体系的安全与波动无法起到有效的预测作用。同时，由于会计制度、数据口径等与国际通行的规则存在明显的不同，国际金融组织和其他国家构建、使用的金融稳定评价指标体系在中国难以直接适用。因此，为了更加有效地构建金融稳定评估体系，一方面需要大胆继续深化改革，积极推进金融市场化改革，完善金融基础设施，在增强金融国际竞争力中提高金融稳健性水平；另一方面更要强化金融监管，加强对金融风险的定量化评估与测度，为守护金融安全科学决策、精准施策提供可靠的依据。

7.2.2　中国金融稳定指数（CFSI）的合成：测度与分析

度量和预测金融稳定（风险）水平的技术方法已有多种，如人们所熟知的早期预警系统（EWS）模型和压力测试方法。早期预警系统模型将多种宏观经济指标作为解释变量，重点关注金融危机的触发条件并对危机事件进行预测。大部分 EWS 模型基本遵循着卡明斯基和瑞恩哈特（Kaminsky and Reinhart, 1999）所倡导的"信号法"，该方法主要包括五个步骤，即确定历史上危机事件的时间、选择预测危机的先行指标、设定先行指标的临界值、构造综合指标，最终利用综合指标预测可能的危机。宏观压力测试也是评估金融体系稳定性的重要方法，根据 IMF 的定义，宏观压力测试是指评估可能发生的宏观经济冲击对金融体系稳定性影响的一系列技术方法的总称。宏观压力测试方法具有两个显著特征：一是强调对宏观经济冲击的分析；二是强调对金融体系稳定性的结果。与传统的风险计量模型相比，宏观压力测试属于前瞻型（forward-looking）的评估方法，能够模拟和评估潜在的极端事件对金融体系稳定性的冲击。但是，宏观压力测试的有效性很容易受到输入信息的质量的限制，而且对压力测试结果的评估具有明显的主观性。

最近人们开始努力探索衡量金融稳定状况的"综合指数"方法，可视为早期预警系统和压力测试的一个补充。综合指数的构建，即通过某种程序或计算方法将多个基础指标综合为一个包含基础指标绝大部分信息的综合指数，这样能够很好地弥补单一基础指标存在的不足。因为一个基础指标只能反映总体现象的一个侧面，所以要反映诸如金融稳定这样复杂的总体现象，就要借助于构建一个"综合指数"。由于涵盖了多个变量，各变量之间也很可能存在一定的相关性，多变量可能存在着信息重叠和信息冗余。综合指数方法能够用较少的变量替代原先较多的变量，在保证反映原先变量的绝大部分信息的同时，克服原始数据存在的相关性。主成分分析方法就是一种综合指数方法，它通过降低维度的方法可以很好地将多维数据降低为低维度数据，在最大限度地保留原始数据的基础上实现对原始数据的综合合成。本章采用主成分分析方法来构建反映中国金融稳定（风险）状况的中国金融稳定指数（Chinese Fiancial Soundness Index，CFSI）。

主成分分析方法又称为主分量分析方法。它可以通过降低多变量数据的维度，将影响和反映金融稳定状况的诸多基础指标通过降维的方法变换为少数几个指标。合成后的几个指标变量不仅能够提供原始变量的绝大部分信息，而且变换后的指标变量相互正交，可以较好地剔除原始变量存在的大量重复和冗余的信息。同时，降维过程中合成后的指标会根据方差贡献被赋予不同的权重，较好地提出了出具处理过程中的主观因素，有利于保证合成指标赋权的客观性和合理性。主成分分析方法的基本思路是实现对多变量原始数据进行正交变换，从而剔除冗余信息，明晰变量蕴含的主要信息。设 X_1，X_2，$\cdots$，X_p 表示设 p 个指标，这 p 个指标构成了随机向量 $X = (X_1，X_2，\cdots，X_p)'$，随机向量 X 的均值 $E(X) = \mu$，协方差矩阵 $var(X) = \sum$。对原始数据 X 进行变换，可以得到新的综合变量 Y，表示为 $Y_i = L_i'X$，i = 1，2，$\cdots$，p。

$$\begin{cases} Y_1 = l_{11}X_1 + \cdots + l_{p1}X_p = L_1'X \\ Y_1 = l_{12}X_1 + \cdots + l_{p2}X_p = L_2'X \\ \vdots \\ Y_1 = l_{1p}X_1 + \cdots + l_{pp}X_p = L_p'X \end{cases}$$

其中，Y_i 是原始数据 X 的任意线性变换，并且具有完全不同的统计性质。为了使 Y_i 保留原始数据 X 中尽可能多的信息，则必须使得 Y_i 的方差最大，且 Y_i 之间相互独立。同时，$var(Y_i) = L_i'\sum L_i$，$cov(Y_i，Y_j) = L_i'\sum L_j$，i = 1，2，$\cdots$，p。

对线性变换进行如下约束：

（1）$L_i'L_i = 1$，i = 1，2，$\cdots$，p；

（2） $cov(Y_i, Y_j) = L_i' \sum L_j = 0$，$i \neq j$；

（3）在满足（1）的前提下，Y_1 为原始数据 X 的所有线性变换中方差最大的一组线性变换，Y_2 为与 Y_1 不相关的 X 的所有线性变换中方差最大的一组线性变换，以此类推，Y_p 为与 Y_1，Y_2，$\cdots$，Y_{p-1} 不相关的 X 的所有线性变换中方差最大的一组线性变换。因此，可以得到 Y_1，Y_2，$\cdots$，Y_p 为原始数据 X 的第一，第二，$\cdots$，第 p 个主成分。

设原始数据 X 的协方差矩阵 $\sum$ 的特征值为 $\lambda_1 \geqslant \lambda_2 \geqslant \cdots \geqslant \lambda_p \geqslant 0$，各特征值对应的特征向量分别为 Y_1，Y_2，$\cdots$，Y_p。然后以各主成分的方差解释程度作为权重（w_i）计算金融稳定的综合得分。通常情况下，为了实现降维的目的和控制主成分个数，当提取所有特征值大于等于 1 的主成分或者主成分累积方差贡献率达到 85% 以后可以不再对原始变量提取新的主成分（Kaiser，1962）。

基于 IMF 构建的 FSAP 框架和 FSIs 评价体系，综合考虑中国的实际，按照银行体系、资本市场（含房地产市场）、宏观经济、外部环境几个方面的因素，选取 2004 年第一季度至 2017 年第四季度商业银行资本充足率、不良贷款率、拆借利率、存贷比、国房景气指数、沪深两市股价平均价差、人民币实际有效汇率、固定利率 1 年期国债发行利率、外汇储备、GDP 指数等 12 个基础指标作为构建 CFSI 指数的指标体系。数据来源于中国人民银行、中国银监会和 Choice 数据库。

（1）银行体系基础指标。银行体系指标主要反映了金融机构运行和风险承担的情况，具体包括存贷比（贷款/存款）、不良贷款率、资本充足率、7 天银行间拆借利率、外币贷款占比 5 个指标。除资本充足率为正向基础指标，其余 4 个为负向基础指标。存贷比序列能够反映银行体系中信贷比例，序列值高，反映银行经营过程中银行授信规模过大和银行信用过度扩张，这不利于金融稳定。不良贷款率反映了金融机构的资产质量，直接衡量了金融机构的资产流动性和经营安全环境。不良贷款率越高，金融机构面临的违约风险就越大，资产损失的规模和概率就越大，金融体系面临的风险就越大。同业拆借利率反映了金融机构之间相互拆借、实现资金融通的市场的价格。银行间拆借市场利率通常是较短期的利率，通常以 7 天和隔夜期限的交易达到 90% 以上，能够较好地反映金融市场的流通性。银行间拆借利率值越高表明金融市场的资金成本越高，市场流动性相对紧张。从资金流上来说，拆借利率的上升不利于金融体系的稳定。资本充足率以实收资本与总资产比值衡量，反映了金融机构的经营杠杆和资本充足程度。通常，资本充足率越高表明金融机构应对金融风险冲击的能力越强，从而有利于维护金融稳定。外币贷款占比反映了人民币贷款和其他币种贷款之间的风险替代比较。通常，外币贷款占比的持续上升反映了国内金融市场的负面状况。

（2）资本市场（含房地产市场）基础指标。资本市场（含房地产市场）体系指标主要反映了资本市场和房地产市场资产价格水平及其波动情况，具体包括国房景气指数、沪深两市股价平均价差、沪深两市平均市盈率、固定利率 1 年期国债发行利率。4 个指标均为负向基础指标。

（3）宏观经济基础指标。经济增长率采用 GDP 指数作为代理变量。GDP 指数越高表明经济基本面较好，体现了一个经济体具有较强的抵抗内外部风险冲击的能力。

（4）外部环境基础指标。人民币实际有效汇率对进出口贸易具有直接的影响，采用扣除通货膨胀因素的有效汇率，这样能够较好地反映汇率指数。人民币实际有效汇率的上升意味着人民币在国际贸易中是升值的，通常而言不利于出口。因而，人民币实际有效汇率指数对金融稳定指数是负向的。外汇储备是国家进出口贸易的重要外汇积累和抵抗金融风向的储备资产，外汇储备高表明贸易顺差较大，经济具有较强的国际竞争力，同时对全球经济金融风险抵御能力较强。因此，外汇储备对维护金融稳定正向的。

由于一部分基础指标是负向指标，而另一部分是正向的，为了使基础指标对合成指数的方向具有一致性，可以将所有负向指标取相反数。标准化处理后所有基础指标的均值为 0，标准差为 1，消除了各基础指标单位不一致的影响。根据主成分分析法的基本原理，本书以特征值大于 1 为标准提取主成分。可以发现，特征值大于 1 的主成分总共有 4 个,从第 1 个主成分到第 4 个主成分之间,特征值的变化非常明显,从第 4 个主成分开始,主成分的特征值变化差异不明显,而且前 4 个主成分的累积方差贡献率已经达到 85.75%(见表 7 - 2),这表明前 4 个主成分基本可以包含原有指标体系的绝大部分信息,信息丢失较少,提取的主成分效果较合理。因此,可以得到 4 个主成分。

表 7 - 2　　　　　　　　前 4 个主成分的方差贡献及权重

主成分	特征值	方差贡献率（%）	累积方差贡献率（%）
1	5.767	48.06	48.06
2	1.893	15.77	63.83
3	1.431	11.93	75.75
4	1.200	10.00	85.75
5	0.745	6.21	91.96
6	0.345	2.87	94.83
7	0.226	1.88	96.72
8	0.197	1.64	98.36
9	0.099	0.83	99.18
10	0.066	0.55	99.73
11	0.024	0.20	99.94
12	0.008	0.06	100.00

　　令提取的 4 个主成分为 Comp1、Comp2、Comp3、Comp4。根据 4 个主成分的方差贡献率对总方差贡献率的比值,可以分别得到前 4 个主成分的权重,记为 w_i。最后,中国金融稳定指数(CFSI)可以表示为:

$$CFSI = 0.56Comp1 + 0.18Comp2 + 0.14Comp3 + 0.12Comp4$$

$$(7 - 1)$$

为了便于分析和比较，将式（7－1）得到的综合指数得分采用 Max-Min 标准化方法进行处理，从而使得最终得到的综合指数落在 0～1 的区间上。本书借鉴万晓莉（2008）、郭红兵和杜金岷（2014）的做法，根据 CFSI 指数构造金融稳定的临界值，然后根据序列值与临界值的大小判断不同阶段金融体系是处于"压力时期"还是"稳健时期"。首先，用 CFSI 序列值减去 HP 滤波值得到 CFSI 序列的缺口值（记为 CFSI_GAP），然后，将 CFSI_GAP 的均值减去它的一个标准差作为衡量金融稳定状况的临界值（记为 TH）。如果 CFSI_GAP≤TH，表明金融体系稳定指数处于较低的水平，此时金融体系蕴藏着很大的风险，发生金融危机的概率很大，记为"金融压力时期"。如果 CFSI_GAP > TH，表明金融体系稳定指数处于较高值，此时金融体系运行较为稳健，金融体系对各种可能发生的外部冲击具有较强的抵御能力，此时发生系统性金融风险的概率较低，记为"金融稳健时期"。

图 7－1 反映了 2004 年第一季度至 2017 年第四季度中国金融稳定指数（CFSI）的变化与金融压力状况的分布。可以看出，CFSI 指数总体上呈现上升的趋势，这表明 21 世纪初以来中国金融体系的健康程度整体上得到了显著的改善，中国的经济改革与发展提高了金融体系抵御风险的能力。CFSI 指数均值为 0.6257，标准差为 0.2506，并于 2015 年第四季度 CFSI 指数达到最高值，且 2015 年 4 个季度的 CFSI 指数均值超过 0.97，明显高于其他年份，表明中国金融体系达到一个峰值。值得注意的是，在 CFSI 指数总体改善的同时，中国金融稳定指数出现了 4 次明显的下降，中国金融体系大体上经历了四个"金融压力时期"，[①] 分别为 2005 年第一季度、2007 年第四季度至 2008 年第二季度、2013 年第一季度和 2017 年第一季度至 2017 年第四季度。特别地，2007 年末至 2008 年初以及 2017 年第一季度至第四季度 CFSI 指数的缺口值明显低于临界值水平，金融体系处于"金融压力时期"的持续时间较长，表明此时金融体系相对脆弱，系统性

---

① CFSI 指数是基于 2004～2017 年样本得到的，因而根据 CFSI 指数划定的"金融压力时期"和"金融稳健时期"是相对于整个样本期间而言的。

金融风险压力值得高度警惕。

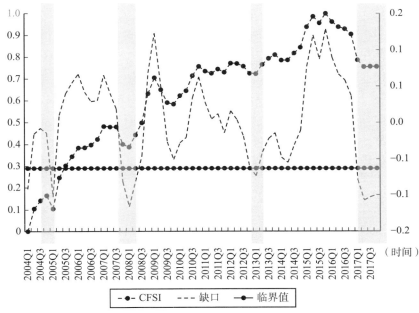

图 7 - 1　中国金融稳定指数（CFSI）与金融压力状况

注：CFSI 指数对应左侧坐标轴，缺口和临界值对应右侧坐标轴。

　　从样本期来看，2007 年 CFSI 指数开始下降，于 2007 年第四季度下降至临界值以下，并于 2008 年第一季度达到最低水平。2007 年第四季度至 2008 年第二季度是第一个持续明显的"金融压力时期"，主要原因是美国次贷危机爆发蔓延造成全球金融恐慌和外部需求锐减导致国内经济增长乏力，国际外部经济金融环境引致国内经济金融环境恶化。面对外部需求的急剧冲击和全球经济金融不稳定性增加，一揽子基建投资刺激政策拉动了中国经济继续增长，在不利的国际环境下避免了经济增速急剧滑坡，暂时稳定了市场预期。因此，中国金融稳定性开始好转，至 2009 年第一季度 CFSI 指数迅速上升到波峰。从 2010 年底开始，CFSI 缺口呈现较长时间的下降阶段，且缺口值越来越接近临界值，表明这一阶段金融体系风险不断增加。这可能反映了危机期间为了避免经济增速急剧滑坡实施的一揽子经济刺激政策带来的后遗症，产能过剩、杠杆过高和经济效率下降等问题加剧了金融不稳定。

另一个持续明显的"金融压力时期"是 2017 年第一季度至第四季度。从 2015 年第四季度开始 CFSI 缺口迅速下降，并于 2016 年底 2017 年初下探至临界值附近，截至 2017 年底仍位于临界值以下，这表明中国金融体系承压加大，系统性金融风险较为突出，值得高度关注。改革开放 40 多年来的发展尤其是 20 世纪 90 年代中期以后形成了投资—出口导向的经济增长模式，这既是发挥比较优势、创造"中国奇迹"的重要推动力量，也是中国经济转型升级和向现代经济增长模式转变的重要原因（吴敬琏，2016）。国际金融危机期间，经济刺激政策虽然维持了经济增长速度，但是长期的经济结构问题和低效率的经济增长模式问题并没有得到有效的解决，甚至出现了恶化和固化的倾向，最终遗留下来一系列的后遗症。在经济新常态阶段，传统的发展模式的弊端集中暴露，旧动能的转换和新动能的实现交汇加剧了经济的不确定性，加大了系统性金融风险的隐忧。因此，党中央强调落实新发展理念和建立高质量发展目标体系，积极推进供给侧结构性改革，把防范化解重大风险作为供给侧结构性改革"三大攻坚战"的突出目标，把"去杠杠"作为供给侧结构性改革的重要内容之一，也印证了把防范化解重大风险特别是系统性金融风险作为新常态阶段"三大攻坚战"之一的科学性和前瞻性。

7.2.3　中国金融稳定指数（CFSI）的动态传导效应

为了进一步评估前面构建的 CFSI 指数的质量，本部分进一步考察 CFSI 指数对主要宏观经济变量的敏感性反应。表 7 - 3 反映了 CFSI 指数与主要宏观经济变量的敏感性回归结果。可以看出，平滑系数 ρ 均在 0.7 以上，且 $|\rho| < 1$，反映了 CFSI 指数具有较强的平滑性。列（1）至列（4）产出变量（gdp）系数均为负值，在加入控制变量后系数值在 1% 统计水平上显著且较为稳定，这表明经济增长速度超过潜在经济增长速度可能使经济负重运行，对金融体系稳定性产生消极的影响。投资增长变量（invest）在 1% 统计水平上是显著的，系数符号与产出

系数值符号相一致,从而较稳健地表明盲目追求高投资、高增长的发展模式不利于金融体系的稳定与安全。通胀缺口变量(pi)在 1% 统计水平上是显著的,且系数值稳定地为正,这表明适度的通货膨胀水平、实际价格超过长期均衡价格有利于提高金融稳定水平。外币贷款(foreiloan)、不良贷款(npl)、股票指数(stock)系数值为负,汇率指数(reer)系数为正,均在 1% 水平上统计显著,具有较强的稳健性。M2 增长缺口(m2r)不显著,银行间同业拆借利率(rate)在 5% 统计水平上是显著的,这表明银行间同业拆借利率的提升有助于提高金融机构和金融市场的风险承担成本,有利于金融体系安全水平。这进一步反映了金融体系稳定水平与价格型的利率水平具有较强的关系,而与数量型的货币数量变动关系不明显。

表 7 – 3　　　CFSI 指数对主要宏观经济变量的敏感性效应的结果

变量	(1)	(2)	(3)	(4)
l_fsi	0.932 *** (45.425)	0.732 *** (17.614)	0.774 *** (20.001)	0.729 *** (17.579)
gdp	− 0.023 *** (− 5.138)	− 0.011 *** (− 2.910)	− 0.010 ** (− 2.329)	− 0.013 *** (− 3.057)
pi	0.011 *** (3.390)	0.014 *** (4.566)	0.018 *** (5.229)	0.016 *** (4.641)
invest		− 0.002 *** (− 2.999)	− 0.002 ** (− 2.404)	− 0.002 *** (− 3.078)
rate		0.014 ** (2.092)		0.019 ** (2.350)
foreiloan		− 0.416 *** (− 3.505)	− 0.318 *** (− 2.783)	− 0.453 *** (− 3.680)
stock		− 0.099 *** (− 6.437)	− 0.102 *** (− 6.292)	− 0.101 *** (− 6.544)
npl		− 0.016 *** (− 6.400)	− 0.016 *** (− 5.823)	− 0.016 *** (− 5.964)
reer		0.006 *** (4.818)	0.006 *** (4.477)	0.006 *** (4.567)

续表

变量	(1)	(2)	(3)	(4)
m2r			− 0.001 (− 0.272)	0.003 (1.098)
常数项	0.059 *** (4.082)	0.996 *** (7.372)	1.031 *** (7.308)	1.003 *** (7.432)
N	55	55	55	55
Adj R^2	0.976	0.990	0.989	0.990

注：*、**、*** 分别表示在 10%、5%、1% 水平上是显著的，括号内为 t 统计量。

表 7 - 4 反映了金融稳定与经济增长的格兰杰因果检验的结果。可以看出，在 5% 统计水平上 CFSI 指数是 GDP 缺口和 IVA 缺口的格兰杰原因，GDP 缺口、IVA 缺口不是 CFSI 指数的格兰杰原因。这表明增加对金融稳定因素的考量有助于提高对经济增长（GDP 或 IVA）的解释与预测，而经济增速超过潜在经济增不能显著地提高金融体系的稳定程度，这与图 7 - 2 得出的结论具有一致性。因此，金融稳定是经济增长的充分条件，金融体系的稳定和安全是经济良好运行和实现持续稳定增长的重要条件。与之相反，经济高速增长并不必然带来金融稳定程度的提升，从而经济高速增长不是构成金融稳定或金融安全的充分条件，甚至经济高速增长时期也可能是金融风险积聚或金融风险爆发的时期。

表 7 - 4　　　　金融稳定与经济增长的格兰杰因果检验结果

原假设	样本数	F 统计量	P 值
总产出变化不是金融稳定变化的格兰杰原因	54	0.120	0.888
金融稳定变化不是总产出变化的格兰杰原因	54	3.760	0.030
工业增加值变化不是金融稳定变化的格兰杰原因	54	0.774	0.467
金融稳定变化不是工业增加值变化的格兰杰原因	54	3.465	0.039

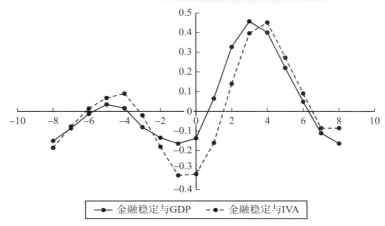

图 7 – 2　CFSI 指数与产出的动态相关系数

　　图 7 – 2 反映了 CFSI 指数与产出的动态相关关系。可以看出，超前 1 期至 8 期（右侧）的相关系数为正，而当期及滞后 1 期至 8 期（左侧）的相关系数为负，且右侧的相关系数绝对值明显大于左侧，这表明金融稳定与经济增长之间存在明显的非对称性影响：CFSI 指数有利于预测未来经济增长情况，金融稳定水平的提升有助于提高人们对经济形势预期的信心，金融体系的健康稳定是持续经济增长的充分条件。相反，经济高速增长不一定能够提升金融稳定水平，经济增长速度不是金融稳定的充分条件，盲目追求经济高速增长可能导致系统性金融风险积累，从而不利于经济的持续健康发展。

　　图 7 – 3 显示了 CFSI 指数与价格变量的动态相关关系。可以看出，CFSI 指数与超前 1 期至 3 期的 CPI 缺口、PPI 缺口的相关系数系数为负，这表明当前较高的金融稳定指数与未来较低的 CPI 缺口和 PPI 缺口相依存，金融稳定状况的提升有利于预测未来价格水平低于长期均衡价格水平，进而表明金融稳定与价格稳定在短期来看具有某种一致性。自超前 4 期至第 8 期，CPI 缺口、PPI 缺口与 CFSI 指数的相关系数为正，表明较高的金融稳定指数可能伴随着未来较高的 CPI 缺口和 PPI 缺口。因此，金融稳定程度的提升可能与未来价格水平高

于长期均衡价格水平的情况并存，这表明金融体系稳定状况的改善与低而稳定的通货膨胀目标相冲突，金融稳定与价格稳定在长期存在一定的冲突。

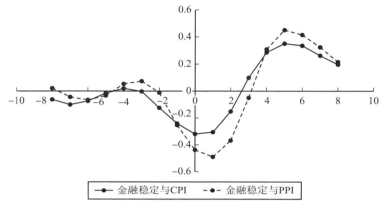

图 7－3　CFSI 指数与价格的动态相关系数

同时，CFSI 指数与超前期 CPI 缺口、PPI 缺口的相关系数（纵轴右侧）的绝对值总体上大于 CFSI 指数与滞后期 CPI 缺口、PPI 缺口的相关系数（纵轴左侧）的绝对值，这表明金融稳定与未来价格指数的相关程度大于价格指数与未来金融稳定的相关程度，增加对包含各类资产变量综合信息的 CFSI 指数的考量有利于提升对未来 CPI 缺口和 PPI 缺口的预测作用，有利于中央银行及时应对通货膨胀（卞志村，2012），而对 CPI 缺口和 PPI 缺口对未来 CFSI 指数的变动预测能力较差。金融稳定受价格指数的影响较小，可能反映金融体系具有自身相对独立的运行规律，也表明影响金融稳定的因素具有明显的不确定性。因此，从短期来讲，价格稳定与金融稳定存在一定的同一性，稳定的价格水平有利于促进金融体系的稳定与安全。但是，从长期来看，二者存在较大的冲突，长时期的价格水平稳定或者通货膨胀稳定助长了金融风险的累积，从而妨碍了金融稳定与安全。价格稳定不是金融稳定的充分条件，这警示我们在实现物价稳定的基础上，增加对金融稳定因素的重视显得非常必要。

图 7－4 和图 7－5 分别反映了经济增长对金融稳定的脉冲响应和金融稳定对经济增长的脉冲响应。可以看出，对金融稳定增加一个外生的正向冲击，经济增长当期的响应为负，随即迅速上升至 0 以上，一直持续至第 8 期为正向反应，持续期为 1 年零 6 个月左右，从第 10 期开始逐渐趋于水平值，这表明金融稳定的增加对经济增长具有明显的正向冲击。图 7－5 反映了金融稳定对经济增长的脉冲响应。对 GDP 缺口增加一个外生的正向冲击，金融稳定的脉冲响应值始终在 0 左右波动，这表明短期经济增速的提升对金融稳定的作用不显著。从金融稳定与经济增长二者之间相互作用来看，金融稳定对经济增长的作用大于经济增长对金融稳定的作用，二者相互作用的非对称效果，从一定程度上反映了金融体系通常具有自身独特的运行方式和运行规律，从而表现为金融的不确定性较大，造成金融不稳定和引发系统性金融风险的因素可能难以捕捉。金融体系与金融运行表现出的不确定性、相对独立性的特征，警醒我们要对金融体系安全和系统性金融风险防范高度重视。

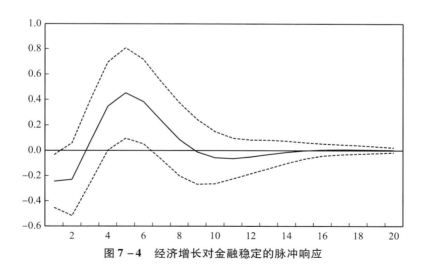

图 7－4　经济增长对金融稳定的脉冲响应

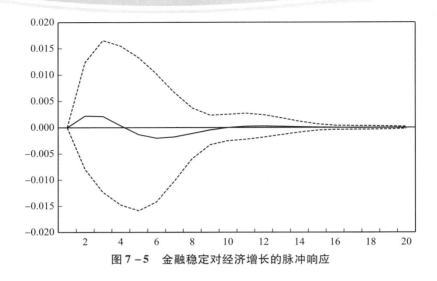

图 7 - 5　金融稳定对经济增长的脉冲响应

图 7-6 和图 7-7 分别反映了价格稳定对金融稳定的脉冲响应和金融稳定对价格稳定的脉冲响应。可以看出，对金融稳定增加一个外生的正向冲击，价格缺口当期的响应为负，随即上升至 0 以上，一直持续至第 10 期左右，持续期为 1 年零 6 个月左右，从第 10 期开始下降至 0 以下，这表明金融稳定的增加对价格稳定具有明显的正向冲击。图 7-6 的脉冲值明显大于图 7-7 的脉冲值，表明金融稳定与价格稳定相互作用存在明显的非对称性，这与图 7-5 得出的结论具有一致性。对价格稳定缺口增加一个外生的正向冲击，金融稳定的脉冲响应值始终在 0 左右波动，这表明短期经济增速的提升对金融稳定的作用不显著。

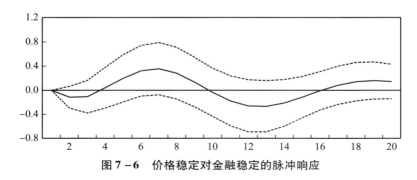

图 7 - 6　价格稳定对金融稳定的脉冲响应

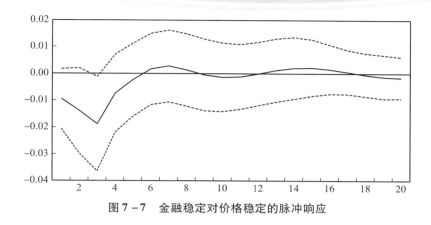

图 7 – 7　金融稳定对价格稳定的脉冲响应

7.3　货币政策对金融稳定的有效性检验
——基于泰勒政策反应函数

7.3.1　货币政策反应机制：对相机抉择的反思

　　货币政策反应机制或者货币政策规则是在批评和反思凯恩斯相机抉择政策基础上产生和发展的，很多时候货币当局本身就是经济不稳定的一个根源，货币当局多变的政策操作和政策"时滞"不一致导致反周期的货币政策难以发挥稳定经济的效果，而且货币当局很容易受到社会公众意见或政治压力的左右，相机抉择的操作不仅无法稳定经济，而且可能成为不稳定因素（Friedman，1982；Kydland and Prescott，1977）。在声誉机制作用下，考虑货币当局与公众之间的动态博弈，一旦货币当局上一期违背承诺，下一期公众将不再相信货币当局的承诺，即公众的触发战略。如果货币当局采用相机抉择的政策，那么预先承诺的低通胀目标就因存在动态非一致性而不可信，结果是真实产出并无增加，反而引起高通胀，社会福利损失更大。如果货币当局坚持按照规则进行货币政策操作，事先承诺的低通胀目标就是可信的，公众的通胀预期消除，从而缓解通胀偏差的问题。因此，声誉机制可以改善相机抉择带来的次优结果，规则是"最优解"，而相机抉择是"非一致解"，货币政策的规则要优于相机抉择。

近年来，许多经济学文献讨论了各种各样的货币政策规则，其中最具权威性和影响力之一的当属泰勒（Taylor，1993）提出的利率规则，又被称为泰勒规则或泰勒政策反应模型。泰勒假定货币当局围绕两大关键福利约束（目标函数）——现实通货膨胀率与目标通货膨胀率之间的偏离程度和现实产出水平与潜在（均衡）产出水平之间的偏离程度——运用货币政策工具进行宏观调控。泰勒政策反应模型把中央银行的政策利率设定为通胀缺口和产出缺口的线性函数，其一般形式为可以表示为：

$$i_t^* = r^* + \pi_t + \alpha(\pi_t - \pi^*) + \beta y_t \qquad (7-2)$$

其中，i 表示名义利率，r^* 表示均衡的实际利率，π 表示现实通货膨胀率，π^* 表示目标通货膨胀率，y 表示实际 GDP 偏离其目标水平的百分比（即产出缺口）。如果实际通货膨胀率等于目标值 π^*，而且实际产出等于潜在产出 y^*，那么名义利率就应当等于均衡利率（目标利率），此时经济将处于一种稳定的状态。泰勒政策反应函数要求真实利率的调整变动应当反映通胀缺口和产出缺口的变化，从而实现逆周期调节和实现经济的长期稳定。当出现实际通货膨胀率超过目标通货膨胀率（即通胀缺口现象），或者实际产出水平超过潜在产出水平（即产出缺口现象）时，现实的名义利率应当提升至名义利率的目标值，从而能够抑制通货膨胀和防止经济过热，起到逆周期的调控作用，反之则相反。根据总供给与总需求均衡，也可以求解得到货币当局最优化行为的表达式，与泰勒政策反应函数的一般表达式（7-2）非常相近（高丽，2013）。泰勒政策反应函数很好地模拟了美联储在格林斯潘和伯南克时期利率调控的轨迹，具有很强的经验支持（Nautz and Schmidt，2009）。而且，这种政策反应函数具有简单的表达形式、具体的内容，以维持物价稳定和经济持续增长为福利约束，高度提炼和把握了货币当局政策调整的主要目标，为货币政策框架提供了新的理论支撑。

自泰勒开创性地探索利率政策反应函数之后，泰勒政策反应函数成为货币政策理论研究的重要焦点，得到广泛而深入的研究，在实践中也上受到国际组织和许多国家货币当局的青睐，得到了不断的发展和完善。自 20 世纪 70 年代以来，预期因素成为重要的组成部分被纳入经济学研究，尤其是 90 年代以后随着互联网技术的普遍运用和广泛及时的信息传播，经济和金融市场运行受到各类不同性质的信息披露的影响，预期管理受到各国货币当局高度重视（Poole，2006）。在原始表达式基础上，许多学者在模型中加入预期因素，形成了具有前瞻性特征的泰勒政策反应函数（Clarida et al.，1998；King，1999）。通常，利率调整作用于经济运行存在一定的时间滞后特征（即"时滞"），其发挥实效很大程度上依赖于传导路径的效率。不仅成熟市场经济体如此，对于转轨经济体，由于经济体制机制不完备和传导机制不畅通非常明显，货币政策调控必须具有预见性，实行前瞻性的策略。在运用利率手段时，必须根据一些经济先行指标的表现，在出现明显的通货膨胀之前即提高利率，或者在出现明显的经济衰退之前即调低利率，而不是等到出现明显甚至严重的通货膨胀或者经济衰退出现时再采取很大的政策力度，事后调整的方式将导致经济恢复至正常的过程通常十分漫长痛苦，而且政策效应不尽如人意。

加入预期因素的政策反应式可以表示为：

$$i_t = \bar{i} + \alpha(E[\pi_{t,k}|\Omega_t] - \pi^*) + \beta E[y_{t,m}|\Omega_t] \qquad (7-3)$$

其中，E 代表预期因子，Ω_t 表示在 t 时期能够获得的有关信息，为准确预测未来的产出和物价变化提供帮助；$\pi_{t,k}$ 表示自 t 期至 k 期的通货膨胀率；$y_{t,m}$ 表示自 t 期至 m 期的产出缺口。在重视预期管理、实行前瞻性政策反应的基础上，理论和实践都非常强调利率调整的路径依赖，利率的变动具有一定的惯性特征：现实的利率与目标利率之间通常很难一步到位，利率调整通常需要一个缓慢、分步实施的过程，表现为"微调"的方式（刘义圣和王春丽，2010）。为了防止利率调整过度和巨大变动产生的负面影响，通常，央行沿着相同方向缓慢调整利率，采取温和的操作方式稳定公众和市场预期。利率的平滑调整过程可以表示为：

$$i_t = \rho i_{t-1} + (1 - \rho) i^* + v_t \qquad (7-4)$$

参数 ρ 反映利率平滑调整的程度，范围在 0 至 1 之间，ρ 值越大表明利率的惯性越大，越表现出"微调"的方式；v 代表了利率变化调整的随机扰动因素。将式（7-3）代入式（7-4），可以得到具有平滑调整的政策反应函数：

$$i_t = c_0 + \rho i_{t-1} + \alpha' E[\pi_{t,k} | \Omega_t] + \beta' E[y_{t,m} | \Omega_t] + \varepsilon_t \qquad (7-5)$$

其中，$\varepsilon_t = v_t - (1 - \rho) \{ \alpha (\pi_{t,k} - E[\pi_{t,k} | \Omega_t]) + \beta (y_{t,l} - E[y_{t,l} | \Omega_t]) \}$，$c_0 = (1 - \rho)(\bar{i} - \alpha \pi^*)$，$\alpha' = (1 - \rho)\alpha$，$\beta' = (1 - \rho)\beta$

通常，货币当局的福利约束具有多元性。除了通货膨胀率和产出缺口，货币当局还需要重视其他重要变量，如汇率稳定、货币总量稳定，甚至包括具有综合性质的货币状况指数①或者金融稳定状况指数（Ball，1999；Gazioglu and McCausland，1999）。由于原始的反应函数主要是基于美国、加拿大、英国等（经济）大国经验的总结，很长一段时期主要考虑了通货膨胀和产出福利约束，忽略了对外经济部门，如未直接考虑汇率波动对国内物价波动和产出的影响，这种情况对一些小型经济体或者对外贸易依存度很高的国家（地区）显得尤为重要。因此，考虑汇率因素之后，泰勒政策反应函数将从初始的封闭型拓展成为开放型政策反应函数（Taylor，2001），或者纳入其他重要变量，也能够较好地适应实践上货币当局福利约束多元化目标的特点和要求，大大推动了泰勒政策反应函数的深入研究及其在许多国家的广泛适用。多元福利约束（目标）的泰勒反应函数的一般形式可以表示为：

$$i_t = c_0 + \rho i_{t-1} + \alpha' E[\pi_{t,k} | \Omega_t] + \beta' E[y_{t,l} | \Omega_t] + \gamma' E[z_{t,q} | \Omega_t] + \varepsilon_t$$

$$(7-6)$$

其中，z 表示除了通胀和产出之外中央银行考虑的其他福利约束。

泰勒政策反应函数体现了货币当局对"利率中性"原则的坚持，强调利率政策为经济社会长期提供稳定环境的作用，而不是依靠利率工具实现短期的产出目标。20 世纪 70 年代欧美等国家经历了普遍长期

---

① 货币状况指数（MCI）通常是汇率和利率变量的某种加权值，权重的大小可根据二者对总需求影响的重要程度决定（Ball，1999）。

的"滞胀"问题，对凯恩斯相机抉择政策产生了明显的怀疑，纷纷强调货币当局的独立性和施策行为的长期性，要求反对政府对货币当局施策的干预，尤其避免通过降低利率来推动短期经济增长，从而表现出所谓的"政绩"现象。利率中性原则要求货币当局以维持长期稳定的通胀水平为核心，非常强调物价稳定性的作用，甚至坚信物价稳定等价于经济稳定。另外，泰勒规则兼具规则行事和相机抉择的优点，既坚持一定的行事规则（政策反应机制），又保留了适当的相机抉择的特点。泰勒政策反应机制坚持了现代货币主义"单一规则"的精神，重视预期管理和政策信息及时公告，较好地回避了"时间不一致"对相机抉择的批判，以规则行事保证和提高了货币政策操作的连续性和透明性，大大提升了货币当局的公信力和维持社会预期的稳定，从而实现目标福利约束下的调控成本（代价）最小化。货币政策按照政策反应函数行事，在提升政策透明度和公信力的同时，也更具灵活性。泰勒政策反应函数将规则行事和相机抉择两种货币政策操作模式优点相结合的特征，大大拓展了它的适用范围，因而也得到世界上许多国家（经济体）货币当局的青睐。

7.3.2 模型设定：纳入 CFSI 指数的货币政策反应机制

在式（7-5）基础上，加入金融稳定福利约束，形成了包括价格稳定、产出稳定和金融稳定三重福利约束的货币政策反应函数。三重福利约束的货币政策反应机制（规则）可以表示为：

$$i_t = c_0 + \rho i_{t-1} + \alpha E[p_{t,k} | \Omega_t] + \beta E[y_{t,n} | \Omega_t] + \gamma E[s_{t,p} | \Omega_t] + \varepsilon_t$$

$$(7-7)$$

其中，s 为金融稳定变量。为检验利率与货币数量是否具有"镜像"关系，即货币数量与货币价格（市场利率）的信息反馈功能是否一致，从而反映利率传导机制是否畅通，加入货币数量因素的货币政策反应机制（规则）可以表示为：

$$i_t = c_0 + \rho i_{t-1} + \alpha E[p_{t,k} | \Omega_t] + \beta E[y_{t,n} | \Omega_t] + \gamma E[s_{t,p} | \Omega_t] + \delta[m_{t,q} | \Omega_t] + \varepsilon_t$$

$$(7-8)$$

其中，m 为货币数量因素。残差 ε_t 包含了外生冲击 v_t 和中央银行设置政策工具 w_t 时产生的预期误差，用 z_t 表示中央银行在设置 w_t 时已知的工具向量，即 $z_t \in \Omega_t$，那么存在正交条件集：

$$E\left[w_t - c_1 - \alpha' p_{t,k} - \beta y_{t,n} - \gamma s_{t,p} - \delta m_{t,q} - \rho w_{t-1} \mid z_t \right] = 0$$

正交条件集提供了广义矩方法（GMM）估计参数的基础。由于传统的计量估计方法（如普通最小二乘法）对模型的假设条件过于苛刻、烦冗，而广义矩方法对模型的限制相对较少，无须清楚随机误差项的准确分布，而且还允许随机误差项存在序列相关和异方差的情况。因此，相对于传统的计量方法，广义矩方法更加有效。

样本期跨度为 2004 年第一季度到 2017 年第四季度，主要源于第 7.2 节构建的反映中国金融稳定状况的 CFSI 指数自 2004 年开始列示，同时也便于采用市场化利率数据。高效的利率传导机制和政策反应机制适用需要利率市场化的条件，尽管中国存贷款利率尚未完全实现市场化，但是银行间拆借市场和债券回购市场的利率形成机制自 20 世纪 90 年代已经基本市场化，经过一段较长时间的运行，利率形成机制在运行中更加成熟规范。因此，本书选取的样本期间基本能反映中国转轨深化阶段经济金融运行的特征，相对于转轨初期而言，对此阶段的货币政策反应机制的探索也更有意义。主要变量和数据处理过程如下：（1）政策工具变量。7 天期银行间同业拆借和债券回购交易比例较高，且利率走势比较平稳，根据谢平和罗雄（2002）、张屹山和张代强（2007）等的研究，可以选取银行间市场 7 天同业拆借利率（记为 ib07）和 7 天债券回购利率（记为 rpr07）作为政策工具代理变量。对 ib07 和 rpr07 月度数据加权平均得到季度数据。（2）价格稳定变量。将月度同比 CPI 指数加权平均得到季度通货膨胀率（π），利用 HP 滤波法可以获得潜在季度通货膨胀率（π^*），通胀缺口为季度通货膨胀率减去潜在季度通货膨胀率，即 $pi = \pi - \pi^*$。（3）产出稳定变量。在季度同比 GDP 指数基础上，利用 HP 滤波法可以获得潜在经济增长率，产出缺口为季度 GDP 同比增速减去潜在季度 GDP 同比增速。（4）金融稳定变量。在第 7.2 节得到的 CFSI 指数基础上，利用 HP 滤波法可以获得潜在金融稳定指数（$CFSI^*$），短期金融稳定变量（cfsi）为实际金融稳定指数（CFSI）减去潜在金融稳定指数（CFSI*）。以 CFSI 指数四阶差分（d4_CFSI）减去 d4_CFSI 的趋势项（d4_CFSI*）来衡量长期金融稳定（lcfsi）。（5）货币数量变量。将月度 M2 同比增速加权平均得到季度同比增速，利用 HP 滤波法可以获得 M2 潜在增速，货币数量缺口为 M2 季度同比增速减去 M2 潜在增速。除了金融稳定变量来自 7.2 节估计得到的结果之外，其余变量数据均来自东方财富 Choice 数据库。

7.3.3　三重福利约束货币政策反应机制：实证结果与分析

表 7-5 反映了三重福利约束货币政策反应机制的结果。可以看出，列（2）和列（5）调整的 R^2 分别为 0.701 和 0684，明显高于相同政策工具下的回归结果，这表明相较于基准回归［列（1）和列（4）］和纳入货币数量［列（3）和列（6）］的估计结果而言，列（2）和列（5）整体估计结果更好。

表 7-5　　　　　考虑三重福利约束的利率政策反应机制的结果

变量	（1） ib07	（2） ib07	（3） ib07	（4） ib07	（5） ib07	（6） ib07
pi	0.068 * （1.707）	0.058 * （1.778）	0.019 （0.480）	0.082 ** （2.072）	0.077 ** （2.207）	0.024 （0.640）
gdp	0.100 ** （2.286）	0.093 ** （2.507）	0.147 *** （6.749）	0.098 ** （2.118）	0.092 ** （2.110）	0.157 *** （6.803）
l_ib07	0.784 *** （10.824）	0.742 *** （10.487）	0.783 *** （9.343）			
cfsi		−1.620 *** （−3.136）	−0.981 ** （−2.022）		−1.744 *** （−2.902）	−1.109 ** （−1.980）
m2r			−0.013 （−0.465）			−0.018 （−0.585）
l_rpr07				0.763 *** （11.268）	0.716 *** （10.267）	0.743 *** （8.771）
常数项	0.657 *** （3.303）	0.778 *** （4.060）	0.692 *** （2.957）	0.738 *** （3.998）	0.876 *** （4.572）	0.834 *** （3.396）
Adj. R^2	0.695	0.701	0.688	0.677	0.684	0.672

注：*、**、***分别表示在 10%、5%、1% 水平上是显著的，括号内为 t 统计量。

第一，从平滑系数来看，市场利率 ib07 和 rpr07 的平滑系数 ρ 均在 0.7 以上，且在 1% 统计水平上是显著的，这表明两种市场利率的均调整具有良好的平滑性。利率的平滑调整有利于避免市场利率出现大起大落，有利于稳定市场预期，从而促进经济金融持续稳定健康运行。总体而言，银行间拆借利率（ib07）的平滑系数大于银行间回购利率（rpr07），表明拆借市场利率（ib07）的平滑性优于回购市场利率（rpr07），ib07 市场利率具有更强的稳定性。

第二，列（1）至列（6）估计结果中价格稳定变量（pi）的系数符号均为正值，与预期相符合，表明利率的上升调整与价格水平上涨相适应。在估计结果列（1）和列（2）中，价格稳定变量 pi 在 10% 统计水平上是显著的，在列（4）和列（5）结果中，价格稳定变量 pi 在 5% 统计水平上是显著的，而且 rpr07 估计结果中变量 pi 的系数明显高于 ib07，表明相对于 ib07，rpr07 对价格水平的波动更加敏感。加入货币数量变量（m2r）后，价格稳定变量（pi）在列（3）和列（6）中均表现出不显著的结果，而且调整的 R^2 都出现不同程度的降低，这表明考虑货币数量（m2r）因素后货币政策反应机制的估计效果出现了明显的下降，市场利率的调整对价格变化敏感程度有所下降。从三个福利约束变量的系数来看，不仅价格稳定变量的系数值是最小的，而且显著性水平也是最低的，甚至出现了不显著的情形，这进一步表明政策利率引导下的市场利率对价格变化的调整不足，利率变动缺乏灵活性和足够的敏感性。这可能反映了中国转轨过程金融约束政策导致金融市场分割现象明显，利率传导机制不畅通。

第三，金融稳定变量（cfsi）系数均为负值，且至少在 5% 水平上是显著的，除列（3）之外，cfsi 系数绝对值均大于 1，符合"稳定型"逆周期的预期要求。当金融缺口为负时，即金融体系整体处于压力风险时期，市场利率上升的幅度大于金融缺口的幅度，这有利于降低金融机构和金融市场过度风险的暴露，提高资金使用的成本，起到抑制过度投资和债务杠杆率快速抬升的作用，从而有利于降低金融压力，促进金融稳定水平的提高。当金融缺口为正时，即金融体系整体处于安全时期，市场利率下降的幅度大于金融缺口的福利，这有利于降低融资成本，促进生产投资和金融投资，从而有利于经济面的改善和金融稳定水平的提升。这表明中国利率政策较好地反馈了中国金融体系的风险状况，市场利率的调整对金融稳定状态起到了明显的逆周期调节的作用。在列（2）和列（4）反映的不考虑货币数量变量（m2r）的估计结果中，金融稳定系数（cfsi）在 1% 统计水平上是显著的，考虑货币数量变量（m2r）之后 cfsi 的系数在 5% 水平上是显著的［列（3）和列（6）］，而且 cfsi 系数的绝对值分别从 1.620 和 1.744 下降至 0.981 和 1.109，表明考虑利率政策反应机制货币数量因素之后，市场利率对金融缺口的反馈效应变小。这进一步说明了货币数量与市场利率（货币价格）具有不一致的信号，二者存在明显的相对独立的、非"镜像"关系，利率体系存在明显的扭曲现象。

第四，不仅金融稳定变量（cfsi）和产出稳定变量（gdp）的系数值明显大于价格稳定变量（pi），而且显著性水平明显优于价格稳定变量（pi），表明市场利率的变动对金融状况的波动和产出的波动具有更大的反馈效应，而对价格变化的反馈效应偏小。增加货币数量因数后，产出稳定变量（gdp）的系数值和显著性水平均明显上升，金融稳定变量（cfsi）的系数值和显著性水平均下降，说明利率的调整变化在产出稳定与金融稳定之间存在一定的冲突，政策利率调整需要在二者之间进行适度的平衡与抉择。

表 7-6 反映了利率政策反应机制对短期和长期金融稳定反馈的估计结果。可以看出，与基准回归模型相比，考虑短期金融稳定因素的模型估计效果优于基准回归模型，这表明利率政策较好地反馈了短期金融市场的波动，对短期金融状况起到了明显的逆周期的应对。列（1）和列（3）调整的均明显大于列（2）和列（4）的结果，表明考虑短期金融稳定因素的模型估计效果整体优于考虑长期金融稳定因素的模型，利率的变动对短期金融稳定因素更加关注。从短期金融稳定变量（cfsi）和长期金融稳定变量（lcfsi）来看，列（1）和列（3）反映的短期金融缺口系数均在 1% 水平上是显著的，且绝对值大于 1，而长期金融缺口系数在 10% 水平上均不显著，且系数符号与经济意义预期不一致，表明市场利率变化对金融体系前瞻性状况缺乏有效的反馈，

此时货币政策反应机制不能有效发挥逆周期的调节作用。在三种货币政策反应机制中，包含短期金融稳定因素的货币政策反应机制表现最好，其次是基准回归（不包括金融稳定因素），考虑长期金融稳定因素的货币政策反应机制表现效果最差。因此，中国货币政策利率变动和调整在实践中更多地强调和关注了短期金融稳定，相对忽略了对长期金融稳定的关注和重视，这种政策反应机制容易造成金融体系风险的积累和增大未来抵抗金融风险的压力。

表 7 – 6   纳入短期／长期金融稳定因素政策反应机制的结果

变量	（1） ib07	（2） ib07	（3） ib07	（4） ib07
cpi	0.058 * （1.778）	0.077 * （1.910）	0.077 ** （2.207）	0.092 ** （2.186）
gdp	0.093 ** （2.507）	0.110 *** （3.112）	0.092 ** （2.110）	0.122 *** （3.191）
cfsi	− 1.620 *** （− 3.136）		− 1.744 *** （− 2.902）	
l_ib07	0.742 *** （10.487）	0.750 *** （10.339）		
lcfsi		0.802 （1.355）		0.743 （1.209）
l_rpr07			0.716 *** （10.267）	0.734 *** （10.208）
常数项	0.778 *** （4.060）	0.720 *** （3.847）	0.876 *** （4.572）	0.788 *** （4.250）
Adj. R^2	0.701	0.681	0.684	0.661

注：*、**、*** 分别表示在 10%、5%、1% 水平上是显著的，括号内为 t 统计量。

7.4　本章小结

本章在阐述新常态阶段金融风险（稳定）福利约束凸显的基础上，重点对中国金融体系稳定状况进行了量化，构建了一个衡量中国金融风险状况的指数——中国金融稳定指数（CFIS 指数），并探讨了中国利率政策反应机制对金融风险状况波动的反馈效果。首先，本章立足于经济新常态新阶段，从"全面深化改革"新战略举措和"高质量发展目标"发展新思路两个视角重点阐述了新阶段在开放、改革、发展等方面发生的深刻变化，这些变化凸显了金融稳定福利约束的重要性。渐进转轨方式下的金融约束宏观政策为促进实体部门发展发挥了"金融支持"的作用，但是，金融部门市场化迟缓、金融部门国际竞争力不足和经济增长效率低等问题严重阻碍了中国经济社会的持续发展。全面深化改革战略举措成为扭转金融部门与实体部门不协调、资源错配等问题的必由之路，在全面深化改革战略的指引下，多方面推进改革和实施"深水区"改革，金融部门将成为经济体制领域改革的重点和难点。面对新常态阶段的产能调整、增长动力转换，落实全面深化改革战略举措和树立落实高质量发展目标理念是一个产业重组、利益重塑的长期过程，涉及复杂的经济政治冲突和很大的不确定性，进一步加大了金融风险的集中暴露。同时，在推进金融部门市场化改革、提高金融体系国际竞争力过程中，也需要防止金融自由化和金融脱离实体经济"自我实现"，不断强化金融监管。因此，货币政策在平衡金融"改革、发展、稳定"关系上更加困难，从而凸显了金融稳定福利约束的重要性。

接着，本章结合 IMF 等国际机构和中国对金融体系风险状况评估的实践经验，构建了衡量中国金融稳定状况的 CFSI 指数。结果发现，2004~2017 年 CFSI 指数均值为 0.6257，总体呈现上升趋势，表明中国金融体系的稳定水平和健康程度总体上不断提升，中国金融体系具备很强的风险抵御能力。尽管中国金融稳定总体呈现改善的态势，其间也出现了 4 次明显的下降过程，经历了 4 个"金融压力时期"，分别为 2005 年第一季度、2007 年第四季度至 2008 年第二季度、2013 年第一季度和 2017 年第一季度至 2017 年第四季度。2017 年 4 个季度 CFSI 指数缺口值长期低于临界值水平，金融体系长期处于"金融压力时期"，金融体系表现出较长时间的脆弱性特征，此时系统性金融风险压力值得高度警惕。同时，研究发现价格稳定是金融稳定的必要条件而不是充分条件，货币政策采取通货膨胀目标制或者盲目追求低而稳定的通货膨胀不利于实现金融体系的稳定，相反适度的通货膨胀水平有利于提升金融稳定水平。此外，金融稳定是经济持续增长的充分条件，金融体系的稳定与安全能够为经济运行和实现持续增长提供良好的条件，而经济高速增长并不必然带来金融稳定程度的提升，盲目追求经济高速增长可能造成经济的失衡和系统性金融风险积累，从而不利于经济的持续健康发展，甚至经济高速增长时期往往是金融风险积聚或爆发的时期。

最后，本章重点考察了中国货币政策反应机制对短期和长期金融风险的反馈是否有效。研究发现，考虑金融稳定福利约束的政策反应机制表现很好，利率的调整变动对金融风险状况波动起到了很好的反馈作用。加入货币数量因素的利率反应机制的效果出现明显的下降，利率波动与货币数量（M2）的变动的"量价关系"并不一致，二者反馈的信息可能存在明显的偏差，直接将货币数量与利率直接联系很可能导致错误的决策。同时，针对短期金融稳定和长期金融稳定状况，利率政策反应机制只关注了短期金融不稳定，而对长期金融不稳定的反应存在明显的不足，单一的利率政策和利率传导机制在防范化解金融风险上仍显不足。这警示我们，在新时代新阶段，在深化金融供给侧结构性改革和提高利率传导效率的同时，需要发扬中国货币政策历来重视维护金融稳定的职能、重视信贷领域和信贷传导机制的历史传统，充分使用数量特征的社会融资规模（AFRE）和货币供应量（M2）反馈的信息，强化宏观审慎监管，更好地防范化解系统性金融风险。

第8章

结论与展望

8.1 本书的基本结论

本书系统阐述了中国转轨过程货币政策三重福利约束的变迁与中介目标选择的逻辑。在对货币政策最终目标和中介目标选择的相关文献进行较为全面系统的梳理的基础上,本书结合中国转轨经济的实践,从实体部门与金融部门两部门非对称性改革与发展的角度出发,基本廓清了经济不稳定在不同阶段的主要来源和货币政策福利约束导向变化的理论机制,为理解货币政策中介目标选择与转型的逻辑提供了有益的参考。本书认为,货币政策三重福利约束较好地抓住了中国转轨经济的特征事实,能够较好地拟合了40多年来中国货币政策的基本特征和变化轨迹。在新时代新阶段,金融体系在新一轮开放、改革与发展中遭遇的冲击将更加复杂,金融风险的暴露将更加全面集中、金融不稳定特征将越发凸显。因此,维护金融稳定、防范系统性金融风险和守住系统性金融风险的底线思维成为新时代新阶段货币政策的当务之急。除了加快推进利率市场化基础设施建设,充分发挥利率机制的调节作用,从而纠正金融资源错配等问题,传统的信贷领域和社会融资规模(AFRE)的变动也不容小觑,这是反思国际金融危机之前货币政策的重要经验。综合而言,本书主要有以下几点发现。

第一,随着持续深化改革,中国经济不稳定的来源逐渐从实体经济领域转移至金融体系领域，经济增长福利约束的权重和地位有所下降，货币政策福利约束将逐渐从经济增长导向型向金融稳定型或者金融稳定与经济稳定并驾齐驱转变。中国转轨的起点和战略目标的特征决定了货币政策很长一段时间以经济增长导向型福利约束为主，这与成熟市场经济国家货币政策目标存在明显的不同。转轨初期（1978～2012 年），实体部门增长是加快工业化和实现高速经济增长的主要动力，实体部门改革与发展的速度成为经济不稳定的主要来源。随着转轨持续深化（2013 年以后），金融部门的产出规模占国民经济的比重不断上升，而且实体部门进入后工业化阶段产业结构进入调整优化阶段，实体部门与金融部门在经济系统中的地位和作用发生了明显的转变。尽管经济不稳定的主要来源仍然是实体部门，但是，2015 年 PS1 产出环比增加约占 FS1 产出环比变动的 24.46%，首次出现了窄口径实体部门（PS1）产出环比增加值小于窄口径金融部门（FS1）的现象，金融部门不稳定程度的边际变化明显大于实体部门，金融部门的重要性逐步提升，金融部门不稳定将成为中国经济不稳定的主要力量。

尽管新时代新阶段影响经济不稳定的主要来源仍然是实体部门，但是金融部门不稳定程度变化明显大于实体部门，金融部门变得相对更重要，而且随着中国金融体系持续深化和经济结构调整，以及金融体系自身存在的非线性等特征，金融部门不稳定将成为中国经济不稳定的主要力量。中国经济系统内部两部门不稳定性的嬗变，既是生产力和经济结构在不同发展阶段的表现，是一般市场经济运行规律的使然，更是中国实施渐进式转轨方式、转轨经济改革从表层到深层稳步推进的结果。

第二，随着中国金融深化和金融创新的发展，货币数量指标（M0、M1 和 M2）在相关性、可控性和可测性三个中介目标上的特征日益衰退，利率中介目标的适用条件日趋成熟。而且，随着经济增长福利约束在总福利损失函数中的权重下降，即经济增长速度目标的地位下降，以数量型的货币供应量为中介目标造成的福利损失更大，而价格型的利率中介作为中介目标的优势得到显著的提升。从中介目标选择的相关性、可控性和可测性三个基本原则发现，货币供应量与货币政策最终目标直接联系的 GDP、CPI、投资、消费等宏观经济变量的相关性变差，货币形态的变化也导致货币层次的划分更加困难，货币供应量在相关性、可控性、可测性特征上均受到削弱。货币政策如果同时考虑产出稳定和价格稳定福利约束，无论是全体样本（1996～2017 年）还是 3 个子样本（时段 1：1996～2002 年；时段 2：2003～2017 年；时段 3：2010～2017 年），货币数量中介目标（M2）造成的福利损失值均小于利率中介目标（Chr07 和 Dpr），表明货币数量中介目标（M2）和数量型调控方式优胜一等，这进一步验证了中国实体部门的冲击大于金融部门的冲击。纵向对比发现，阈值变量 Q 呈现下降的趋势，表明数量型中介目标（M2）的优势逐步削弱，而利率中介目标（Chr07 和 Dpr）的优势逐步增强，利率传导机制和利率中介目标的重要性更加凸显。此外，人民银行创设的新指标——社会融资规模（AFRE）较好地弥补了金融发展和金融创新过程中货币数量指标在相关性、可测性和可控性等方面的缺陷，为货币当局制定货币政策提供了有用的信息。

第三，两部门渐进转轨导致经济体制长期处于不匹配的状态，粗放型经济增长方式不断强化经济结构的扭曲和资源错配，累积的金融风险已经成为新常态阶段实现高质量发展的"拦路虎"。研究发现，中国上市公司普遍存在明显的过度投资现象，上市公司投资行为表现出对货币数量扩张较为敏感而对利率资金成本变化不敏感的特征。在结构扭曲的环境下，总量型的货币政策难以有效纾解资源错配等问题，在维护金融稳定、促进经济增长和保持价格稳定福利约束上面临着重重困境，从而突出了全面深化改革战略举措的迫切性和重要意义。构建的反映中国金融体系稳定状况的 CFSI 指数分析表明，2004～2017 年 CFSI 指数总体呈现上升趋势，中国金融稳定水平不断提升和处于低风险状态，但是 2017 年第一季度至第四季度 CFSI 指数缺口值低于临界值水平，金融体系长期处于"金融压力时期"，此时系统性金融风险值得高度警惕。此外，研究发现，利率变动与货币数量不存在明显的"镜像"一致关系，二者反馈的信息出现明显的偏差，表明中国转轨阶段存在利率传导机制不畅通和市场经济不完善的特征。利率政策反应机制也表明，利率政策只关注了短期金融不稳定因素，而缺乏对长期金融稳定的有效反馈。

8.2　本书的主要政策含义

本书的研究为理解中国货币政策福利约束目标和中介目标特征提供了逻辑理论解释与实证支持，为新阶段货币政策转型和强化防范化解系统性金融风险提供了有益的参考。由于长期依赖高投资和政府主导经济的粗放型经济增长模式，货币政策在三重福利约束中过度偏向经济增长稳定福利约束，而对价格稳定和金融稳定福利约束缺乏相应的重视。在金融约束政策宏观环境下，中国金融体系改革相对滞后，实体部门与金融部门两部门改革发展的不匹配导致全要素生产率增长缓慢，制约了中国经济社会可持续发展和既定的发展（战略）目标的有效推进，转变经济发展方式，落实"创新、协调、绿色、开放、共享"的新发展理念和走高质量发展的道路成为必然的选择。经济发展理念和发展目标的调整将对货币政策提出更高的要求，货币政策将在经济新常态中继续发挥统筹协调"改革、发展、稳定"关系的作用，成为为中国高质量发展保驾护航的重要力量。

第一，货币政策福利约束取决于面临的主要矛盾，福利约束的选择设定不是定于一尊的，应该随着转轨阶段发生相应的调整。尽管很长一段时间，赶超型经济增长成为货币政策主要的福利约束，这一导向也带来了周期性的经济过热和高通胀之间的矛盾以及金融体系"负重前行"等诸多问题，但是，总体而言，这一福利约束选择是符合中国转轨经济初期生产力和生产关系（经济体制）的阶段特征的。以经济增长为导向的货币政策福利约束在实现经济高速增长、迅速解决"短缺经济"、创造"中国制造"等方面做出了突出的贡献。没有体现增长导向型货币政策的配合和支持，"中国奇迹"恐难以快速实现。本书的研究表明，在新常态阶段，货币政策的主要任务应该突出金融稳定福利约束目标，以防范金融风险为底线，强化金融稳定福利约束对维持经济稳定增长和价格稳定福利约束的系统重要性作用。在新时代新阶段，货币政策应该避免沿袭经常性刺激经济增长和相机抉择的老路，在强化金融深化改革的同时，防范金融自由化、金融去监管的态势，坚决防止金融"自我实现"，为转变经济发展方式和实现高质量发展创造良好货币金融环境。

第二，货币政策中介目标选择取决于居于主导地位的货币政策福利约束目标和居于主导地位的货币政策传导机制。随着中国经济进入新常态阶段，利率中介目标和利率工具的重要性将受到更多的青睐。在经济增长福利约束导向下，货币"第一推动力"作用非常明显，快速扩张的银行信贷和货币总量与名义产出具有高度的联系。在这种情况下，选择以银行信贷和货币供应量为中介目标无疑是最优的。但是，货币的持续扩张导致全社会信用存量的泛滥，再加上两部门改革非对称的经济体制的缺陷，进一步强化了结构扭曲。资源错配和结构扭曲已经成为制约整个经济效率提升的痼疾，成为加剧金融风险的源头。因此，在经济新常态下，充分发挥利率杠杆的调节作用，需要积极推进金融供给侧结构性改革，进一步完善利率市场化基础设施建设，增强市场主体的硬约束，优化金融资源配置效率。

第三，应对经济新常态下的金融风险，单一的利率政策反应机制明显不足，在重视利率传导机制的同时，也需要重视信贷传导机制和信贷领域的特征变化，充分发挥社会融资规模（AFRE）、货币供应量（M2）的信息反馈功能。尽管利率政策反应机制对短期金融稳定状况起到了很好的反馈作用，但是纳入长期金融稳定状况的货币政策反应机制效果较差，单一的利率政策对维护金融体系稳定、防范金融风险的反馈仍显不足。因此，要化解金融风险、结构扭曲等难题，应在重视利率传导机制和发挥利率杠杆作用的基础上，更注重落实全面深化改革的举措和建立高质量发展目标体系，扭转长期以来经济体制不匹配不衔接的问题。同时，吸取和反思国际金融危机之前欧美等国家货币政策的教训，更加注重信贷领域的变化和信贷传导机制，充分利用中国人民银行创设的社会融资规模指标（AFRE）总量和结构反馈的信息，强化宏观审慎监管。

8.3   本书的不足和未来的研究展望

本书的研究将中国渐进转轨方式与货币政策特征相结合，在理论和实证上基本明确了两部门非对称性改革与发展对经济不稳定和货币政策福利约束产生影响的作用机制，从而为既有的文献提供了适当的补充。但是，本书仍然存在一些不足之处，需要在未来的研究中进一步完善。

第一，本书主要从中国转轨经济中两部门不对称改革发展这一角度分析了经济不稳定来源，从而主要提出了经济（增长）稳定、价格稳定、金融稳定三重福利约束，但是，正如本书前面提到了货币政策的目标是多元化的，而且是一个相对开放的体系，随着人类经济实践的演变发展，货币政策最终目标或者福利约束也会在动态中得以补充、发展。尽管本书提炼和概括了三重福利约束，三重福利约束目标与货币政策四个最终目标存在部分重叠的地方，但是限于数据的可得性、本书研究的关注重点和笔者的研究水平，本书提出的三重福利约束目标未完全涵盖四个最终目标的内容，认为给定充分就业与增长稳定的一致性条件以及国际收支平衡这一外部综合指标已完全体现在经济增长、价格稳定和金融稳定之中。然而，中国的就业问题值得高度关注，《2018 年度人力资源和社会保障事业发展统计公报》中披露的 2018 年城镇登记失业率为 3.8%，而城镇登记失业率只是城镇失业中很小的一部分，考虑到农村失业人口以及对失业定义的偏差，中国的失业情况较为严重，甚至出现高增长、低就业的格局（刘鹤，2005；陆铭和欧海军，2011）。尽管充分就业目标与增长稳定目标具有很强的一致性，但是就业问题作为宏观经济中的重大问题与经济增长目标并不完全一致，充分就业目标应该成为货币政策的重要福利约束（范从来，2017）。同时，随着中国实施更高水平的开放，深度融入和参与国际经济合作与竞争，长期强势的"双顺差"正在发生变化，甚至将来可能出现逆差，国际收支问题也是今后值得关切和研究的领域。构建更加多元或者精练的福利约束函数，综合考察充分就业、国际收支平衡等对货币政策福利约束的影响，是未来一个可行且具有理论和政策重要性的研究方向。

第二，在中介目标选择上，本书主要对数量型的货币供应量中介目标（M2、AFRE）和价格型的利率中介目标（银行间拆借利率和贷款利率）选择的逻辑进行了理论和实证的分析，而对利率机制市场化过程中的其他具有代表性的利率（如回购利率、中长期国债利率）没有进行充分的比较分析。尽管银行间拆借利率作为市场化利率和贷款利率作为管制利率具有很强市场影响力和代表性，但是在中国利率市场化和金融迅速发展的背景下，金融市场的丰富和金融工具、服务的细分产生了形式多样的利率（或收益率）品种可以作为中介目标的备选，例如上海银行间拆借市场利率 Shibor，且汇率指标等都在不同的领域发挥着与日俱增的影响力，本书的研究对中介目标或政策工具的概括不够全面。本书强调了利率中介目标和利率机制效应的观点，但同时也指出单一的利率传导是存在缺陷的，利率机制与信贷机制并不矛盾，两者互为依托，致力于维护金融稳定。然而，本书的研究并没有具体涉及利率机制与信贷机制应该如何协调的问题，在这方面的研究还不够。在经济新常态下强化利率传导机制和保持信贷机制积极作用的分析以及二者的协调需要在未来的研究中加以拓展。

第三，本书的研究仅考察了上市公司的投资行为在投资水平合理性、货币扩张、利率变动等方面的特征，而没有将这种分析拓展至对非上市公司的分析。尽管经典的投资模型衡量企业的合理水平具有普遍性，但是由于中国转轨经济过程中企业的生存环境、市场情况等方面与经典理论假设下成熟稳定的市场环境可能存在明显的差别，因而企业表现出来的过度投资、对资金成本不敏感等行为特征也有可能与中国市场经济体制发育程度和经济增长阶段存在密切的联系。事实上，上市公司通常规模较大，在市场上具有较强的融资优势，从而更容易出现过度投资，在金融抑制的环境下，企业可能对货币数量扩张敏感而对利率变动不敏感。在第 7 章本书仅从银行体系、资本市场、房地产市场、宏观经济和外部环境五个方面的 12 个基础指标构建和合成了反映中国金融稳定状况的 CFSI 指数，然而，评估金融体系风险状况的方法很多，除了综合指数合成的主成分分析方法之外，还有资产价格信号法、压力测试等方法也可以较好地模拟资产价格波动或者金融机构应对冲击的状况，而且选取的指标也可以从更细微的子市场中获取，在数据选取上也可以使用更高频的数据。由于数据可得性和笔者的研究水平有限，本书并没有在这些方面做进一步细致的探讨，需要在未来的研究中加以拓展。

参 考 文 献

[1] 卞志村，孙慧智，曹媛媛．金融形势指数与货币政策反应函数在中国的实证检验 [J]．金融研究，2012（8）：44 – 55.

[2] 曹凤岐．我国货币政策的最终目标和中介目标 [J]．北京大学学报（哲学社会科学版），1988（3）：99 – 105 + 111.

[3] 曹龙骐，郑建明．我国利率政策有效性探讨 [J]．金融研究，2000（4）：23 – 33.

[4] 陈涤非．基于金融创新因素的中国货币需求模型验证 [J]．上海金融，2006（3）：32 – 35.

[5] 陈观烈．论货币政策的作用与目标 [J]．金融研究，1992（6）：9 – 16.

[6] 陈华强，何宜庆．银行体系与实体经济 [M]．北京：中央编译出版社，2013.

[7] 陈浪南，汤大杰．我国货币政策中介目标的理论分析与现实选择 [J]．金融研究，1994（8）：7 – 11.

[8] 陈小亮，陈惟，陈彦斌．社会融资规模能否成为货币政策中介目标——基于金融创新视角的实证研究 [J]．经济学动态，2016（9）：69 – 79.

[9] 陈雨露．促进金融和实体经济的有效结合 [J]．金融博览，2015（5）：30 – 31.

[10] 陈雨露，马勇．大金融论纲 [M]．北京：中国人民大学出版社，2013.

[11] 成思危．要重视研究虚拟经济 [J]．中国经贸导刊，2003（2）：5 – 7.

[12] 戴根有．中国稳健货币政策的实践与经验 [J]．管理世界，

2001（6）：33－43.

[13] 戴根有. 中国稳健货币政策的基本经验和面临的挑战［J］.中国金融，2002（8）：17－19.

[14] 杜厚文，伞锋. 虚拟经济与实体经济关系中的几个问题［J］.世界经济，2003（7）：74－79.

[15] 樊纲. 我国通货膨胀三种主要成因的理论分析［J］. 经济研究，1990（3）：20－29.

[16] 樊纲."软约束竞争"与中国近年的通货膨胀［J］. 金融研究，1994（9）：1－10.

[17] 范从来. 论货币政策中间目标的选择［J］. 金融研究，2004（6）：123－129.

[18] 范从来. 货币政策目标论［M］. 南京：南京大学出版社，2017.

[19] 范志勇. 货币政策理论反思及中国政策框架转型［M］. 北京：中国社会科学出版社，2016.

[20] 冯涛，乔笙. 通货膨胀中的地方政府金融行为分析［J］. 财贸经济，2006（2）：32－38＋96－97.

[21] 弗里德曼，B.，哈恩，F.. 货币经济学手册［M］. 陈雨露等译. 北京：经济科学出版社，2002.

[22] 高帆. 我国转轨时期的银企关系：一个金融产权的分析视角［D］. 西北大学，2001.

[23] 高帆，王洋. 中国式通胀：形成机理与治理方案［J］. 学术研究，2012（2）：67－73＋95.

[24] 高丽. 我国货币政策操作框架的研究——基于泰勒规则的研究［M］. 北京：经济科学出版社，2013.

[25] 高培勇，杜创，刘霞辉，袁富华，汤铎铎. 高质量发展背景下的现代化经济体系建设：一个逻辑框架［J］. 经济研究，2019，54（4）：4－17.

[26] 顾研. 信贷供给、财务柔性价值与所有制歧视［J］. 财贸研究，2016，27（5）：125－135.

［27］郭红兵，杜金岷．中国货币政策关注金融稳定吗？——纳入 FSCI 的货币政策反应函数的实证检验［J］．广东财经大学学报，2014，29（5）：4 - 13.

［28］郭田勇．中国货币政策最终目标内涵研究［J］．金融研究，2001（7）：18 - 26.

［29］郭田勇．中国货币政策体系的选择［M］．北京：中国金融出版社，2006.

［30］何道峰，段应碧，袁崇法．论我国近年通货膨胀的发生机制与结构表现［J］．经济研究，1987（11）：21 - 28.

［31］贺妍，罗正英．产权性质、投资机会与货币政策利率传导机制——来自上市公司投资行为的实证检验［J］．管理评论，2017，29（11）：28 - 40.

［32］赫尔曼，T．，穆尔多克，K．，斯蒂格利茨，J．金融约束：一个新的分析框架［J］．经济导刊，1997（5）：43 - 48.

［33］洪银兴．新时代现代化理论的创新［J］．经济研究，2017，52（11）：17 - 19.

［34］胡放之，张海洋．反思通货膨胀目标制——阿根廷经济危机启示［J］．理论月刊，2004（2）：111 - 112.

［35］胡海鸥．利率：比货币供给量更适当的货币政策中介目标［J］．上海金融，2000（10）：17 - 19.

［36］胡秋灵，李秦男．新货币政策中介目标的实证考量［J］．统计与决策，2015（8）：149 - 152.

［37］黄达．金融学［M］．北京：中国人民大学出版社，2003.

［38］黄启才．马克思内生货币思想与我国货币政策选择［J］．发展研究，2012（7）：89 - 91.

［39］黄少安．中国经济体制改革的基本经验和教训［J］．山东社会科学，2002（5）：5 - 8.

［40］黄志刚．经济波动、超额准备金率和内生货币——基于信贷市场资金搜寻和匹配视角［J］．经济学（季刊），2012，11（3）：909 - 942.

[41] 江伟，李斌. 制度环境、国有产权与银行差别贷款 [J]. 金融研究，2006（11）：116 – 126.

[42] 凯恩斯，J. M.. 货币论（上卷）[M]. 何瑞英译. 北京：商务印书馆，2009.

[43] 凯恩斯，J. M.. 通往繁荣之路 [M]. 李井奎译. 北京：中国人民大学出版社，2016.

[44] 凯恩斯，J. M.. 就业、利息和货币通论 [M]. 徐毓枬译. 南京：译林出版社，2019.

[45] 科尔奈，J.. 短缺经济学 [M]. 张晓光等译. 北京：经济科学出版社，1986.

[46] 劳埃德，T. B.. 货币、银行与金融市场 [M]. 马晓萍等译. 北京：机械工业出版社，1999.

[47] 雷，L. R.. 现代货币理论 [M]. 张慧玉等译. 北京：中信出版集团，2017.

[48] 李斌. 中国货币政策有效性的实证研究 [J]. 金融研究，2001（7）：10 – 17.

[49] 李雯轩. 新工业革命与比较优势重塑 [J]. 经济学家，2019（5）：76 – 84.

[50] 李晓西，杨琳. 虚拟经济、泡沫经济与实体经济 [J]. 财贸经济，2000（6）：5 – 11.

[51] 李扬. 中国经济对外开放过程中的资金流动 [J]. 经济研究，1998（2）：14 – 24.

[52] 李治国，张晓蓉. 转型期货币供给内生决定机制：基于货币当局资产负债表的解析 [J]. 统计研究，2009，26（6）：13 – 22.

[53] 林毅夫，蔡昉，李周. 中国的奇迹：发展战略与经济改革 [M]. 上海：上海三联书店，1994.

[54] 刘鹤. 对高增长、低就业格局的初步研究 [J]. 比较，2005（9）：93 – 114.

[55] 刘鸿儒. 当前我国货币政策的几个问题 [J]. 金融研究，1985（10）：1 – 5.

[56] 刘金全.从"软着陆"到"软扩张"——论我国经济增长的阶段性和宏观经济调控的政策取向 [J].经济学动态,2003(5):38-41.

[57] 刘金全.虚拟经济与实体经济之间关联性的计量检验 [J].中国社会科学,2004(4):80-90+207.

[58] 刘军善.论中国的货币政策 [M].北京:中国财政经济出版社,1998.

[59] 刘骏民,王国忠.虚拟经济稳定性、系统风险与经济安全 [J].南开经济研究,2004(6):32-39.

[60] 刘明志.货币供应量和利率作为货币政策中介目标的适用性 [J].金融研究,2006(1):51-63.

[61] 刘瑞明,石磊.国有企业的双重效率损失与经济增长 [J].经济研究,2010,45(1):127-137.

[62] 刘生福,韩雍.中国货币当局资产负债表结构与货币政策调控方式转变 [J].统计研究,2019,36(9):32-42.

[63] 刘伟.中国经济增长报告2017——新常态下的增长动力及其转换 [M].北京:北京大学出版社,2017.

[64] 刘义圣,王春丽.利率微调的国际视角与我国利率调控的新范式 [J].东南学术,2010(4):10-16.

[65] 陆铭,欧海军.高增长与低就业:政府干预与就业弹性的经验研究 [J].世界经济,2011(12):3-31.

[66] 罗党论,应千伟,常亮.银行授信、产权与企业过度投资:中国上市公司的经验证据 [J].世界经济,2012,35(3):48-67.

[67] 罗能生,罗富政.改革开放以来我国实体经济演变趋势及其影响因素研究 [J].中国软科学,2012(11):19-28.

[68] 吕炜.中国经济转轨实践的理论命题 [J].中国社会科学,2003(4):4-17+204.

[69] 吕炜.基于中国经济转轨实践的分析方法研究——兼作对"北京共识"合理逻辑的一种解释 [J].经济研究,2005(2):16-25.

［70］马捷，黄可．美国银行机构非现场监测系统和模型的介绍及启示［J］．西南金融，2006（7）：51－52.

［71］马锦生．美国资本积累金融化实现机制及发展趋势［J］．政治经济学评论，2014，5（4）：61－85.

［72］马克思恩格斯全集：第13卷［M］．北京：人民出版社，1962.

［73］马克思恩格斯全集：第24卷［M］．北京：人民出版社，1972.

［74］马克思恩格斯全集：第23卷［M］．北京：人民出版社，1973.

［75］马克思恩格斯全集：第26卷［M］．北京：人民出版社，1973.

［76］马克思恩格斯全集：第25卷［M］．北京：人民出版社，1974.

［77］马歇尔，A..货币、信用与商业［M］．叶元龙等译．北京：商务印书馆，2009.

［78］马勇．系统性金融风险：一个经典注释［J］．金融评论，2011，3（4）：1－17＋123.

［79］麦金农，R..经济市场化的次序：向市场经济过渡时期的金融控制［M］．周庭煜等译．上海：三联出版社，1997.

［80］门克霍夫，L，托克斯多尔夫 N..金融市场的变迁：金融部门与实体经济分离了吗？［M］．刘力等译．北京：中国人民大学出版社，2005.

［81］孟建华．中国货币政策的选择与发展［M］．北京：中国金融出版社，2006.

［82］米什金，F.S..货币金融学［M］．蒋先玲等译．北京：机械工业出版社，2016.

［83］潘士远，罗德明．为什么民间金融市场在中国重要？［J］．南方经济，2009（5）：36－44.

［84］庞明川．中国特色宏观调控的实践模式与理论创新［J］．财

经问题研究，2009（12）：17 – 24.

［85］佩蕾斯，C.．技术革命与金融资本：泡沫与黄金时代的动力学［M］．田方萌等译．北京：中国人民大学出版社，2007.

［86］彭方平，王少平．我国利率政策的微观效应——基于动态面板数据模型研究［J］．管理世界，2007（1）：24 – 29.

［87］彭明生，范从来．论高质量发展阶段中国货币政策的新框架［J］．人文杂志，2019（7）：39 – 46.

［88］彭俞超．论现代市场经济中的金融资本——基于金融部门资本收益率的分析［M］．北京：中国金融出版社，2018.

［89］彭俞超，黄志刚．经济“脱实向虚”的成因与治理：理解十九大金融体制改革［J］．世界经济，2018，41（9）：3 – 25.

［90］钱小安．中国货币政策的形成和发展［M］．上海：上海三联书店，2000.

［91］任保平．新常态要素禀赋结构变化背景下中国经济增长潜力开发的动力转换［J］．经济学家，2015（5）：13 – 19.

［92］任保平．新时代中国经济从高速增长转向高质量发展：理论阐释与实践取向［J］．学术月刊，2018，50（3）：66 – 74 + 86.

［93］任杰，尚友芳．我国货币政策中介目标是否应改变为利率——基于扩展的普尔分析的实证研究［J］．宏观经济研究，2013（10）：23 – 31.

［94］萨伊，J.．政治经济学概论［M］．陈福生等译．北京：商务印书馆，2009.

［95］沙奈，F.．金融全球化［M］．齐建华等译．北京：中央编译出版社，2001.

［96］盛松成，阮健弘，张文红．社会融资规模理论与实践（第三版）［M］．北京：中国金融出版社，2016.

［97］盛松成，吴培新．中国货币政策的二元传导机制——“两中介目标，两调控对象”模式研究［J］．经济研究，2008，43（10）：37 – 51.

［98］盛松成，谢洁玉．社会融资规模与货币政策传导——基于信

用渠道的中介目标选择 ［J］. 中国社会科学, 2016 （12）: 60 – 82 + 205 – 206.

［99］ 石良平, 叶慧. 中国转轨经济增长中的金融约束分析（上）［J］. 社会科学, 2003 （6）: 5 – 11.

［100］ 史晋川. 货币政策、经济周期与增长方式的转变 ［J］. 上海金融, 1996 （6）: 3 – 4.

［101］ 世界银行. 变革世界中的政府: 1997 年世界发展报告 ［M］. 北京: 中国财政经济出版社, 1999.

［102］ 斯密, A. 国富论: 下卷 ［M］. 郭大力, 王亚南译. 北京: 商务印书馆, 1988.

［103］ 宋旺. 中国金融脱媒研究 ［M］. 北京: 中国人民大学出版社, 2011.

［104］ 索彦峰. 金融创新、基本普尔分析与我国货币政策中介目标选择 ［J］. 中央财经大学学报, 2006 （10）: 31 – 37.

［105］ 唐雪松, 周晓苏, 马如静. 上市公司过度投资行为及其制约机制的实证研究 ［J］. 会计研究, 2007 （7）: 44 – 52 + 96.

［106］ 唐雪松, 周晓苏, 马如静. 政府干预、GDP 增长与地方国企过度投资 ［J］. 金融研究, 2010 （8）: 33 – 48.

［107］ 万晓莉. 中国 1987~2006 年金融体系脆弱性的判断与测度 ［J］. 金融研究, 2008 （6）: 80 – 93.

［108］ 汪红驹. 用误差修正模型估计中国货币需求函数 ［J］. 世界经济, 2002 （5）: 55 – 61.

［109］ 王广谦. 中国经济增长新阶段与金融发展 ［M］. 北京: 中国发展出版社, 2004.

［110］ 王建国. 货币供应量作为我国货币政策中介目标的探讨 ［D］. 复旦大学, 2006.

［111］ 王璐, 瞿楠. 货币政策中介目标选择——基于金融创新和利率市场化的视角 ［J］. 河北经贸大学学报, 2016, 37 （2）: 58 – 67.

［112］ 王素珍. 关于货币本质及货币政策目标问题的讨论 ［M］. 北京: 中国金融出版社, 1999.

［113］王馨. 银行业准入退出管制的动态改进问题研究［J］. 金融研究，2007（9）：184－190.

［114］魏明海，柳建华. 国企分红、治理因素与过度投资［J］. 管理世界，2007（4）：88－95.

［115］吴敬琏. 中国增长模式抉择［M］. 上海：上海远东出版社，2016.

［116］伍德福德，M. 利息与价格：货币政策理论基础［M］. 刘凤良等译. 北京：中国人民大学出版社，2010.

［117］伍戈，李斌. 货币数量、利率调控与政策转型［M］. 北京：中国金融出版社，2016.

［118］习近平. 决胜全面建成小康社会 夺取新时代中国特色社会主义伟大胜利［M］. 北京：人民出版社，2017.

［119］夏斌，廖强. 货币供应量已不宜作为当前我国货币政策的中介目标［J］. 经济研究，2001（8）：33－43.

［120］谢平. 新世纪中国货币政策的挑战［J］. 金融研究，2000（1）：1－10.

［121］谢平. 中国货币政策争论［M］. 北京：中国金融出版社，2002.

［122］谢平，罗雄. 泰勒规则及其在中国货币政策中的检验［J］. 经济研究，2002（3）：3－12＋92.

［123］谢平，唐才旭. 关于中国货币乘数的预测研究［J］. 经济研究，1996（10）：25－33.

［124］谢平，俞乔. 中国经济市场化过程中的货币总量控制［J］. 金融研究，1996（1）：3－10.

［125］休谟，D. 休谟经济论文选［M］. 陈玮译. 北京：商务印书馆，1984.

［126］徐明东，陈学彬. 中国工业企业投资的资本成本敏感性分析［J］. 经济研究，2012，47（3）：40－52＋101.

［127］徐忠. 改革的改革［M］. 北京：中信出版集团，2018.

［128］杨华军，胡奕明. 制度环境与自由现金流的过度投资［J］.

管理世界，2007（9）：99 – 106 + 116 + 172.

[129] 叶生明．委托代理问题与非效率投资行为研究 [J]．世界经济情况，2006（24）：18 – 22 + 33.

[130] 叶振勇．美国金融宏观监测指标体系简述 [J]．中国金融，2001（8）：52 – 53.

[131] 易纲．中国金融资产结构分析及政策含义 [J]．经济研究，1996（12）：26 – 33.

[132] 易纲．中国金融改革思考录 [M]．北京：商务印书馆，2009.

[133] 于泽，罗瑜．中国货币性质再检验与通货膨胀成因 [J]．管理世界，2013（10）：19 – 34.

[134] 余淼杰，崔晓敏．经济全球化下中国贸易和投资促进的措施 [J]．国际经济评论，2017（3）：28 – 44 + 4 – 5.

[135] 张春生，蒋海．社会融资规模适合作为货币政策中介目标吗：与 M2、信贷规模的比较 [J]．经济科学，2013（6）：30 – 43.

[136] 张红伟．央行双重目标下货币供给量作为中间目标的有效性分析 [J]．广东社会科学，2008（5）：18 – 23.

[137] 张洪辉，王宗军．政府干预、政府目标与国有上市公司的过度投资 [J]．南开管理评论，2010，13（3）：101 – 108.

[138] 张军．资本形成、投资效率与中国的经济增长——实证研究 [M]．北京：清华大学出版社，2005.

[139] 张军，王永钦．大转型：中国经济改革的过去、现在与未来 [M]．上海：格致出版社，1999.

[140] 张军，周黎安．为增长而竞争：中国增长的政治经济学 [M]．上海：上海人民出版社，1999.

[141] 张衔．普尔基本分析与货币政策中介目标 [J]．上海财经大学学报，2004（1）：28 – 33.

[142] 张晓慧．从中央银行政策框架的演变看构建宏观审慎性政策体系 [J]．中国金融，2010（23）：13 – 16.

[143] 张晓慧．中国货币政策 [M]．北京：中国金融出版社，

2012.

[144] 张晓晶. 符号经济与实体经济——金融全球化时代的经济分析 [M]. 上海：上海人民出版社，2002.

[145] 张延群. 从 M1、M2 的内、外生性分析我国货币政策中介目标的选择——解读央行货币政策中介目标调整的含义 [J]. 金融评论，2010，2（5）：28－36＋123.

[146] 张扬. 产权性质、信贷歧视与企业融资的替代性约束 [J]. 中南财经政法大学学报，2016（5）：66－72.

[147] 张屹山，张代强. 前瞻性货币政策反应函数在我国货币政策中的检验 [J]. 经济研究，2007（3）：20－32.

[148] 张勇，范从来. 货币政策框架：理论缘起、演化脉络与中国挑战 [J]. 学术研究，2017（11）：101－110＋178.

[149] 赵磊. 宏观经济稳定与货币政策中介目标的选择——基于普尔规则的实证分析 [J]. 经济经纬，2007（5）：26－29.

[150] 赵效民，何德旭. 论我国货币政策目标的选择 [J]. 金融研究，1989（9）：2－7＋25.

[151] 赵玉成. 利率变动对上市公司投资影响的实证研究 [J]. 经济与管理，2006（2）：79－82.

[152] 郑凯文. 中国货币政策目标的选择与调整研究 [D]. 辽宁大学，2017.

[153] 周诚君. 从马克思货币利息理论看我国的货币政策中介目标选择 [J]. 中国经济问题，2002（5）：3－11.

[154] 周虹. 电子货币论 [M]. 北京：中国人民大学出版社，2010.

[155] 周骏. 多重货币政策目标下的双目标制 [J]. 中南财经政法大学学报，2002（2）：50－52＋143.

[156] 周黎安. 转型中的地方政府：官员激励与治理 [M]. 上海：格致出版社，1999.

[157] 周小川. 新世纪以来中国货币政策的主要特点 [J]. 中国金融，2013（2）：9－14.

［158］邹颖，汪平，李思. 公司投资供给效应的资本成本约束 ［J］. 经济管理，2016，38（4）：117 – 129.

［159］Akram Q. , Eitrheim O. . Flexible Inflation Targeting and Financial Stability：Is it Enough to Stabilize Inflation and Output? ［J］. Journal of Banking & Finance，2008，32（7）：1242 – 1254.

［160］Ball L. . Efficient Rules for Monetary Policy ［J］. International Finance，1999，2（1）：63 – 83.

［161］Barro R. . Interest-Rate Targeting ［J］. Journal of Monetary Economics，1989，23（1）：3 – 30.

［162］Bernanke B. . A Century of US Central Banking：Goals，Frameworks，Accountability ［J］. The Journal of Economic Perspectives，2013，27（4）：3 – 16.

［163］Bernanke B. , A. Blinder. The Federal Funds Rate and the Channels of Monetary Transmission ［J］. The American Economic Review，1992，82（4）：901 – 921.

［164］Bernanke B. , Gertler M. . Inside the Black Box：The Credit Channel of Monetary Policy Transmission ［J］. The Journal of Economic Perspectives，1995，9（4）：27 – 48.

［165］Bernanke B. , Mishkin F. . Inflation Targeting：A New Framework for Monetary Policy? ［J］. The Journal of Economic Perspectives，1997，11（2）：97 – 116.

［166］Bindseil U. . Monetary Policy Implementation：Theory，Past，and Present ［M］. New York：Oxford University Press，2004.

［167］Blanchard O. , GALÍ J. . Real Wage Rigidities and the New Keynesian Model ［J］. Journal of Money，Credit and Banking，2007，39（s1）：35 – 65.

［168］Borio C. . Rediscovering the Macroeconomic Roots of Financial Stability Policy：Journey，Challenges，and a Way Forward ［J］. Annual Review of Financial Economics，2011，3（1）：87 – 117.

［169］Cecchetti G. . Crisis and Responses：The Federal Reserve in the

Early Stages of the Financial Crisis [J]. The Journal of Economic Perspectives, 2009, 23 (1): 51 – 75.

[170] Clarida R. , et al. Monetary Policy Rules in Practice: Some International Evidence [J]. European Economic Riview, 1998, 42 (6): 1033 – 1067.

[171] Clarida R. , et al. The Science of Monetary Policy: A New Keynesian Perspective [J]. Journal of Economic Literature, 1999, 37 (4): 1661 – 1707.

[172] Cochrane H. . Determinacy and Identification with Taylor Rules [J]. Journal of Political Economy, 2011, 119 (3): 565 – 615.

[173] Cúrdia V. , Woodford M. . Credit Spreads and Monetary Policy [J]. Journal of Money, Credit and Banking, 2010, 42 (s1): 3 – 35.

[174] European Central Bank. Financial Stability Review [R]. Frankfurt am Main: European Central Bank, 2006.

[175] Friedman B. . Targets, Instruments, and Indicators of Monetary Policy [J]. Journal of Monetary Economics, 1976, 1 (4): 443 – 473.

[176] Friedman M. . The Quantity Theory of Money—A Restatement. In: Friedman, M. , Ed. , Studies in the Quantity Theory of Money [M]. Chicago: University of Chicago Press, 1956.

[177] Friedman M. . The Role of Monetary Policy [J]. American Economic Review, 1968, 58 (1): 1 – 17.

[178] Friedman M. . Monetary Policy: Theory and Practice [J]. Journal of Money, Credit and Banking, 1982, 14 (1) : 98 – 118.

[179] Friedman M. , Schwartz A. . A Monetary History of the United States, 1867 – 1960 [M]. Princeton: Princeton University Press, 1963.

[180] Gang Y. . The Monetization Process in China during the Economic Reform [J]. China Economic Review, 1991, 2 (1): 75 – 95.

[181] Gazioglu S. , Mccausland W. . Interest Rates and Monetary Policy [J]. Applied Economics, 2009, 41 (16): 2005 – 2012.

[182] Gertler M. , Gilchrist S. . Monetary Policy, Business Cycles,

and the Behavior of Small Manufacturing Firms [J]. The Quarterly Journal of Economics, 1994, 109 (2): 309 – 340.

[183] Goodfriend M.. How the World Achieved Consensus on Monetary Policy [J]. The Journal of Economic Perspectives, 2007, 21 (4): 47 – 68.

[184] Hanson S., et al. A Macroprudential Approach to Financial Regulation [J]. The Journal of Economic Perspectives, 2011, 25 (1): 3 – 28.

[185] Hofmann B., Peersman G.. Monetary Policy Transmission and Trade-offs in the United States: Old and New [R]. BIS Working Papers, 2017, NO. 649.

[186] Hoshi T.. Financial Regulation: Lessons from the Recent Financial Crises [J]. Journal of Economic Literature, 2011, 49 (1): 120 – 128.

[187] Ireland P.. Money's Role in the Monetary Business Cycle [J]. Journal of Money Credit & Banking, 2004, 36 (6): 969 – 983.

[188] Issing O.. Monetary Stability, Financial Stability and the Business Cycle [R]. BIS Working Papers, 2003, NO. 18.

[189] Kaminsky G., Reinhart C.. The Twin Crises: The Causes of Banking and Balance-Of-Payments Problems [J]. The American Economic Review, 1999, 89 (3): 473 – 500.

[190] King M.. Challenges for Monetary Policy: New and Old [C]// Proceedings-Economic Policy Symposium-Jackson Hole. Federal Reserve Bank of Kansas City, 1999.

[191] Kornai J.. The Road to a Free Economy [M]. New York: Norton, 1990.

[192] Kydland F., Prescott E.. Rules Rather than Discretion: The Time Inconsistency of Optimal Plans [J]. Journal of Political Economy, 1977, 85 (3): 473 – 492.

[193] Kydland F., Prescott E.. Time to Build and Aggregate Fluctua-

tions [J]. Econometrica, 1982, 50 (6): 1345 – 1370.

[194] Mishkin F.. Inflation Targeting in Emerging-Market Countries [J]. The American Economic Review, 2000, 90 (2): 105 – 109.

[195] Mishkin F.. Monetary Policy Stragety: Lesson from the Crisis [R]. NBER Working Paper Series, 2011, NO. 16755.

[196] Modigliani F., MILLER M.. The Cost of Capital, Corporation Finance, and the Theory of Investment: Reply [J]. The American Economic Review, 1959, 49 (4): 655 – 669.

[197] Moore B.. The Endogeneity of Money: A Comment [J]. Scottish Journal of Political Economy, 1988, 35 (3): 291 – 294.

[198] Nautz D., Schmidt S.. Monetary Policy Implementation and the Federal Funds Rate [J]. Journal of Banking and Finance, 2009, 33 (7): 1274 – 1284.

[199] Peretz P., Schroedel J.. Financial Regulation in the United States: Lessons from History [J]. Public Administration Review, 2009, 69 (4): 603 – 612.

[200] Pollin R.. Two Theories of Money Supply Endogeneity: Some Empirical Evidence [J]. Journal of Post Keynesian Economics, 1991, 13 (3): 366 – 398.

[201] Poole W.. Optimal Choice of Monetary Policy Instruments in a Simple Stochastic Macro Model [J]. The Quarterly Journal of Economics, 1970, 84 (2): 197 – 216.

[202] Poole W.. The Monetary Policy Model: "Rational Expectations" Is the Basis for Setting and Understanding Monetary Policy [J]. Business Economics, 2006, 41 (4): 7 – 10.

[203] Richardson S.. Over-Investment of Free Cash Flow [J]. Review of Accounting Studies, 2006, 11 (2 – 3): 159 – 189.

[204] Roland G.. Transition and Economics: Politics, Markets, and Firms [M]. MA: MIT Press, 2000.

[205] Roosa V.. The Changes in Money and Credit, 1957 – 1959 [J].

The Review of Economics and Statistics, 1960, 42 (3): 261 –263.

[206] Ruggerone L.. Unemployment and Inflationary Finance Dynamics at the Early Stages of Transition [J]. The Economic Journal, 1996, 106 (435): 483 –494.

[207] Sargent T. , Wallace N.. "Rational" Expectations, the Optimal Monetary Instrument, and the Optimal Money Supply Rule [J]. Journal of Political Economy, 1975, 83 (2): 241 –254.

[208] Schwartz A.. Why Financial Stability Despends on Price Stability [J]. Economic Affairs, 1995, 15 (4): 21 –25.

[209] Stiglitz J.. Risk and Global Economic Architecture: Why Full Financial Integration May Be Undesirable [J]. American Economic Review, 2010, 100 (2): 388 –392.

[210] Svensson L.. Optimal Inflation Targets, "Conservative" Central Banks, and Linear Inflation Contracts [J]. The American Economic Review, 1997, 87 (1): 98 –114.

[211] Taylor J.. Discretion versus Policy Rules in Practice [C]. Carnegie-Rochester Conference Series on Public Policy, 1993, 39: 195 –214.

[212] Taylor J.. The Role of the Exchange Rate in Monetary Policy Rules [J]. The American Economic Review, 2001, 91 (2): 263 –267.

[213] Tobin J.. A General Equilibrium Approach to Monetary Theory [J]. Journal of Money, Credit and Banking, 1969, 1 (1): 15 –29.

[214] Walsh C.. Accountability, Transparency, and Inflation Targeting [J]. Journal of Money, Credit and Banking, 2003, 35 (5): 829 – 849.

[215] Wray L.. Commercial Banks, the Central Bank, and Endogenous Money [J]. Journal of Post Keynesian Economics, 1992, 14 (3): 297 –310.